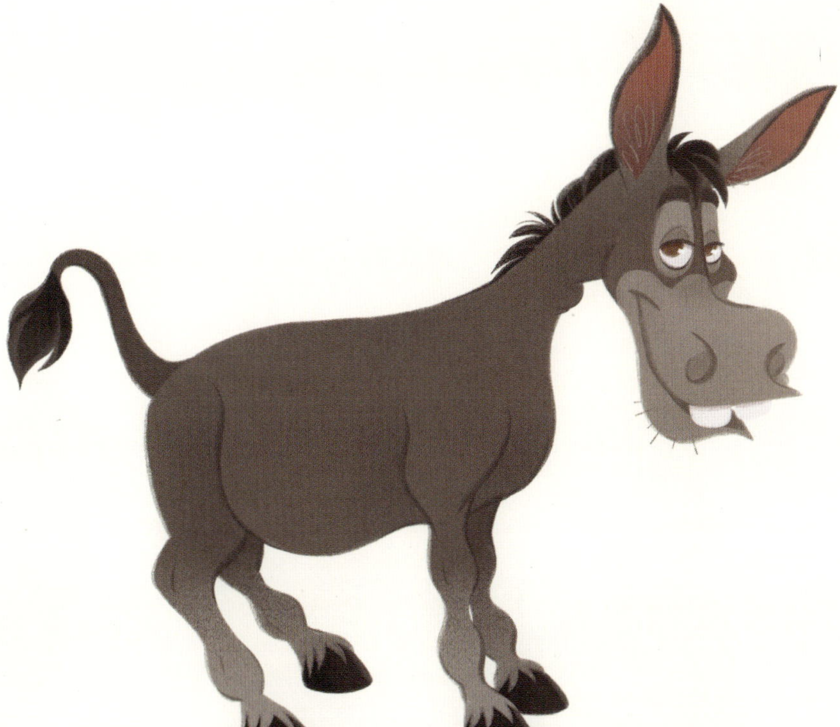

AF721179

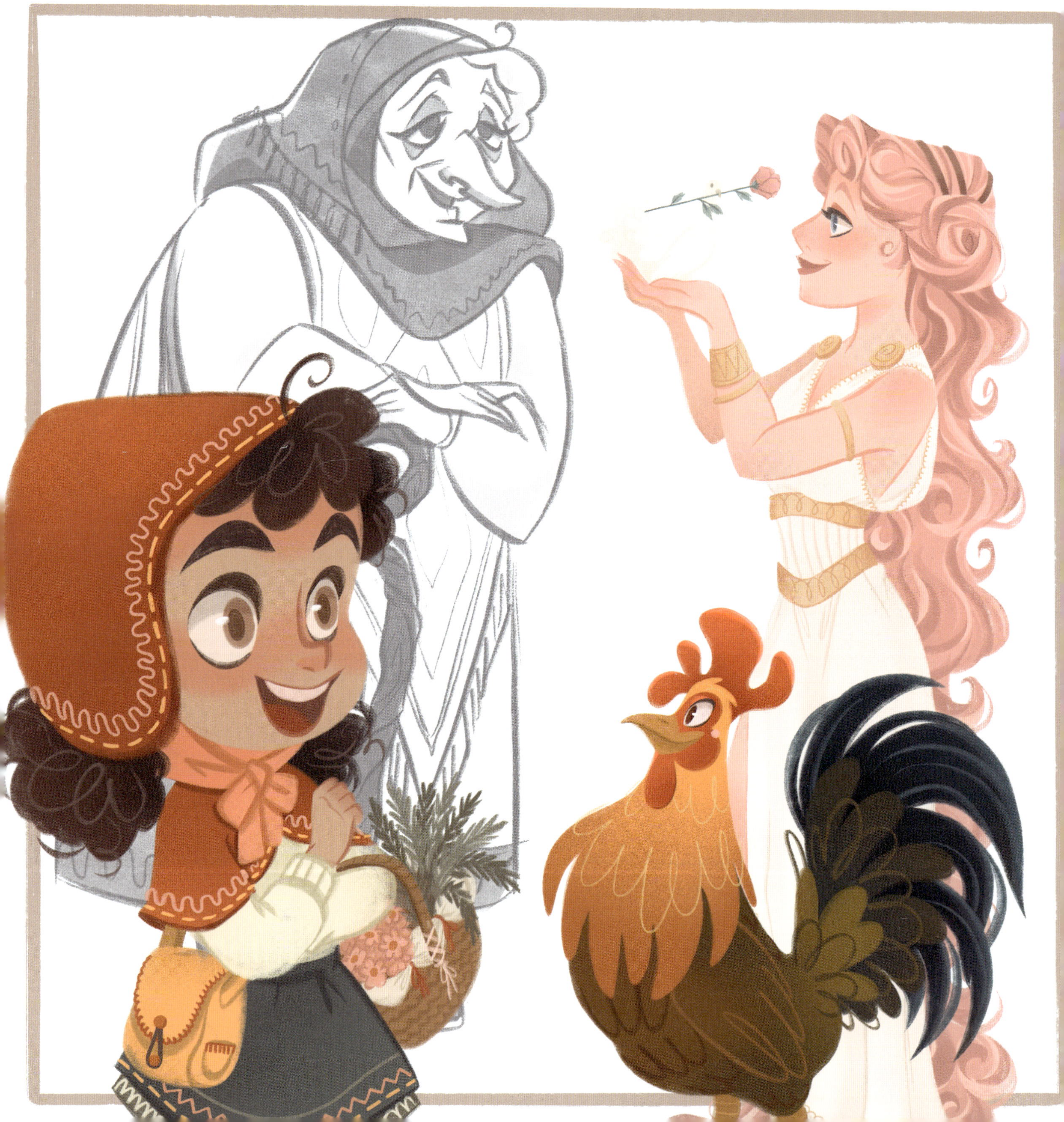

MEIKE SCHNEIDER
@meikearts

CHARACTER DESIGN

• MÄRCHEN •

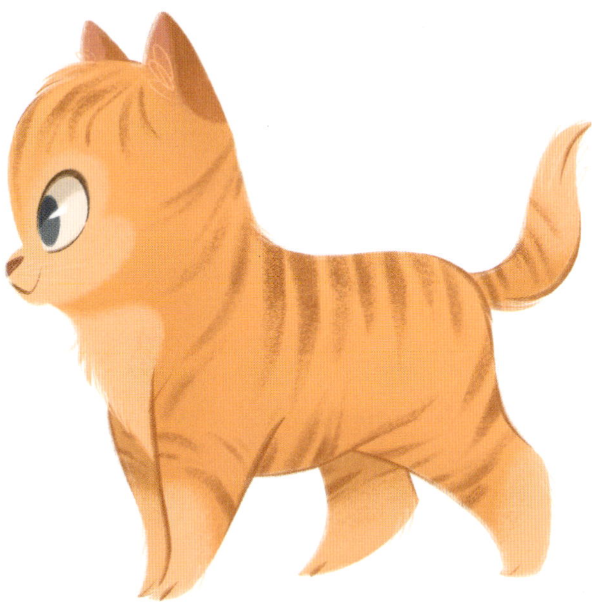

DIE ZAUBERHAFTE WELT DER
MÄRCHENFIGUREN NEU INTERPRETIEREN UND ZEICHNEN

INHALT

7 **Vorwort**
8 **Die Autorin Meike Schneider**
12 **Das Material**
16 **Referenzmaterial**
18 **Moodboards erstellen**
20 **Aufwärmübungen**

23 KAPITEL 01 **Erzählstruktur & Konzeptionierung**
24 Rapunzel
26 Erzählstrukturen
28 Die Drei-Akt-Struktur
29 Moodboard erstellen
30 Rhondanthe
31 Moodboard für Rhondanthe
32 Die Entwicklung der Hauptfigur

35 KAPITEL 02 **Charactertypen & Persönlichkeiten**
36 Stereotyp & Archetyp
38 Persönlichkeiten entwickeln
39 Character Designs
48 Der Rollentausch
49 Kombinieren von Persönlichkeitstypen

51 KAPITEL 03 **Formensprache & Stil**
52 Die kleine Meerjungfrau
54 Formensprache
58 Silhouette
60 Maren, die kleine Meerjungfrau

63 KAPITEL 04 **Kostümdesign**
64 Aladin & die Wunderlampe
65 Planung & Recherche
66 Kostümdesign
67 Kostüme entwerfen

77 KAPITEL 05 **Verhalten, Körperhaltung und Ausdrucksweise**
78 Hänsel & Gretel
80 Greta, die quirlige Schwester
82 Hans, der naive Bruder
84 Agatha, die einsame Dame
86 Körperhaltung & Posen
88 Tangenten erkennen
89 Line of Action

91 KAPITEL 06 **Gesichtsausdrücke & Emotionen**
92 Rotkäppchen
94 Maria, das Rotkäppchen
96 Lupin, der listige Wolf
98 Emotionen
102 Gesichtsausdrücke

105 KAPITEL 07 **Farbenlehre**
106 Dornröschen
107 Farbenlehre
108 Farben und ihre Eigenschaften
110 Farbpsychologie
112 Farbharmonie
114 Kontraste
116 Kleia, die ruhige Fee
118 Tulipia, die herzliche Fee
120 Mohnia, die euphorische Fee

123 KAPITEL 08 **Model Sheets & Character Lineups**
124 Model Sheets
134 Character Lineups

140 **Impressum**

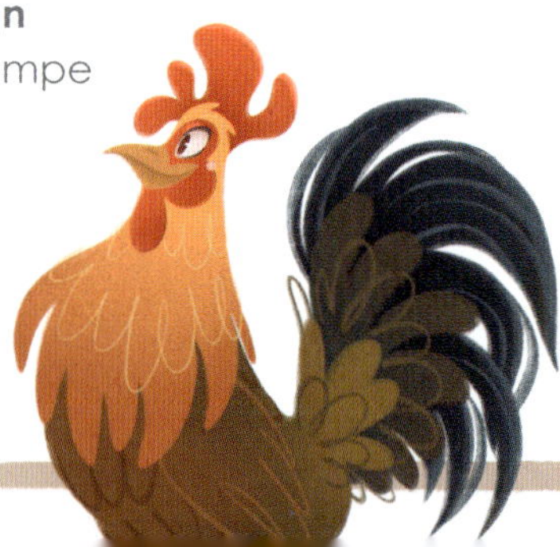

• VORWORT •

Liebe Leserin, lieber Leser,

Character Design ist ein grundlegender Aspekt jeder Erzählung, ob in Filmen, Comics, Videospielen oder anderen Medien. Es geht darum, charismatische und einzigartige Charaktere zu erschaffen, die die Zuschauenden oder Lesenden in ihren Bann ziehen und ihnen eine emotionale Bindung vermitteln können.

in diesem Buch geht es um die Neuinterpretation von klassischen Märchenfiguren. Ich löse mich bewusst von den alten Stereotypen, Klischees und Geschlechterrollen, um Charaktere zu entwerfen, die zeitgemäß und vielschichtig sind. Du wirst lernen, wie man Charaktere mit einer fesselnden Persönlichkeit entwirft, die den Geist des Originals aufgreifen, aber auch zeitgemäße Elemente integrieren.

In diesem Buch findest du zahlreiche Beispiele und Tipps zur Gestaltung von Charakteren, die aus der Welt der Märchen stammen. Du wirst lernen, wie man Formsprache, Farbenlehre, Emotionen, Posen und das Kostümdesign der Charaktere gezielt einsetzt, um ihre Persönlichkeit und ihre Hintergrundgeschichte zu betonen. Ich möchte dir zeigen, wie viel Potenzial in diesen alten Geschichten steckt und wie du es nutzen kannst, um etwas Neues und Einzigartiges zu schaffen.

Das Buch richtet sich an angehende Designer:innen, Illustrator:innen und andere Kreative, die sich mit der Entwicklung von Charakteren beschäftigen möchten. Es ist sowohl für Einsteiger:innen als auch für Fortgeschrittene geeignet und enthält zahlreiche Beispiele aus verschiedenen Märchen.

Ich hoffe, dass dieses Buch dich inspirieren wird, deine eigenen Ideen und Visionen zu verwirklichen und dabei neue Perspektiven auf alte Geschichten zu eröffnen. Vielen Dank, dass du dich für mein Buch über Character Design interessierst. Ich wünsche dir viel Spaß beim Lesen, Lernen und Entdecken!

Deine Meike

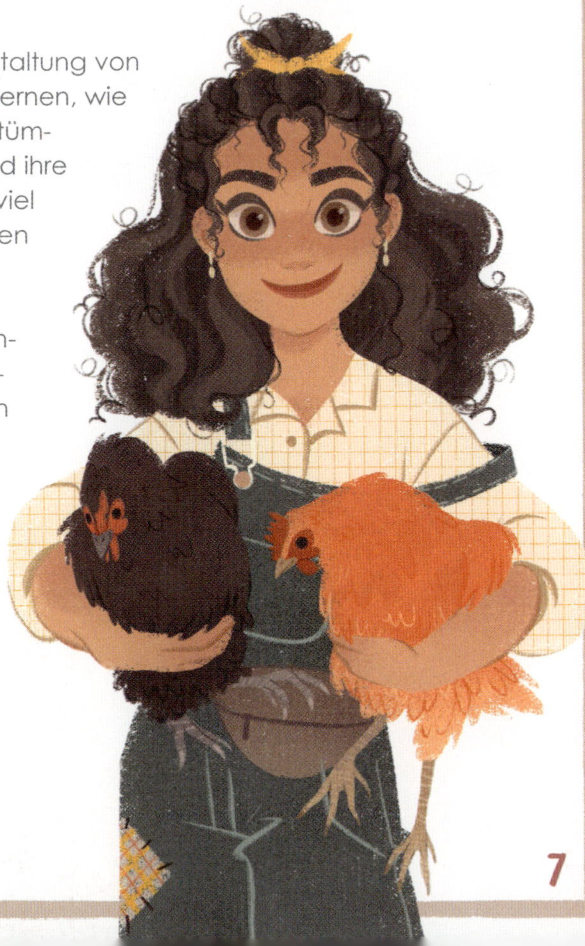

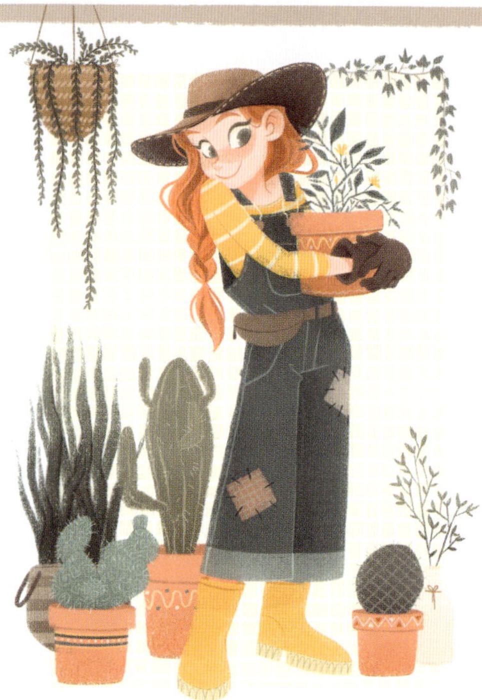

Hallo, ich bin Meike Schneider,

begeisterte Character Designerin und Illustratorin.

Dass du dieses Buch in deinen Händen hältst, freut mich ganz besonders, denn Charaktere zu gestalten war schon immer meine große Leidenschaft und gerne würde ich mein Wissen auf diesem Gebiet an angehende Künstler:innen weitergeben!

Es ist wahr, dass es oft noch schwierig sein kann, strukturiertes Wissen zum Thema Character Design zu finden. Aus diesem Grund habe ich dieses Buch geschrieben. Es soll dir und anderen talentierten Kreativen helfen, die Grundlagen zu erlernen, auf denen du deine eigenen Fähigkeiten aufbauen kannst.

Aber lass mich zurückkommen zu meiner eigenen Geschichte: Wie bin ich eigentlich Character Designerin geworden?

Wie alles anfing

Schon seit ich einen Stift in der Hand halten kann, begeistert mich das Zeichnen. Ganz besonders aber das Erfinden eigener Charaktere und Geschichten.

Während andere Kinder im Kindergarten Bilder abgemalt oder mit Puppen gespielt haben, habe ich lieber meine eigenen Welten erschaffen und Spielzeuge aus Salzteig und anderen Alltagsgegenständen gebastelt.

Ich wusste schon früh, dass ich einmal etwas mit meinem zeichnerischen Talent machen will, doch damals waren Begriffe wie Character Design, 3D Animation und Visual Development noch unbekannt.

In den 90er-Jahren wurde mein Zeichenstil besonders von Disneyfilmen, TV-Serien und Computerspielen wie Aladdin, Pocahontas, Sailor Moon und Zelda geprägt. Als ich dann das „Making of" von Disneys Tarzan sah, war es um mich geschehen – ich wollte Animator werden! Die aufwendige Arbeit, die in traditionelle Zeichentrickfilme gesteckt wird, hat mich seither begeistert und motiviert.
Tatsächlich habe ich diesen Weg eingeschlagen – auch wenn die klassischen Trickfilme heutzutage mit computergenerierten Bildern entstehen.
Ich entschied mich, den Weg in die 3D Animation zu gehen und spezialisierte mich auf das Modellieren von 3D Charakteren. Als Angestellte in einem Animationsstudio vermisste ich jedoch schnell das kreative Erschaffen eigener Charaktere. Als 3D Modeler setzt man lediglich die bereits entworfenen Charaktere anderer Künstler:innen um.

Also entschied ich mich, wieder zum traditionellen Zeichnen zurückzukehren und begann, mich selbstständig zu machen. Ich fing mit kleinen und unbekannten Projekten an und baute meine Fähigkeiten kontinuierlich aus, denn als Künstler:in lernt man NIE aus!

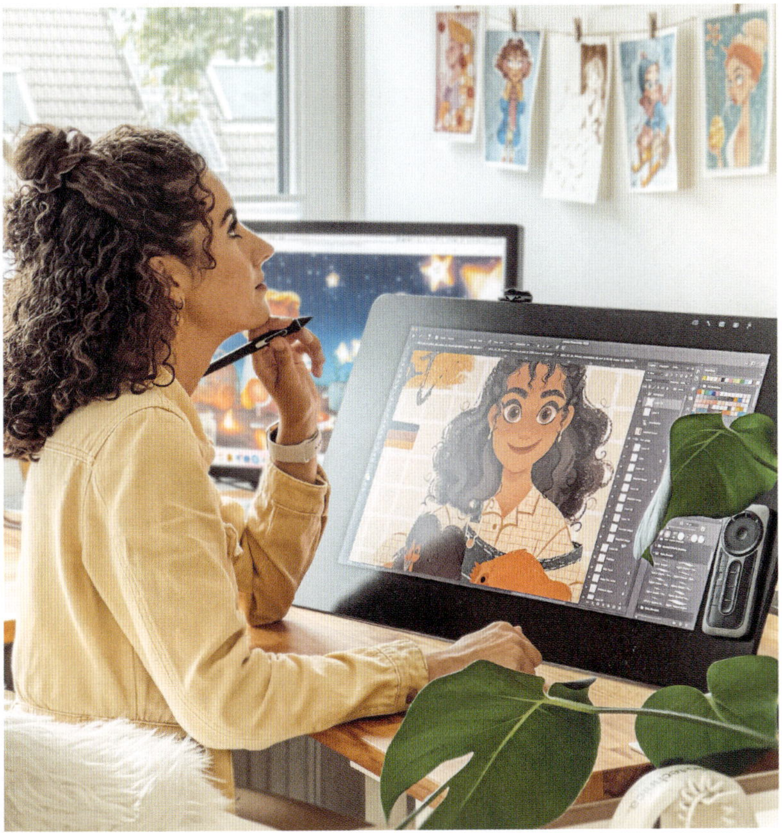

Heute kann ich stolz sagen, dass ich den schönsten Job der Welt habe und meine Arbeit aus Leidenschaft mache. Ich arbeite an abwechslungsreichen Projekten mit Animationsstudios, Agenturen und Verlagen und kann meine Kreativität voll ausleben. Von Kinderbuchillustrationen über Verpackungsgestaltung bis hin zu Spielzeugfiguren und Fashion Design – mein Spektrum ist breit gefächert.

Zu meinen Kunden gehören namhafte Unternehmen wie Disney, Logitech, LIDL, DELL, My Best Book, Adobe und viele mehr. Ich liebe meinen Job und freue mich jeden Tag aufs Neue, meine Fähigkeiten einzusetzen und meine Kunden mit meinen Ideen zu begeistern.

Inspiration & Motivation

In der aufregenden Welt des Character Designs und der Illustration geht es darum, jeden Tag aufs Neue die Grenzen der Kreativität zu sprengen und innovative Ideen zu entwickeln. Doch selbst die erfahrensten Künstler:innen kennen das Gefühl des „Art Blocks", wenn die Inspiration plötzlich zu fehlen scheint und jede Linie kraftlos auf dem Papier liegt. Aber keine Sorge, es gibt viele Möglichkeiten, diese kreative Blockade zu überwinden!

Jede:r Kunstschaffende hat seine eigenen Techniken, um aus dem Tief herauszukommen. Bei mir persönlich funktioniert am besten, mich von Dingen inspirieren zu lassen, die ich liebe. Sei es ein gutes Buch, ein inspirierender Film oder eine aufregende Reise – Ablenkung und Motivation sind oft der Schlüssel zur Entfaltung der eigenen Kreativität. Das Wichtigste ist, sich nicht unter Druck zu setzen und sich Zeit zu geben, neue Ideen wachsen zu lassen. Denn letztendlich entsteht Kreativität nicht durch Erzwingen, sondern durch den Flow aus Inspiration und Motivation.

Mit ein wenig Geduld und den richtigen Techniken wirst auch du den „Art Block" überwinden und wieder voller Leidenschaft und Kreativität durchstarten!

LERNE, AUFMERKSAM ZU BEOBACHTEN

Als Character Designer:in ist man immer auf der Suche nach Inspiration und Ideen, um authentische Charaktere und glaubwürdige Welten zu erschaffen.

Kreative gehen immer mit offenen Augen durch das Leben, immerhin ist das Beobachten einer der wichtigsten Skills, um realistische Charaktere und Welten zu erschaffen. Einfach etwas aus dem Kopf zu zeichnen ist selten hilfreich.

Wenn Anfänger:innen einen simplen Stuhl aus dem Kopf zeichnen sollen, machen die meisten eine sehr eckige und starre Skizze von einem völlig ungemütlichen Stuhl. Das liegt daran, dass wir im Alltag täglich Stühle sehen, uns aber nicht die Mühe machen, sie genauer zu analysieren. Wie sind sie wirklich konstruiert, damit sie gemütlich und stabil sind? Wenn man sich dann Fotos von Stühlen ansieht, ist man doch häufig erschrocken, was man selbst für ein falsches Bild in seinem Kopf abgespeichert hat.

Deshalb ist es wichtig, mit offenen Augen durch das Leben zu gehen und bewusst zu beobachten. Wie bewegen sich Hände und wie verändert sich die Form der Augen aus verschiedenen Blickwinkeln?

Künstlerisch tätige Menschen müssen ihr eigenes Auge darin schulen, feine Details zu sehen, abzuspeichern und jegliche Bewegungsabläufe zu hinterfragen.

Aber keine Sorge, niemand erwartet von dir, dass du alles aus dem Kopf zeichnest. Referenzmaterial ist ein wichtiger Bestandteil der Kunst, auch für die erfahrensten Profis.

In diesem Buch werde ich dir zeigen, wie du ein Moodboard erstellen kannst, um Ideen und Inspirationen zu sammeln und deine Kreativität zu fördern. Lass dich von deiner Umgebung inspirieren und lerne, sie mit neuen Augen zu betrachten. Denn nur so kannst du deine Fähigkeiten weiterentwickeln und deine Werke auf ein neues Level bringen.

Sei neugierig, sei aufmerksam und entdecke die Welt um dich herum auf eine neue Art und Weise!

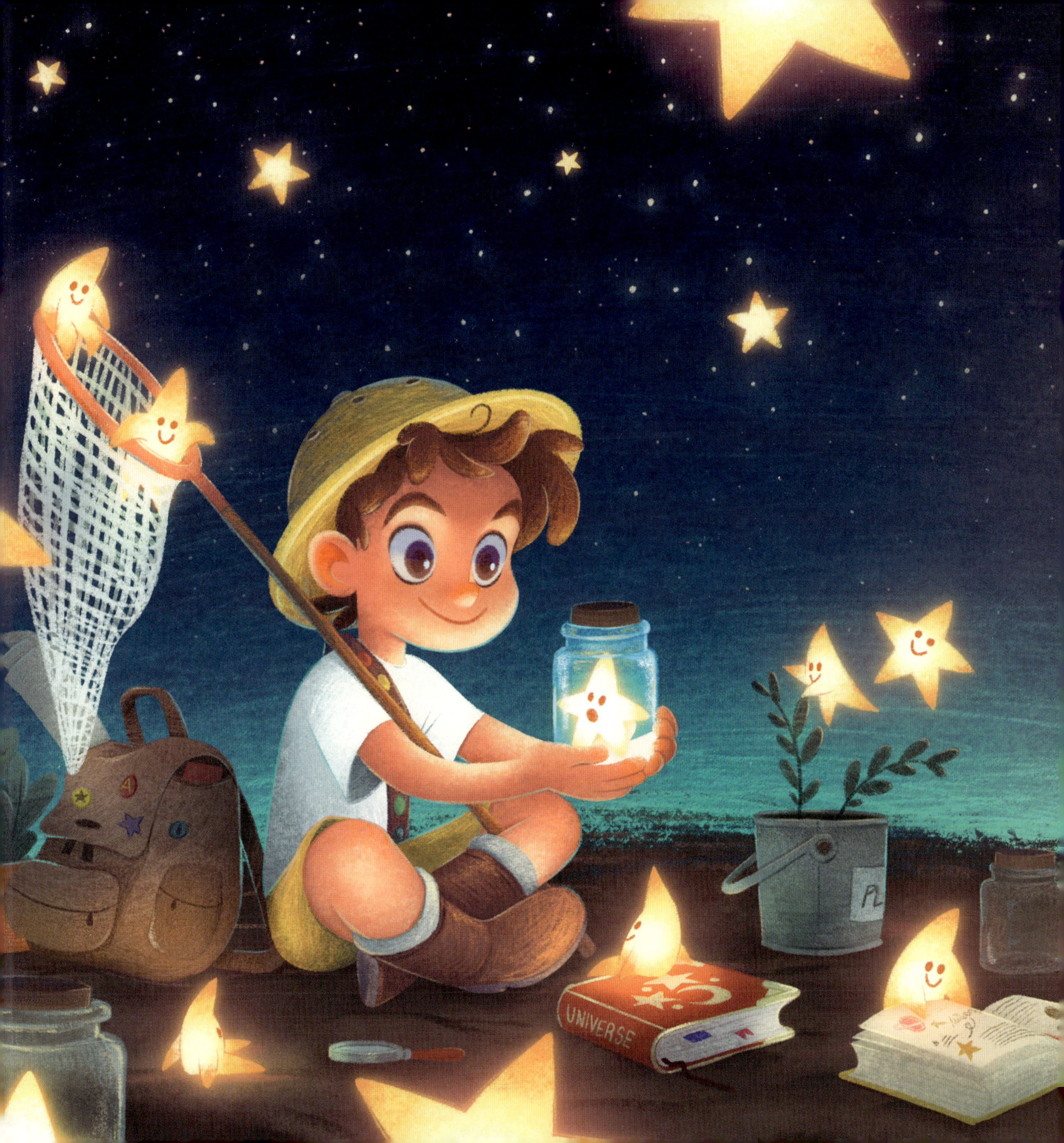
UNIVERSE

DAS MATERIAL

DIGITALE ZEICHENTOOLS

Eine gute Nachricht vorweg: Charaktere kannst du mit jedem beliebigen Material entwerfen! Es sind keine Grenzen gesetzt und ich persönlich liebe es auch, Materialien zu mischen und zu kombinieren. Doch in diesem Buch liegt der Fokus weniger auf der Handhabung von Zeichenutensilien oder schrittweisen Anleitungen, wie Charaktere gemalt oder ausgemalt werden. Vielmehr beschäftigen wir uns mit dem Entwicklungsprozess eines Charakter Designs. Ich vermittele dir wertvolles Wissen über Farbtheorie, Formsprache, Kostümdesign und vieles mehr. Du bekommst sozusagen einen kleinen Einblick in meine Arbeitsweise, meine Gedanken und die Schritte, die ich durchlaufe, bis ich mich für ein Design endgültig entscheide.

Ob du dich nun für digitales oder traditionelles Zeichnen auf Papier entscheidest, spielt dabei keine Rolle! Auf den folgenden Seiten findest du einige Empfehlungen von mir, sowohl zu digitalen als auch zu klassischen Zeichenwerkzeugen.

ÜBER DIGITALE ZEICHENWERKZEUGE

Digitale Zeichenwerkzeuge erfreuen sich insbesondere bei der Arbeit für Kunden großer Beliebtheit. Der Vorteil liegt auf der Hand: Deine Projekte lassen sich in einer enormen Auflösung zeichnen, was es dem Kunden ermöglicht, sie in großem Maßstab zu drucken und auch nachträglich zu bearbeiten. Zudem sind Änderungen und Korrekturen jederzeit ohne Aufwand umsetzbar.

Durch die Möglichkeit, deinen Charakter in Einzelteile zu zerlegen und Körper, Kleidung oder Haare auf separate Ebenen zu zeichnen, gestaltet sich die Anpassung von Farben und Formen besonders einfach.

Insgesamt kann man mit Fug und Recht behaupten, dass digitales Zeichnen oftmals weniger zeitaufwendig ist und mehr Optionen zur Nachbearbeitung bietet.

Zeichenwerkzeuge für unterwegs

Mein bevorzugtes Werkzeug zum Malen von Charakteren und Welten ist das iPad Pro, der Apple Pencil und die Procreate App. Das iPad ist äußerst handlich und kann problemlos überall hin mitgenommen werden, was es zu einer großartigen Wahl für Berufstätige macht, die viel unterwegs sind oder einfach nicht am Schreibtisch zeichnen möchten. Die Procreate App zeichnet sich durch ihre intuitiven Touch-Gesten aus, die insbesondere für Anfänger:innen leicht zu erlernen sind. Allerdings ist es je nach iPad-Modell möglich, dass die Anzahl der Ebenen begrenzt und die Bildgröße eingeschränkt ist. Für Hobbykünstler:innen sollte dies jedoch kein Problem darstellen.

Fest installierte Bildschirm-Tablets

Insbesondere bei umfangreichen Kundenarbeiten greife ich häufig auf ein fest installiertes Bildschirm-Tablet zurück. Diese Geräte sind zwar in der Regel schwerer und lassen sich nicht so einfach abbauen, werden aber meistens mit einem Computer verbunden. Adobe Photoshop ist in dieser Branche der Standard bei Zeichenprogrammen und bietet im Vergleich zu Procreate eine größere Anzahl an Möglichkeiten und Werkzeugen. Allerdings ist dieser Ansatz mit höheren Kosten verbunden, da ein leistungsstarker Computer und ein teures Tablet erforderlich sind.

Wenn du nach einem digitalen Zeichentablet suchst, findest du im Internet viele verschiedene Anbieter. Ich empfehle dir, diese Geräte in einem Geschäft persönlich zu testen, da jede:r eine andere Vorliebe bei der Handhabung haben kann.

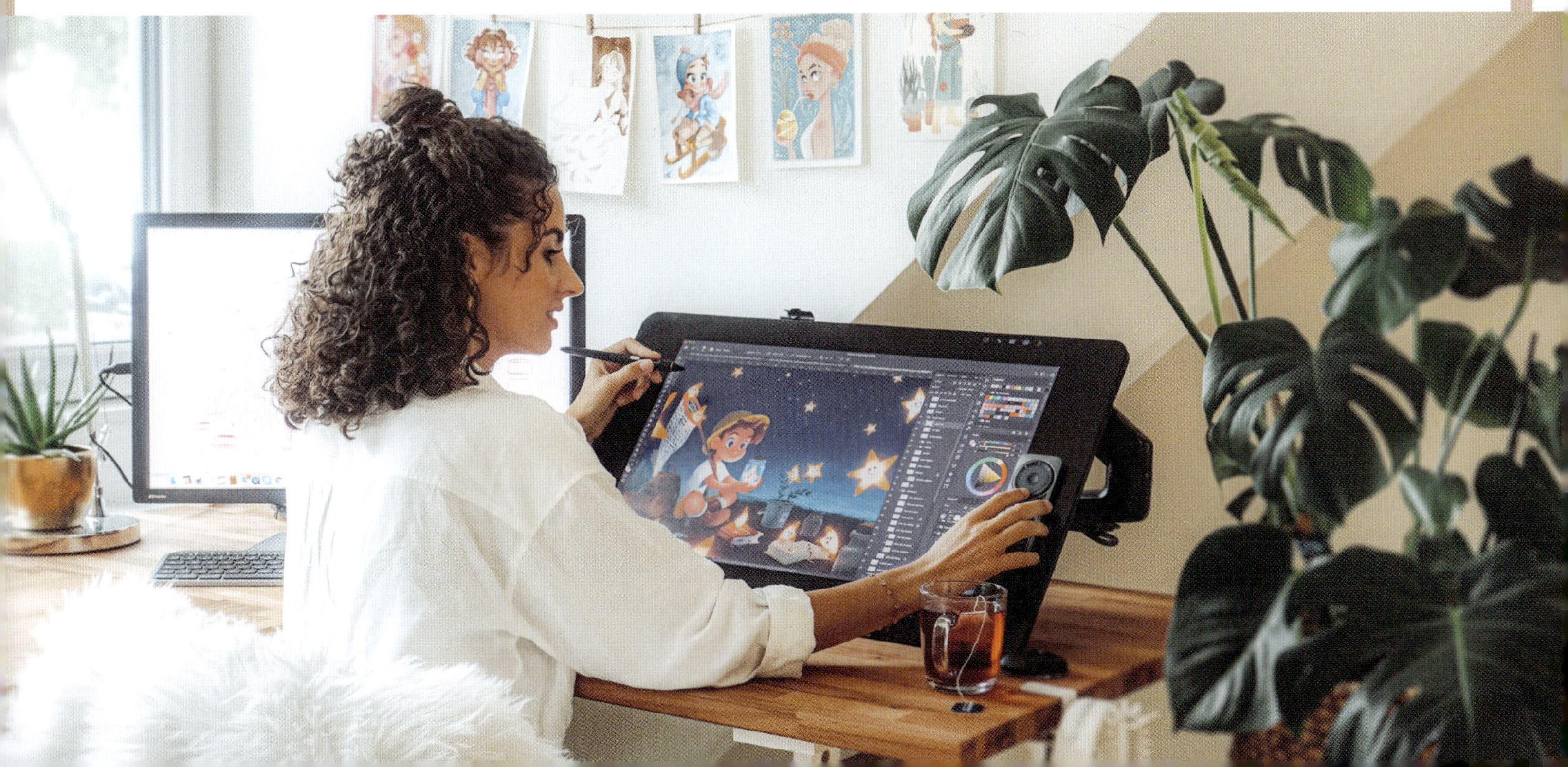

DAS MATERIAL

Traditionelle Zeichentools

Natürlich darfst du auch gerne ganz klassisch mit Papier und Stift zeichnen! Um deine eigenen Märchenfiguren zu kreieren, kannst du auch Farben verwenden, die du bereits zuhause hast. Hier sind dir keine Grenzen gesetzt, im Gegenteil: Experimentelles Zeichnen gibt deinen Charakteren oft nochmals einen ganz eigenen Stil!

Ich persönlich mische zum Beispiel sehr gerne Aquarellfarben und Buntstifte. Die blasse und zarte Farbgebung der Aquarellfarben eignet sich hervorragend für großflächige Bereiche, während Buntstifte perfekt für die Feinarbeit geeignet sind.

Es gibt zahlreiche Möglichkeiten, um deine Kunstwerke mit Papier und Stift zu gestalten. Lasse deiner Fantasie freien Lauf und probiere verschiedene Techniken aus, um deinen eigenen Stil zu finden. Die folgende Liste gibt dir ein paar Anhaltspunkte, welche Materialien zu deiner zeichnerischen Grundausstattung gehören sollten.

Skizzieren und Entwerfen

- Bleistifte mit weicher Spitze für grobe Skizzen (9B ist sehr leicht und lässt sich gut radieren)
- Bleistifte mit eher harter Spitze für Outlines (9H ist der härteste)
- Leicht rötlicher Buntstift (eignet sich super, da Rot weniger Kontrast zum weißen Papier hat und somit weniger unter den Outlines erkennbar ist)
- Knetradiergummi (lässt sich formen, damit du auch feine Details radieren kannst)

Ausmalen

- Aquarellfarben (flüssig oder fest), z. B. von Winsor & Newton
- Gouache (trocknet schnell und ist sehr deckend), z. B. von Schmincke Academie
- Buntstifte (hinterlassen einen „handgemalten" Look), z. B. die Polychromos von Faber-Castell
- Passende Pinsel in verschiedenen Größen und Formen
- Mischpalette für Farben
- Dickes Aquarellpapier in 300 g/m²
- Normales Druckerpapier für Skizzen

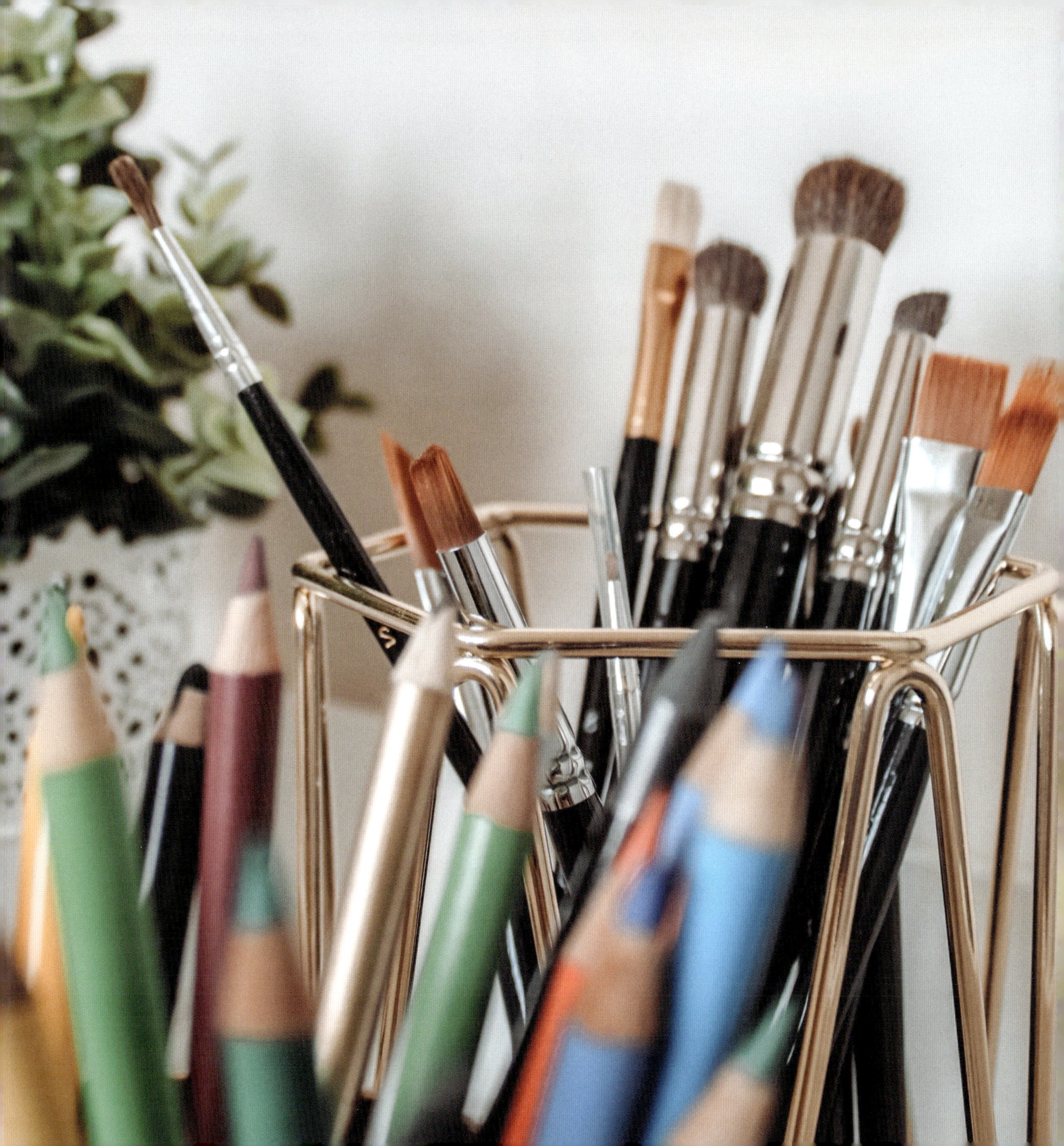

REFERENZMATERIAL

FINDEN UND ANWENDEN

WOZU BRAUCHE ICH REFERENZMATERIAL?

Die Verwendung von Referenzmaterial und Moodboards im Bereich Illustration und Character Design ist von entscheidender Bedeutung, um authentische und realistische Welten zu schaffen. Referenzmaterial hilft Künstler:innen dabei, realistische und glaubwürdige Charaktere, Orte und Objekte zu entwerfen, indem es ihnen eine visuelle Vorstellung davon gibt, wie etwas aussehen könnte. Moodboards unterstützen dabei, das gewünschte Gefühl und die Atmosphäre eines Designs zu vermitteln und stellen sicher, dass alle Elemente eines Projekts stilistisch zusammenpassen.

Referenzmaterial kann aus vielen verschiedenen Quellen stammen, etwa aus Büchern, Filmen, Fotosammlungen oder sogar aus der echten Welt. Es ist wichtig, sich von echten Kulturen und deren Traditionen und Bräuchen inspirieren zu lassen, um eine authentische Welt zu erschaffen. Eine Recherche zu historischen oder kulturellen Hintergründen kann helfen, Details in der Gestaltung zu berücksichtigen, die das Design realistischer und glaubwürdiger machen.

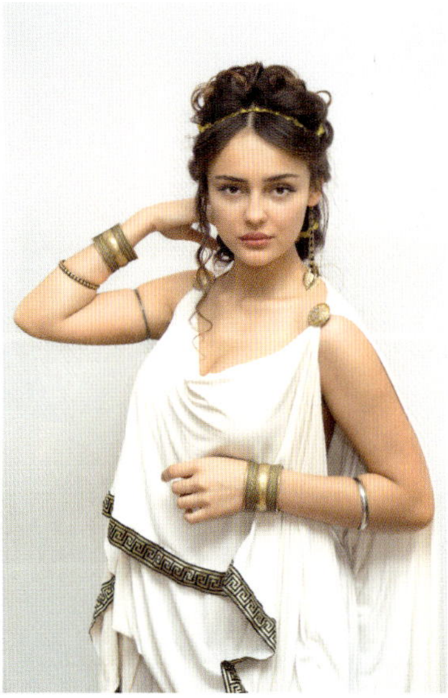

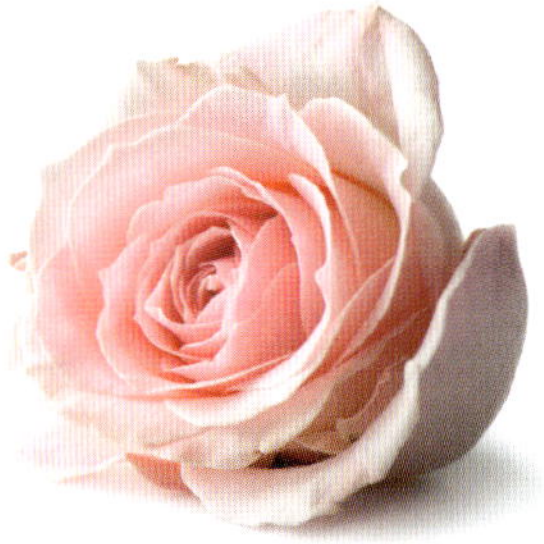

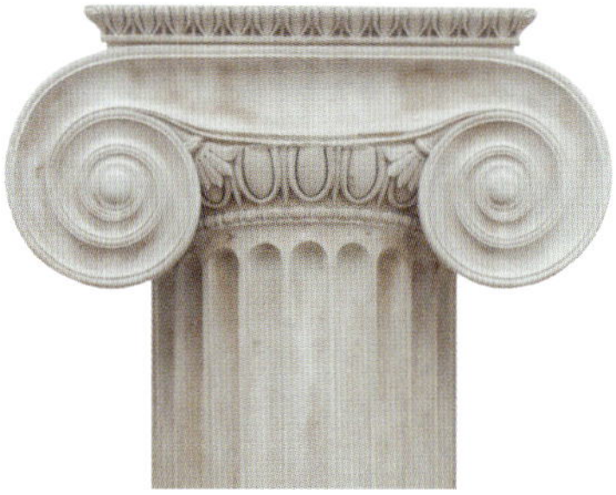

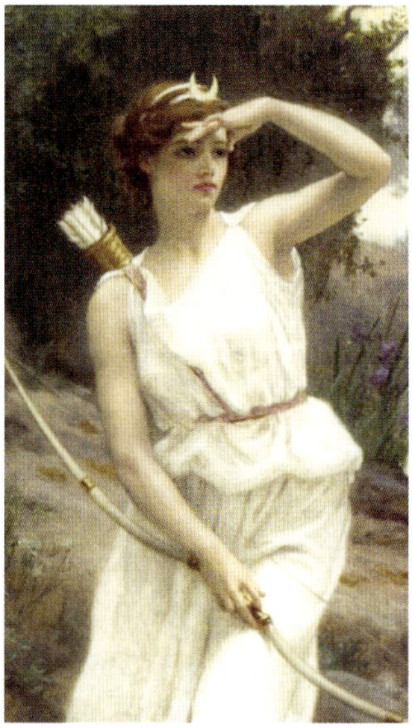

WO FINDE ICH GUTE REFERENZBILDER?

Es gibt viele Quellen für gutes Referenzmaterial. Bibliotheken sind oft eine hervorragende Adresse für Bücher und Magazine zu verschiedenen Themen, die als Inspiration dienen können. Auch Online-Quellen wie Pinterest oder Artstation können eine großartige Ressource sein, um Inspiration und Referenzen zu finden.

Im Internet gibt es sogar spezielle Seiten, die professionelle Fotopakete für genau diesen Zweck mit posierenden Models zu bestimmten Themen gegen Bezahlung anbieten.

Mein persönlicher Geheimtipp für kostenfreies Referenzmaterial sind Herstellerseiten von Modefirmen wie Zalando, ASOS oder ähnliche. Dort findest du eine Fülle an unterschiedlichen Posen, Persönlichkeiten und Figurtypen, die du als Referenz für Anatomie, Stil oder Pose nutzen kannst. Natürlich kannst du auch einfach deine eigenen Posen einnehmen und dich dabei selbst fotografieren. Leichter geht es nicht!

Hier findest du gutes Referenzmaterial:

- **Bibliotheken (Bücher, Magazine)**
- **Filme (Screenshots)**
- **Google-Suche**
- **Pinterest**
- **Artstation**
- **Referenzfotopakete (z. B. Gumroad)**
- **Modeherstellerseiten (z. B. Zalando, ASOS)**
- **Fotos von dir selbst oder Reisen**

TIPP: Ich empfehle dir, eine kleine Referenzmaterial-Bibliothek auf deinem Computer anzulegen. Sammle so viele Bilder wie möglich zu verschiedenen Themen wie Anatomie, Posen, Tiere, Beleuchtung ...

Auf diese Weise hast du jederzeit Zugriff auf hochwertiges Material und musst nicht lange nach passenden Referenzen suchen. Für besonders anspruchsvolle Projekte, wie zum Beispiel ein spezielles Character Design, solltest du einen eigenen Ordner mit gezieltem Referenzmaterial anlegen.

MOODBOARDS ERSTELLEN

EINE VISUELLE REFERENZ FÜR DESIGNER:INNEN

WAS IST EIN MOODBOARD?

Moodboards sind eine Zusammenstellung von Bildern, Farben, Texturen und anderen Elementen, die dazu dienen, eine bestimmte Stimmung oder Atmosphäre für ein Projekt zu vermitteln. Sie sind eine Art visuelle Referenz, die Designer:innen oder Illustrator:innen helfen, eine bestimmte Ästhetik oder Atmosphäre für ihr Design zu definieren.

Im Bereich der Illustration und des Character Designs sind Moodboards von großer Bedeutung, denn sie ermöglichen es, eine klare Vorstellung davon zu bekommen, welche Ästhetik und Stimmung für ein bestimmtes Design geeignet ist. Sie dienen als Inspirationsquelle für Farben, Formen, Kleidung und sogar für die Umgebung, in der die Charaktere oder Illustrationen sich bewegen.

Durch die Verwendung von Moodboards lässt sich sicherstellen, dass alle Elemente des Designs stimmig sind und ein zusammenhängendes Gesamtbild ergeben. Sie sind also ein wichtiger Teil des Designprozesses und helfen dabei, ein erfolgreiches und ansprechendes Ergebnis zu erzielen.

WOMIT ERSTELLE ICH EIN MOODBOARD?

Für Moodboards können verschiedene Programme zum Einsatz kommen. Einige der beliebtesten sind Adobe Photoshop, Illustrator oder auch kostenlose Programme wie Canva, Miro oder Milanote. Ich persönlich nutze am liebsten das Programm PureRef. Hier kannst du ganz bequem Moodboards anlegen, beschriften und bearbeiten. Wähle am besten eine Plattform, die leicht zu bedienen und anpassbar ist, um sicherzugehen, dass das Moodboard den Anforderungen deines Projekts entspricht.

Hinweis: Für das Märchen Rapunzel werden wir uns später ganz speziell mit dem Thema Moodboard und Konzeptionierung beschäftigen (siehe Seite 23ff.). Hier wirst du anhand von Beispielen sehen, wie ich ein solches Konzept erarbeite und worauf ich bei der Erstellung achte.

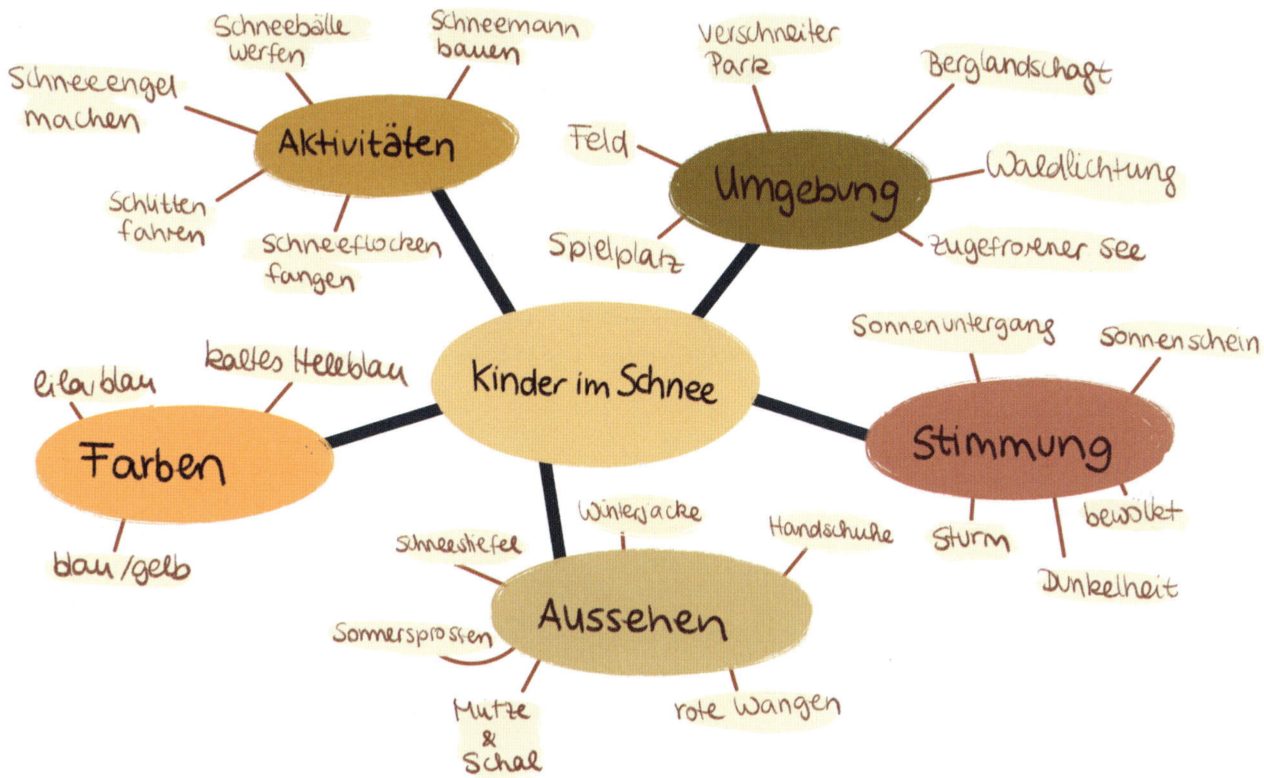

IDEEN SAMMELN MIT EINER MIND MAP

Wenn du nach Inspiration für deine Illustration suchst, gibt es verschiedene kreative Möglichkeiten, wie du deine Ideen entwickeln kannst. Eine Methode besteht darin, eine Mind Map zu einem bestimmten Thema zu erstellen und unterschiedliche Aspekte für das Bild zu skizzieren. Hier oben kannst du am Beispiel des Themas „Kinder im Schnee" sehen, wie so etwas funktioniert. Du kannst das Hauptthema in Unterkategorien wie Aktivitäten, Umgebungen, Stimmungen, das Aussehen der Kinder und Farbpaletten unterteilen. Indem du alle deine Ideen sammelst und deine Favoriten auswählst, kannst du eine einzigartige und ansprechende Illustration kreieren, die auf deinen Stichpunkten basiert.

AUFWÄRMÜBUNGEN

LASS' UNS LOSLEGEN!

Ähnlich wie Sportler:innen vor dem Training, solltest auch du dich vor dem intensiven Zeichnen aufwärmen. Es gibt Tage, an denen jeder Strich mühelos gelingt, selbst ohne vorheriges Aufwärmen. Doch es gibt auch Tage, an denen das Zeichnen nicht so leicht von der Hand geht. Um in den kreativen Flow zu kommen, bedarf es einer kurzen Finger- und Handlockerung. Aus diesem Grund möchte ich dir eine meiner liebsten Aufwärmübungen vorstellen, die lediglich 10 bis 15 Minuten in Anspruch nimmt!

SCHRITT 1:

Die sogenannte Shape-Exercise ist eine kunstvolle Übung, die auf simplen Formen und Pinselstrichen basiert. Sie eignet sich sowohl für das Zeichnen auf Papier als auch digital. Dabei ist es wichtig, möglichst wenig nachzudenken und die Hand einfach frei schöne und sehr unterschiedliche Formen ziehen zu lassen. Diese können rund, eckig oder eine Mischung aus beidem sein.

Wenn du dich für die digitale Variante entscheidest, bietet es sich an, den Layer mit den Formen im Nachhinein etwas transparent zu gestalten. Arbeitest du hingegen auf Papier, empfiehlt es sich, helle und leichte Farben zu verwenden, um später die Linien gut erkennen zu können. Diese Übung bietet nicht nur einen spielerischen Einstieg in den kreativen Schaffensprozess, sondern trainiert auch die Hand-Augen-Koordination und fördert die Experimentierfreudigkeit.

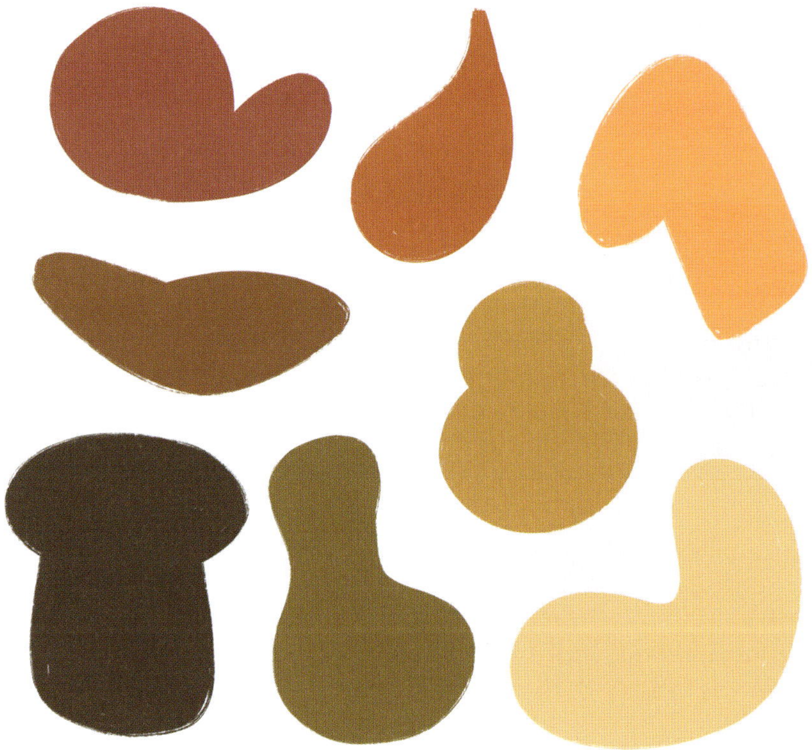

SCHRITT 2:

Wenn du deine Grundformen auf dem Papier hast, kannst du dich mit deinem Lieblingsstift oder Pinsel in die kreative Freiheit stürzen. Ein hilfreicher Tipp dabei ist, sich selbst ein Zeitlimit zu setzen, um beim Zeichnen nicht zu sehr ins Grübeln zu geraten! Ich persönlich bevorzuge eine Zeitbegrenzung von fünf Minuten für etwa acht Formen.

Denn je mehr Zeit wir haben, desto eher neigen wir dazu, über Dinge nachzudenken und sie zu überinterpretieren. Bei dieser Übung geht es jedoch um Spontanität, das Loslassen des eigenen Stils und das Entwickeln von neuen Ideen. Lass deiner Kreativität freien Lauf und erwecke neue Formen zum Leben.

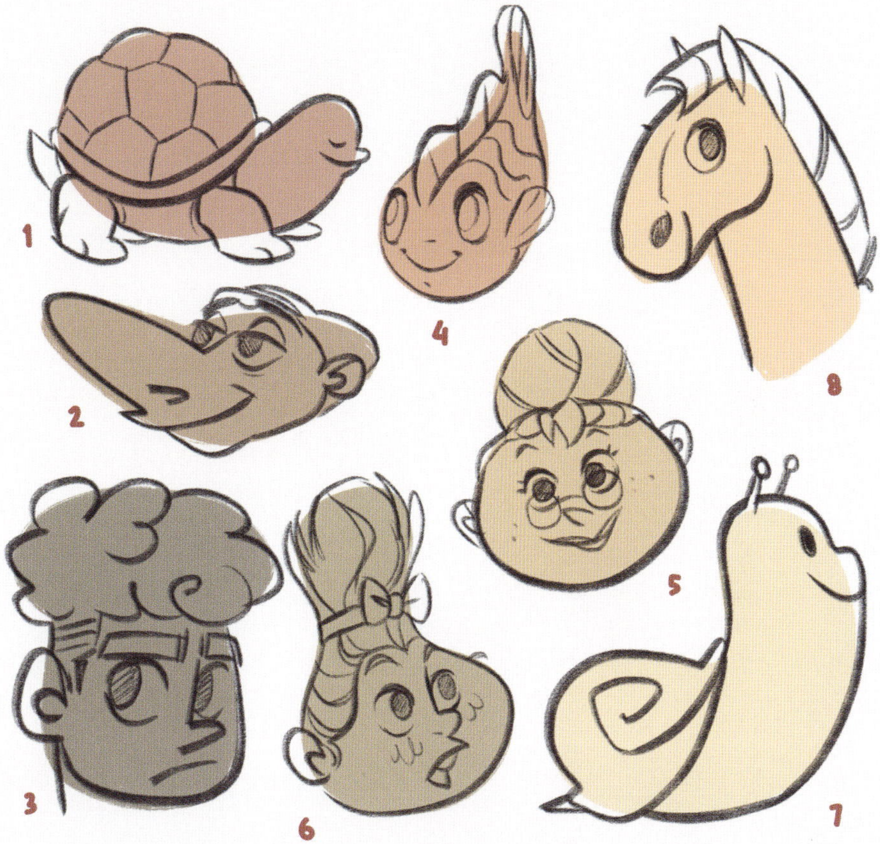

Was du hier siehst, ist ein Beispiel mit eigenen Kreationen. Ich habe mir ein Zeitlimit von fünf Minuten gesetzt und mich einfach ohne viel Nachdenken an die Arbeit gemacht. Bei jeder Form, die ich betrachtet habe, habe ich das erste Bild, das mir in den Sinn kam, auf das Papier gebracht. Da die Zeit knapp bemessen war, musste ich äußerst spontan handeln und mich zwingen, keine Radiergummis oder Korrekturmodi zu verwenden.

Es ist immer wieder erstaunlich, welch einzigartigen Charaktere man mit dieser Methode erschaffen kann. Mein persönlicher Favorit aus dieser Übung ist Charakter Nummer 2. Als ich diese Form sah, musste ich sofort an eine große Nase denken, und das Endergebnis ist sehr speziell und unverwechselbar. Diese Übung bietet eine großartige Möglichkeit, neue Ideen zu entdecken und etwas Einzigartiges zu kreieren.

Diese Übung hilft dir, mit unkonventionellen Proportionen und Formen zu experimentieren und sowohl neu- als auch einzigartiges Charakterdesign zu kreieren. Ich wünsche dir viel Freude beim Aufwärmen und Experimentieren!

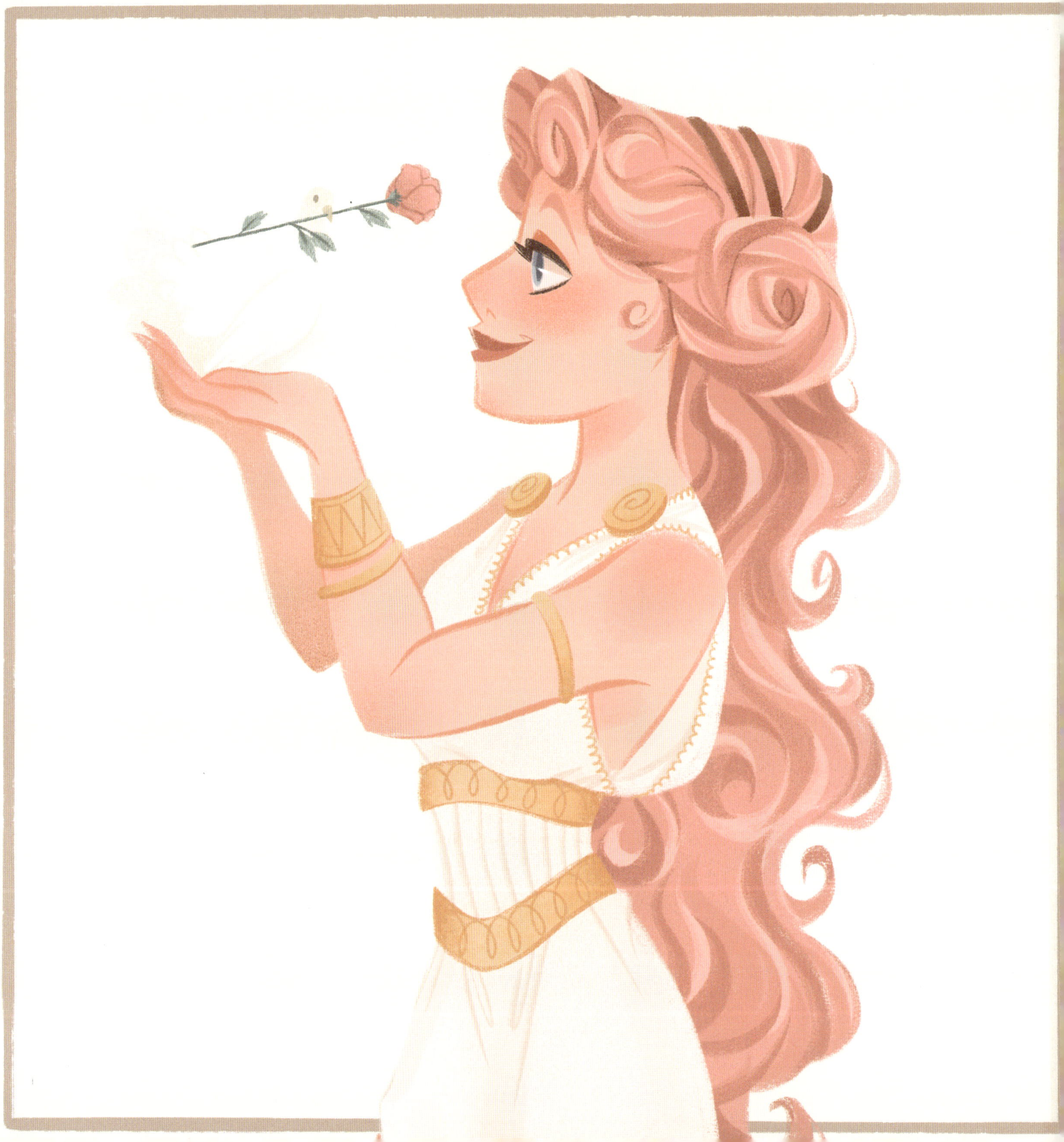

KAPITEL 01

ERZÄHLSTRUKTUR & KONZEPTIONIERUNG

MÄRCHEN:
RAPUNZEL

RAPUNZEL

NEU GEDACHT

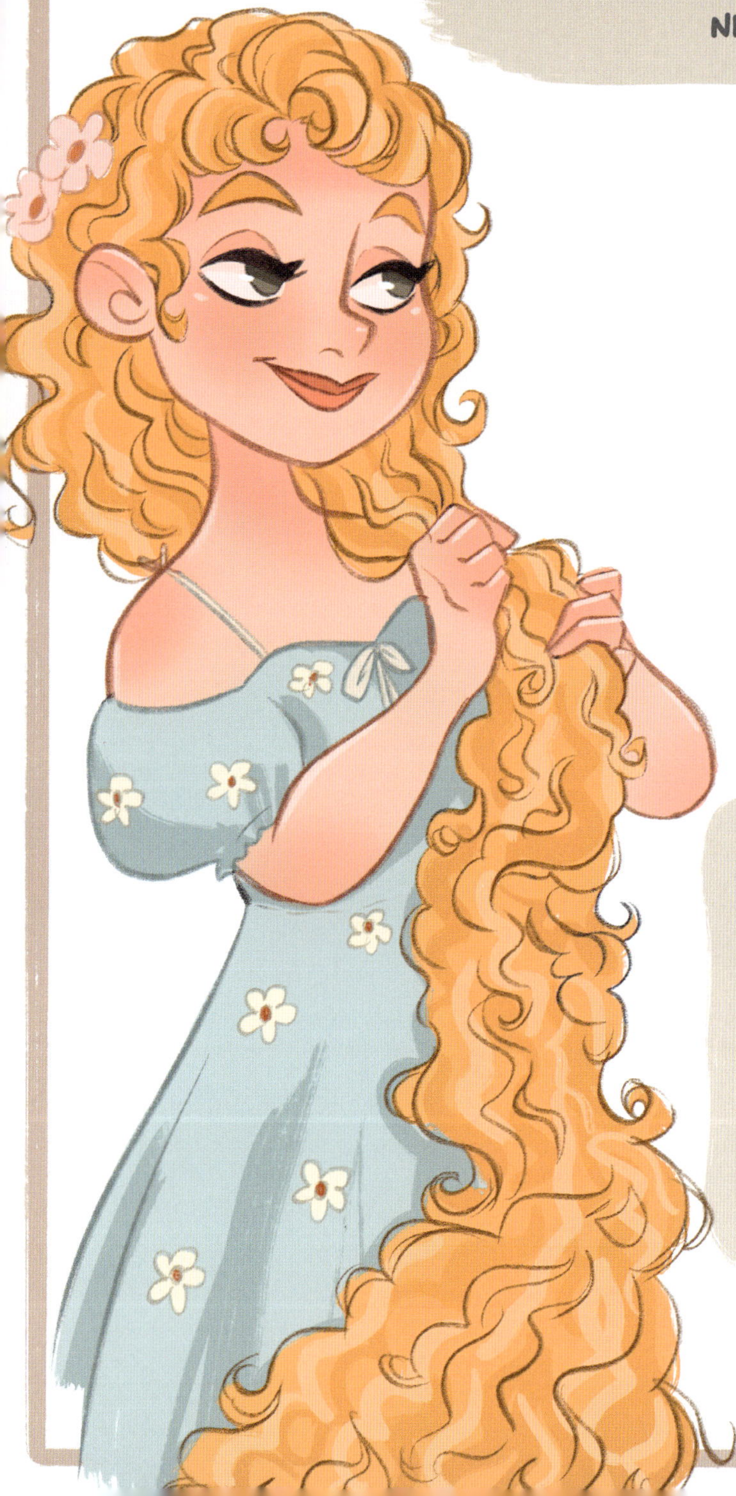

Die wunderschöne Rapunzel mit ihren atemberaubend langen Haaren ist eine bekannte Figur aus der Welt der Märchen. Doch ich möchte diese Geschichte neu erzählen und in die antike griechische Welt versetzen.

In diesem Kapitel stehen die Erzählstruktur und die Konzeptionierung im Fokus, um die Neuinterpretation von Rapunzel umzusetzen. Ich werde dir eine Methode zeigen, mit der du eine Geschichte aufbauen und gestalten kannst. Dabei wirst du lernen, wie man ein Konzept für eine Geschichte erstellt, von Moodboards über Referenzbilder und Farbpaletten bis hin zum fertigen Design.

RAPUNZEL – DAS ORIGINAL

Die junge Rapunzel wird von einer bösen Zauberin in einem Turm gefangen gehalten. Eines Tages hört ein Prinz Rapunzels Gesang und verliebt sich in sie. Er kehrt zurück und benutzt ihr Haar als Leiter, um sie im Turm zu besuchen. Als die Zauberin herausfindet, dass der Prinz plant, Rapunzel zu befreien, bestraft sie Rapunzel, indem sie ihr die Haare abschneidet und sie in die Wüste schickt. Jahre später treffen sich Rapunzel und der Prinz wieder und sie leben glücklich zusammen.

MEINE NEUINTERPRETATION:

Rhondanthe wurde mit außergewöhnlich rosafarbenem Haar geboren, welches die Macht besaß, Wunden zu heilen. Die Göttin Hera, die von Rhondanthes Schönheit und ihrer besonderen Gabe erfuhr, wurde eifersüchtig und beschloss, das neugeborene Kind zu töten. Doch Rhondanthes Eltern baten Hera um Gnade und überzeugten sie, das Mädchen am Leben zu lassen. Als Bedingung musste das Kind jedoch ein Leben lang bei Hera bleiben. Die Göttin sperrte das Kind in einen Turm ohne Tür und erzählte dem Mädchen, dass ihre Eltern sie ausgesetzt hätten.

Jahre vergingen und Rhondanthe wurde zu einer talentierten Floristin. Ihr Turm war inzwischen zu einem Blumenparadies geworden und sie hatte sich darin eingerichtet. Eines Tages entdeckte der Hirtenjunge Orion den auffällig farbenfroh bewachsenen Turm und das schöne Mädchen am Fenster. Sie freundeten sich an und Orion kletterte heimlich über ihr langes Haar in den Turm. Rhondanthe erzählte ihm von den Rosen, die sie von einer geheimnisvollen Brieftaube erhielt und von ihrem Wunsch, ihre Eltern kennenzulernen. Zusammen schmiedeten sie einen Fluchtplan, um die Wahrheit zu erfahren.

Die Flucht gelang, und während ihrer Reise trafen sie auf viele Menschen und Orte, bis sie endlich den Rückzugsort der Brieftaube entdeckten. Rhondanthe erfuhr die Wahrheit über ihre Herkunft und dass ihre Eltern ihr die Rosen als Zeichen ihrer Liebe gesendet hatten. Doch Hera hatte ihre Flucht bemerkt und sandte ihre Diener aus, um Rhondanthe zurückzuholen. Um ihre Familie und Freunde zu schützen, stellte sich Rhondanthe freiwillig und wurde von Hera wieder in den Turm gesperrt. Dieses Mal umhüllte die zornige Göttin den gesamten Turm mit einer dornigen Kletterrose, sodass niemand mehr hinaufkommen konnte.

Rhondanthe schnitt ihr magisches Haar ab und nutzte es als Seil, um aus dem Turm zu fliehen. Dabei verletzte sie sich jedoch schwer an den gefährlichen Dornen der Rankrose, die den Turm hinaufwuchs. Ohne ihre Haare waren ihre Kräfte geschwächt und sie konnte sich nicht mehr selbst heilen. Als Hera ihre Flucht bemerkte, bat die junge Frau Hera mutig, sie gehen zu lassen und versprach, nie wieder zurückzukehren.

Tatsächlich entschied sich Hera, Rhondanthe gehen zu lassen, die ohne ihre magischen Haare keine Bedrohung mehr für sie darstellte. Doch sie warnte sie davor, jemals wieder in ihr Reich zurückzukehren. Zum Abschied überreichte Rhondanthe ihr eine letzte Rose als Zeichen ihrer Liebe und Dankbarkeit. Als Hera die Rose annahm, heilten Rhondanthes Wunden augenblicklich und Hera spürte eine neue Ruhe und Zufriedenheit in ihr Herz einkehren.

Rhondanthe jedoch erkannte, dass ihre wahre Stärke nicht in ihren magischen Kräften lag, sondern in ihrer Liebe und ihrem Mut. Sie hatte gelernt, dass die Magie nicht nur aus den zauberhaften Haaren, sondern vor allem aus ihrem Herzen kam. Glücklich kehrte sie zu ihrer Familie und Orion zurück.

ERZÄHLSTRUKTUREN

WELCHE GIBT ES?

Erzählstrukturen spielen eine entscheidende Rolle in der Kunst des Geschichtenerzählens. Sie sind das Gerüst, auf dem eine Geschichte aufgebaut ist und bestimmen, wie die Handlung und die Charaktere präsentiert werden. Es gibt verschiedene Arten von Erzählstrukturen, die von einfachen, linear erzählten Geschichten bis hin zu komplexen, nicht-linearen Erzählungen reichen.

Als Character Designer musst du nicht zwangsläufig über literarische Fähigkeiten verfügen, doch es ist durchaus von Vorteil, sich mit dem Aufbau von Geschichten vertraut zu machen. Denn nur so kannst du die Geschichte deiner Charaktere erzählen und deren Entwicklung innerhalb der Handlung aufzeigen. Ein tiefgreifendes Verständnis für die Struktur einer Geschichte kann dir dabei helfen, Charaktere zu erschaffen, die perfekt in die Handlung passen und dadurch eine stärkere Wirkung auf die Leser:innen oder Zuschauer:innen haben.

KURZE ERLÄUTERUNG EINIGER ERZÄHLSTRUKTUREN:

1. **Lineare Erzählstruktur:** Die Geschichte wird chronologisch erzählt, von Anfang bis Ende, ohne Sprünge oder Rückblenden.

2. **Rahmenhandlung:** Eine Geschichte bildet den äußeren Rahmen, innerhalb dessen eine eigene, abgeschlossene Geschichte erzählt wird.

3. **Epische Erzählstruktur:** Eine lange Erzählung, die oft über mehrere Generationen und Zeiträume hinweg reicht und verschiedene Handlungsstränge und Charaktere umfasst.

4. **Drei-Akt-Struktur:** Die Geschichte wird in drei Akte unterteilt – Einleitung, Konflikt und Auflösung – wobei der Konflikt im zweiten Akt seinen Höhepunkt erreicht.

5. **Heldenreise:** Der/die Protagonist:in durchläuft eine Reihe von Stadien, darunter Aufbruch, Prüfungen, Rettung und die Rückkehr, wobei er oder sie eine Transformation durchläuft.

Die Drei-Akt-Erzählstruktur für unser Märchen

Wir fokussieren uns für unser Märchen auf eine der bekanntesten Erzählstrukturen, die insbesondere in Kino- und Fernsehfilmen eingesetzt wird:

Die Drei-Akt-Erzählstruktur. Es handelt sich um eine relativ einfache, aber effektive Methode, um eine Geschichte in drei Teile zu gliedern: die Exposition, den Konflikt und die Auflösung. Diese Erzählstruktur wurde erstmals von Aristoteles beschrieben und hat bis heute einen großen Einfluss auf das Geschichtenerzählen.

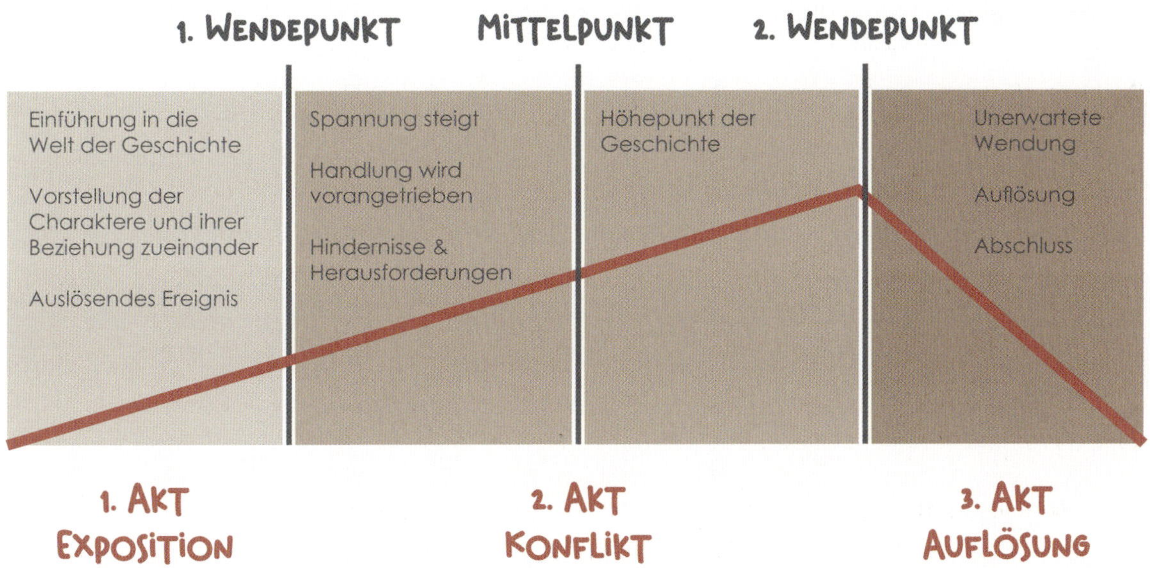

Im **ersten Akt** wird die Ausgangssituation und das Ziel der/des Protagonist: in vorgestellt, während im **zweiten Akt** der Konflikt intensiviert und verschiedene Hindernisse überwunden werden. Der Höhepunkt der Geschichte findet am Ende des zweiten Aktes statt. Der **dritte Akt** löst den Konflikt und schließt die Handlung ab. Der erste Wendepunkt oder das „auslösende Ereignis" leitet den Konflikt ein, während der zweite Wendepunkt eine unerwartete Wendung präsentiert und den dritten Akt einleitet.

DIE DREI-AKT-STRUKTUR

ANHAND MEINER GESCHICHTE ERKLÄRT

1. AKT – EXPOSITION

Einführung: Ein Kind wird mit magischen Haaren geboren, die heilende Fähigkeiten besitzen. Die Göttin Hera erfährt davon und lässt die Eltern und das Kind gefangennehmen.

Auslösendes Ereignis: Hera möchte aus Eifersucht das Kind Rhondanthe wegen ihrer magischen Haare und Schönheit töten. Sie lässt das Mädchen am Leben, unter der Voraussetzung, dass sie ihr dient. Sie sperrt Rhondanthe in einen einsamen Turm.

1. Wendepunkt: Rhondanthe flieht zum ersten Mal aus dem Turm und folgt der Brieftaube.

2. AKT – KONFLIKT

Ansteigende Spannung: Rhondanthe begibt sich gemeinsam mit Orion auf die Reise und versucht die Herkunft der Brieftaube herauszufinden. Währendessen müssen sie sich immer neuen Herausforderungen stellen, lernen neue Menschen und Orte kennen und Rhondanthe wird mutiger.

Mittelpunkt: Rhondanthe entdeckt das Zuhause der Brieftaube und findet heraus, dass die Rosen von ihren Eltern geschickt wurden. Hera bemerkt Rhondanthes Flucht und sendet ihre Diener aus, um sie wieder zurückzuholen.

2. Wendepunkt: Rhondanthe ist im Turm gefangen und schneidet ihre Haare ab, um ein Seil zu knüpfen und erneut zu fliehen. Dabei verletzt sie sich schwer an den Dornen der Rankrose und verliert die heilenden Fähigkeiten, die ihre Haare besaßen.

3. AKT – AUFLÖSUNG

Höhepunkt: Rhondanthe stellt sich Hera und bittet, sie gehen zu lassen.

Unerwartete Wendung: Rhondanthe schenkt Hera eine Rose und heilt damit Hera und sich selbst.

Auflösung: Hera ist besänftigt und Rhondanthe kann zu ihrer Familie zurückkehren.

MOODBOARD

ERSTELLEN

DIE ERSTEN SCHRITTE

Jetzt ist der perfekte Zeitpunkt, um mit der Erstellung von verschiedenen Moodboards in einem von dir gewählten Programm zu beginnen. Auf den vorhergehenden Seiten habe ich bereits zahlreiche Tipps gegeben, wo du hochwertiges Bildmaterial finden und welche Tools sich am besten für das Erstellen von Moodboards eignen.

Vor dem Start solltest du jedoch sicherstellen, dass du für alle Charaktere in deiner Geschichte Steckbriefe erstellt und eine durchdachte Erzählstruktur erarbeitet hast. Außerdem solltest du festlegen, von welcher Zeit, von welchem Ort und von welcher Kultur deine Geschichte inspiriert ist. Hast du eine eigene fiktive Welt erschaffen oder lässt du dich von einer oder mehreren Kulturen inspirieren?

Nimm dir ausreichend Zeit, um über die Geschichte dieser Kultur zu recherchieren. Sammle Bilder, die die Mode und Architektur dieser Epoche widerspiegeln, und finde passende Referenzen für das Moodboard deiner Charaktere und eventuell auch für die Schauplätze.

Denke daran: Ein Moodboard kann aus einer Vielzahl von Elementen bestehen, wie zum Beispiel Wörtern, die die Persönlichkeit oder Stimmung beschreiben, Mustern und Texturen, Farbpaletten sowie Referenzbildern für Kleidung und Architektur.

Auf den folgenden Seiten findest du meine erstellten Moodboards für meine Neuinterpretation des Märchens Rapunzel, genannt Rhondanthe. Ich hoffe, dass sie dir als Inspiration für deine eigenen Moodboards dienen können.

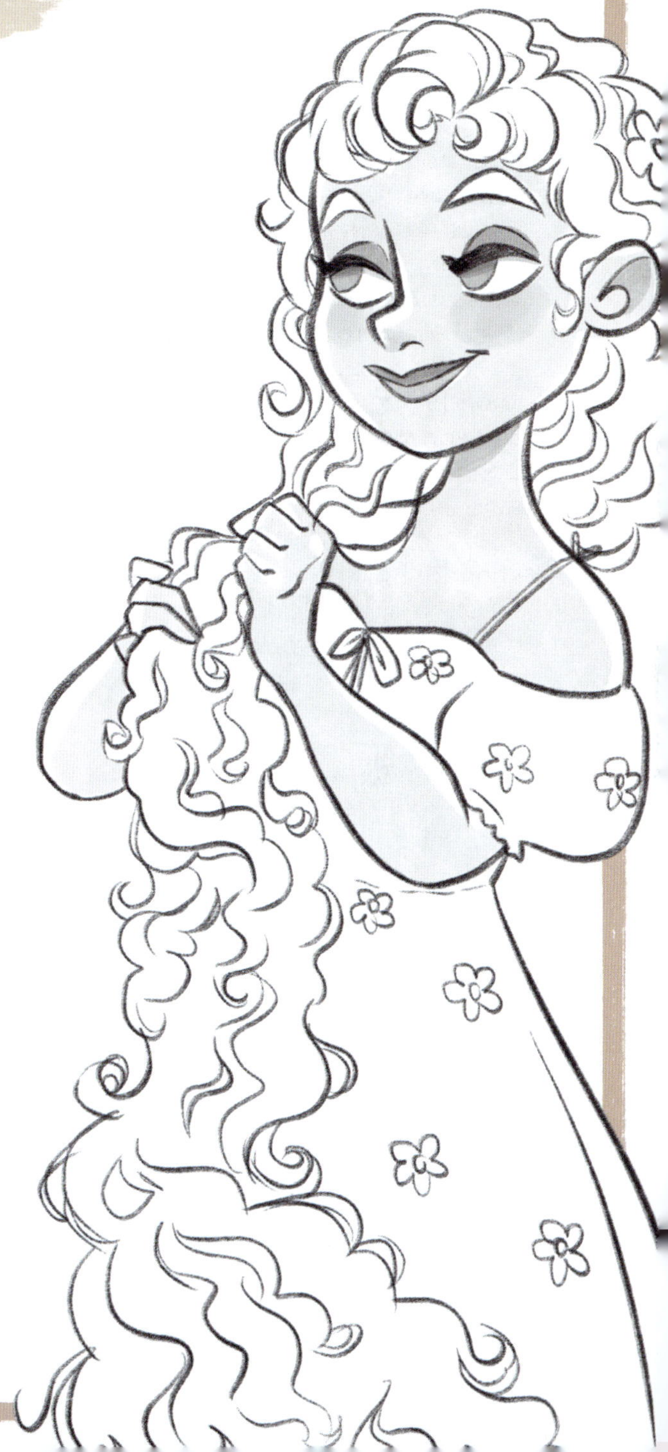

RHONDANTHE

CHARACTER DESIGN

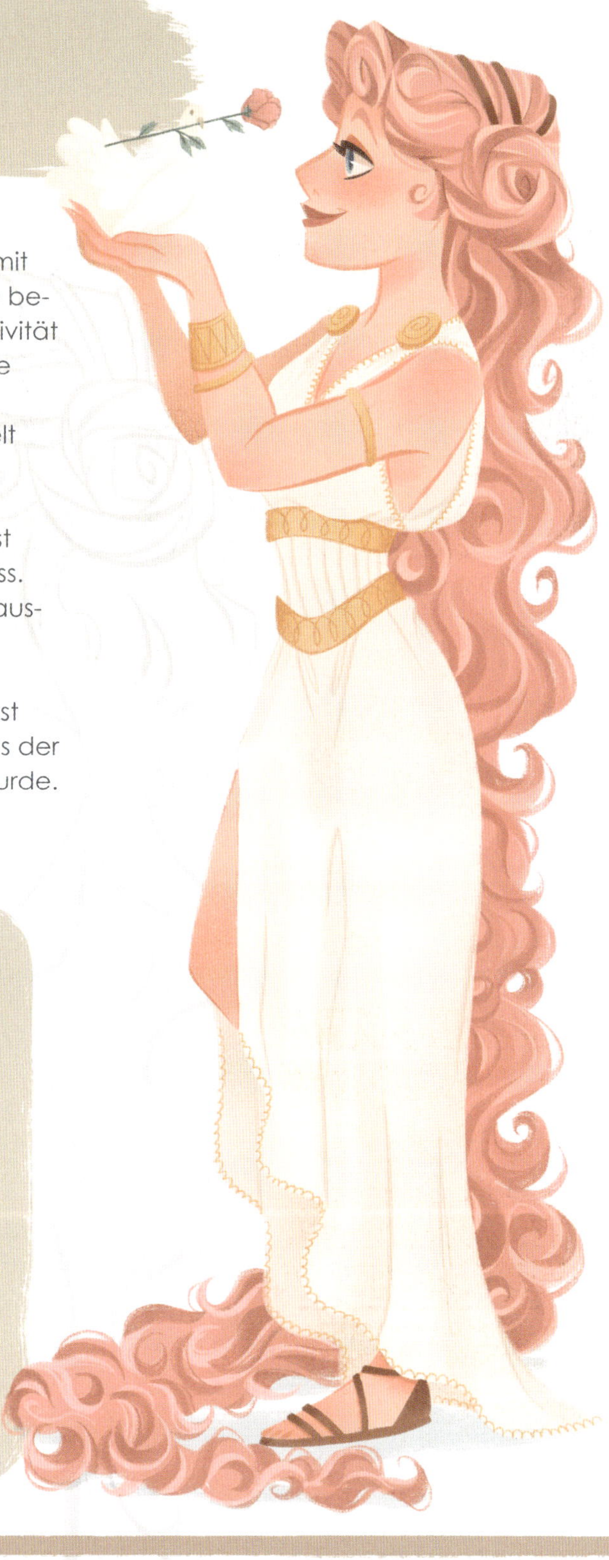

Rhondanthe, was auf Griechisch Rosenblüte bedeutet, wurde mit rosafarbenen, magischen Haaren geboren, die heilende Kräfte besitzen. Während ihrer Gefangenschaft im Turm hat sie ihre Kreativität entfaltet und ist zu einer wahren Floristin geworden. Rhondanthe hat den gesamten Turm mit Pflanzen und Blumen geschmückt. Sehnsüchtig wünscht sie sich, den Turm zu verlassen und die Welt draußen zu erkunden.

Rhondanthe ist zu Anfang eher naiv und zurückhaltend und lässt sich von der mächtigen Hera bevormunden, der sie dienen muss. Dennoch treiben der Wunsch, die Wahrheit über ihre Eltern herauszufinden und ihre Neugier sie dazu, aus dem Turm zu fliehen.

Rhondanthe ist eine anmutige, feminine und filigrane Person, fast schon so kunstvoll und zerbrechlich wie die ionischen Säulen aus der griechischen Antike, von welchen ihr Aussehen stark inspiriert wurde.

DAS FINALE CHARACTER DESIGN

Ihre Haare formen sich zu sanften Voluten, die an die eleganten Säulenkapitelle erinnern, und ihr Kleid ist von den feinen Kanneluren der Säulenschäfte inspiriert. In ihrer kunstvollen Frisur sind ineinander verschlungene Blütenblätter zu erkennen, die an ihren Namen und ihre Liebe zur Natur und Schönheit erinnern.

Rhondanthes Kleid ist schlicht und unauffällig, spiegelt in seiner zurückhaltenden Schönheit aber ihre Reinheit und Zartheit wider. Ihr Design ist von einem harmonischen Kontrast zwischen scharfen und weichen Kanten geprägt, der ihre Schönheit noch weiter unterstreicht.

MOODBOARD

FÜR RHONDANTHE

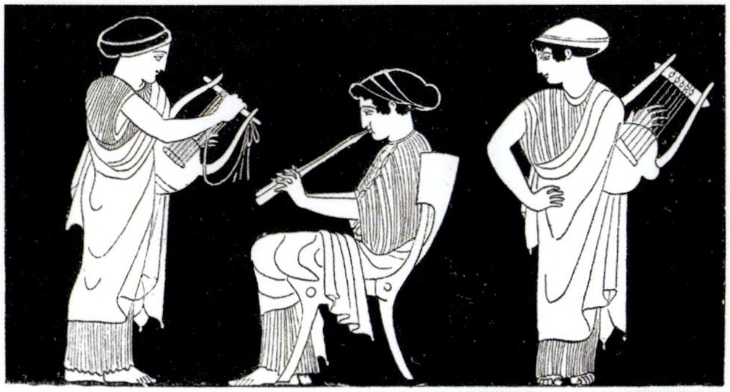

ZART & FILIGRAN

ANMUTIG

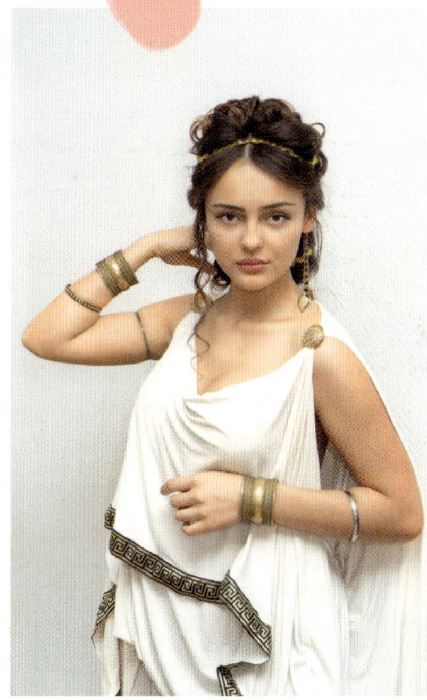

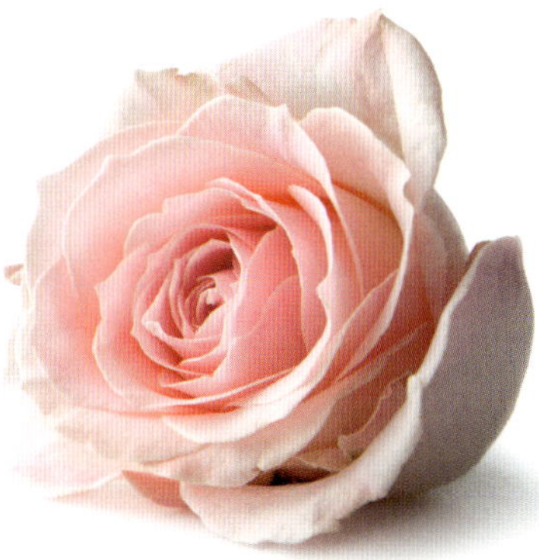

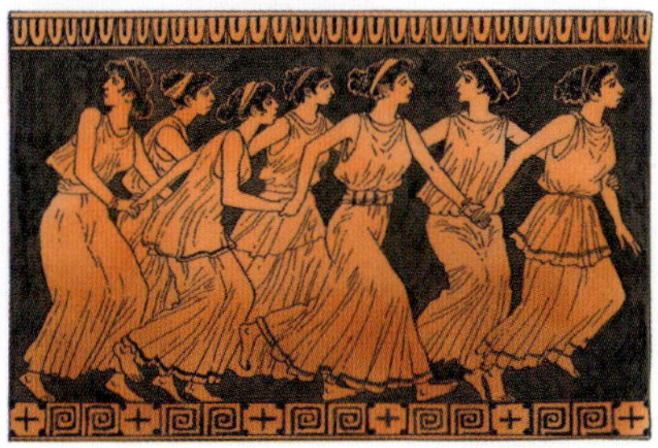

SELBSTLOS

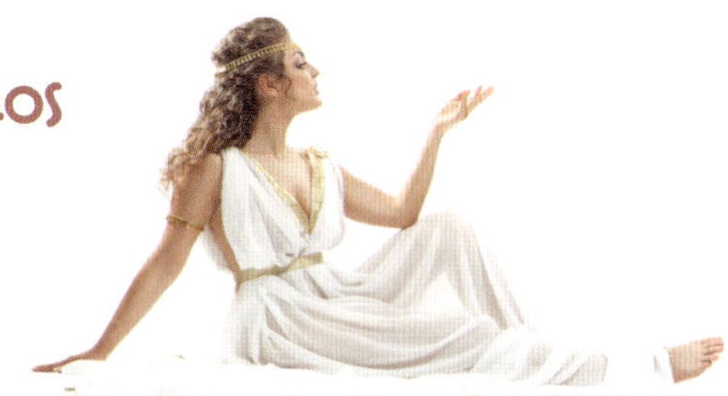

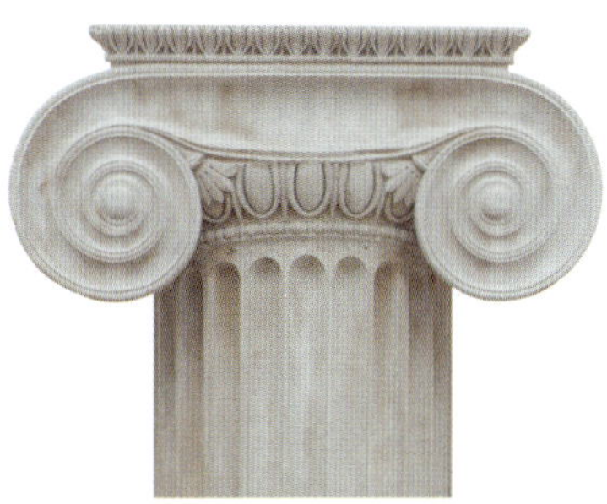

UNSCHULDIG

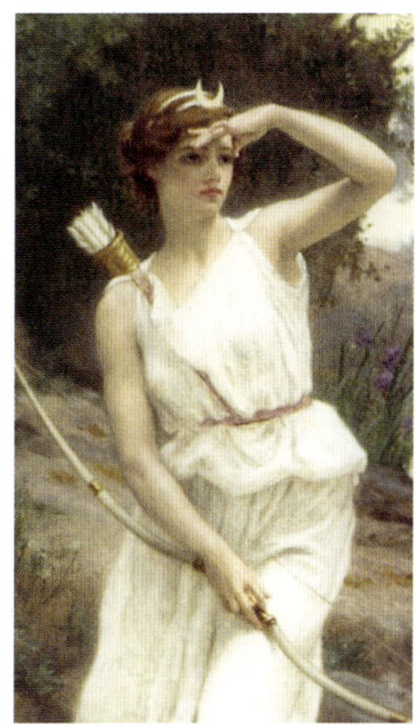

Die Entwicklung der Hauptfigur

Da meine Neuinterpretation des Märchens Rapunzel durch die griechische Antike inspiriert wurde, mussten unter anderem Namen, Kostüme und die Umgebung angepasst werden.

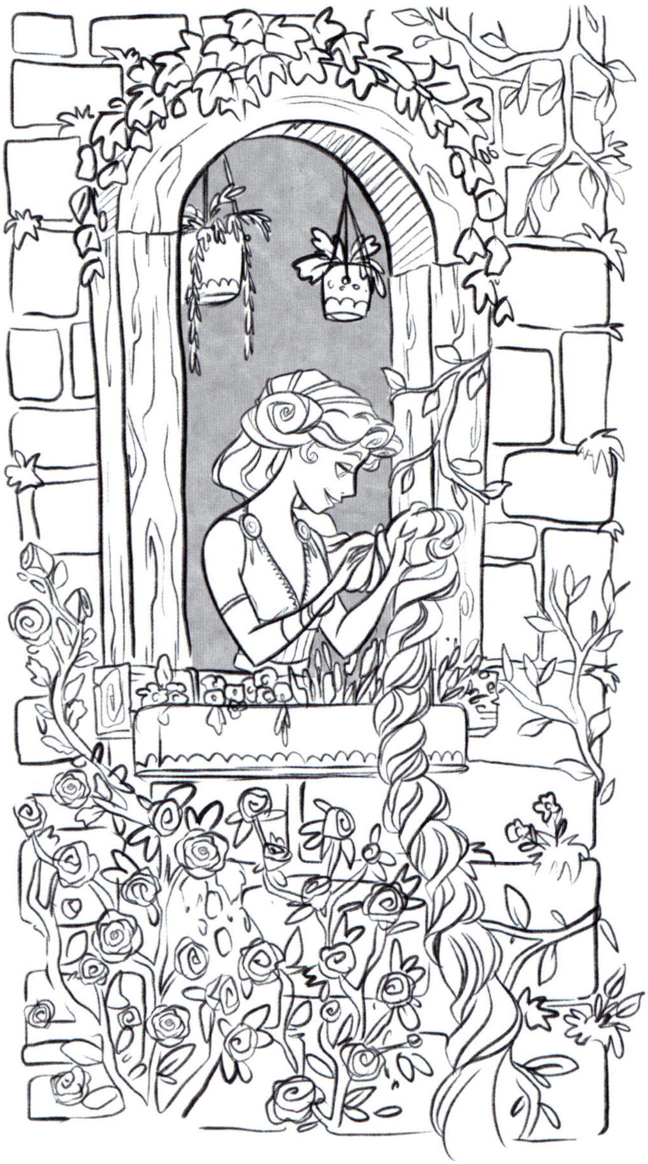

Von der klassichen Vorstellung einer Prinzessin wollte ich mich lösen. Rhondanthe muss keine Prinzessin sein, um eine bewundernswerte und anziehende Protagonistin zu sein.

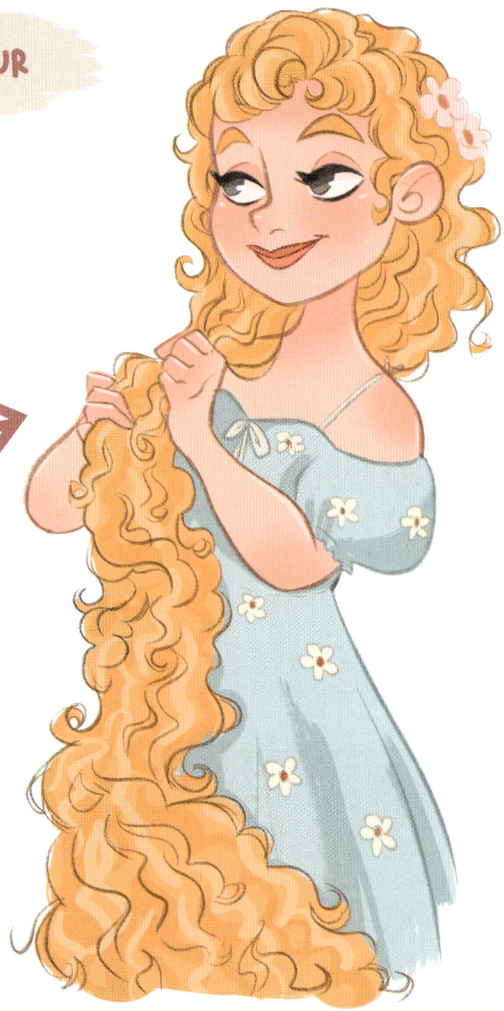

Rhondanthe hat ihre einsame Zeit im Turm mit Gärtnern verbracht. Besonders auffällig ist die rankende Rose, die den Turm hinaufklettert.

Hierfür habe ich typisch griechische Pflanzen, Kräuter und Blumen recherchiert. Unter anderem finden wir in Rhondanthes Turm Olivenbäume, Efeu, Thymian, Rosmarin, Lavendel, Oleander und Jasmin.

Rhondanthes Haare schmiegen sich in sanften Voluten an ihre Kopfhaut, ähnlich den eleganten Kapitellen ionischer Säulen.

In ihrer kunstvollen Haarfrisur sind ineinander verschlungene Blütenblätter zu erkennen.

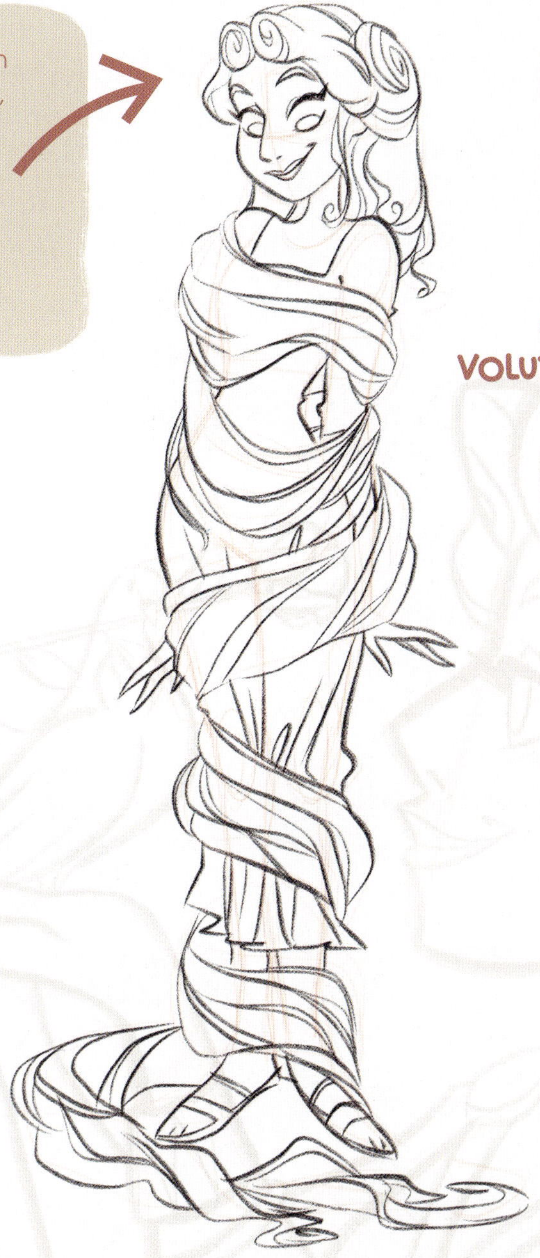

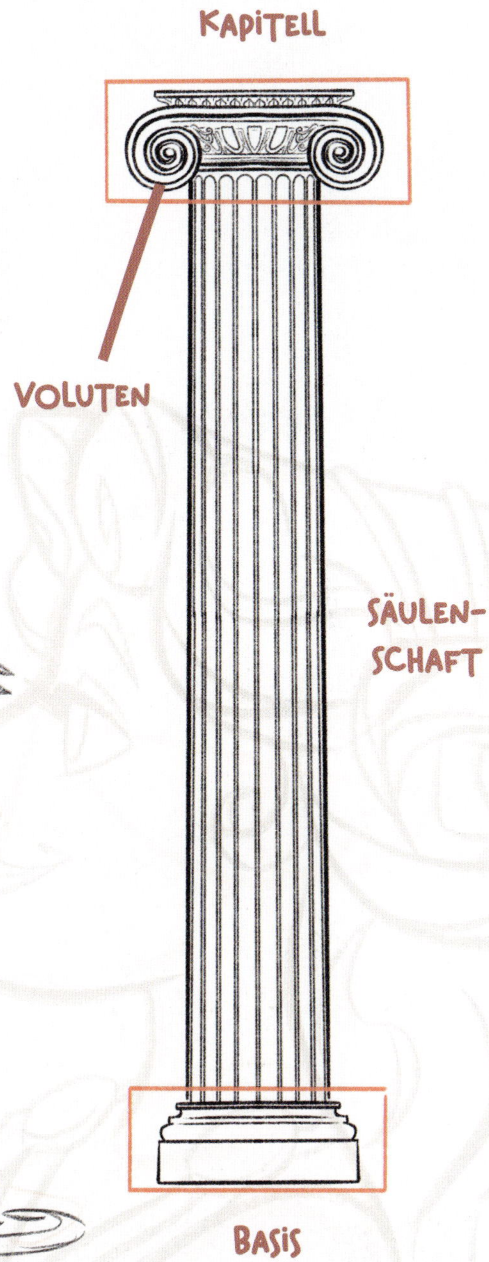

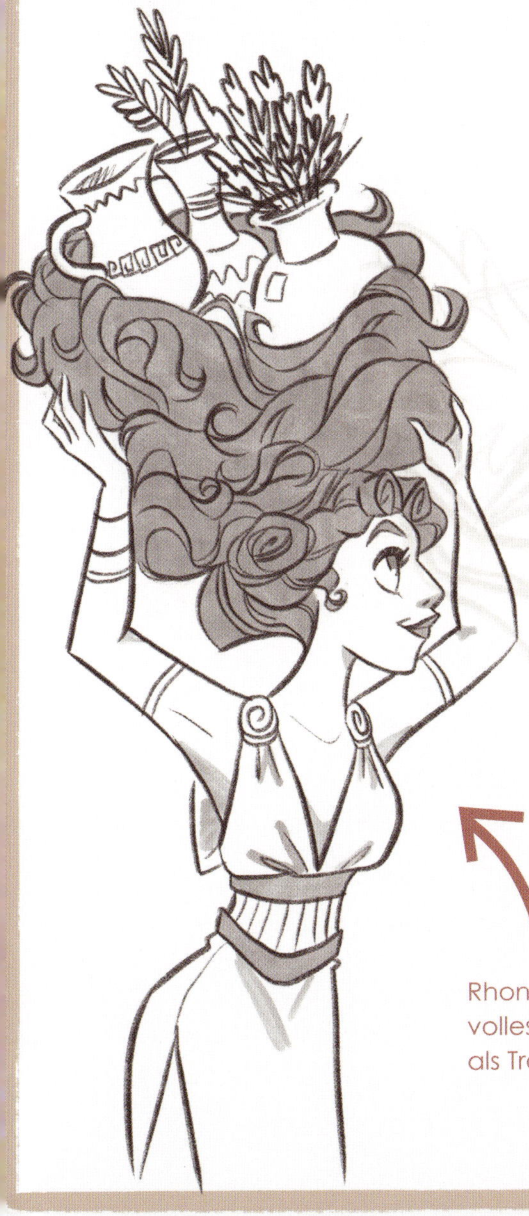

Rhondanthe setzt ihr prachtvolles Haar auch im Haushalt als Tragekorb ein!

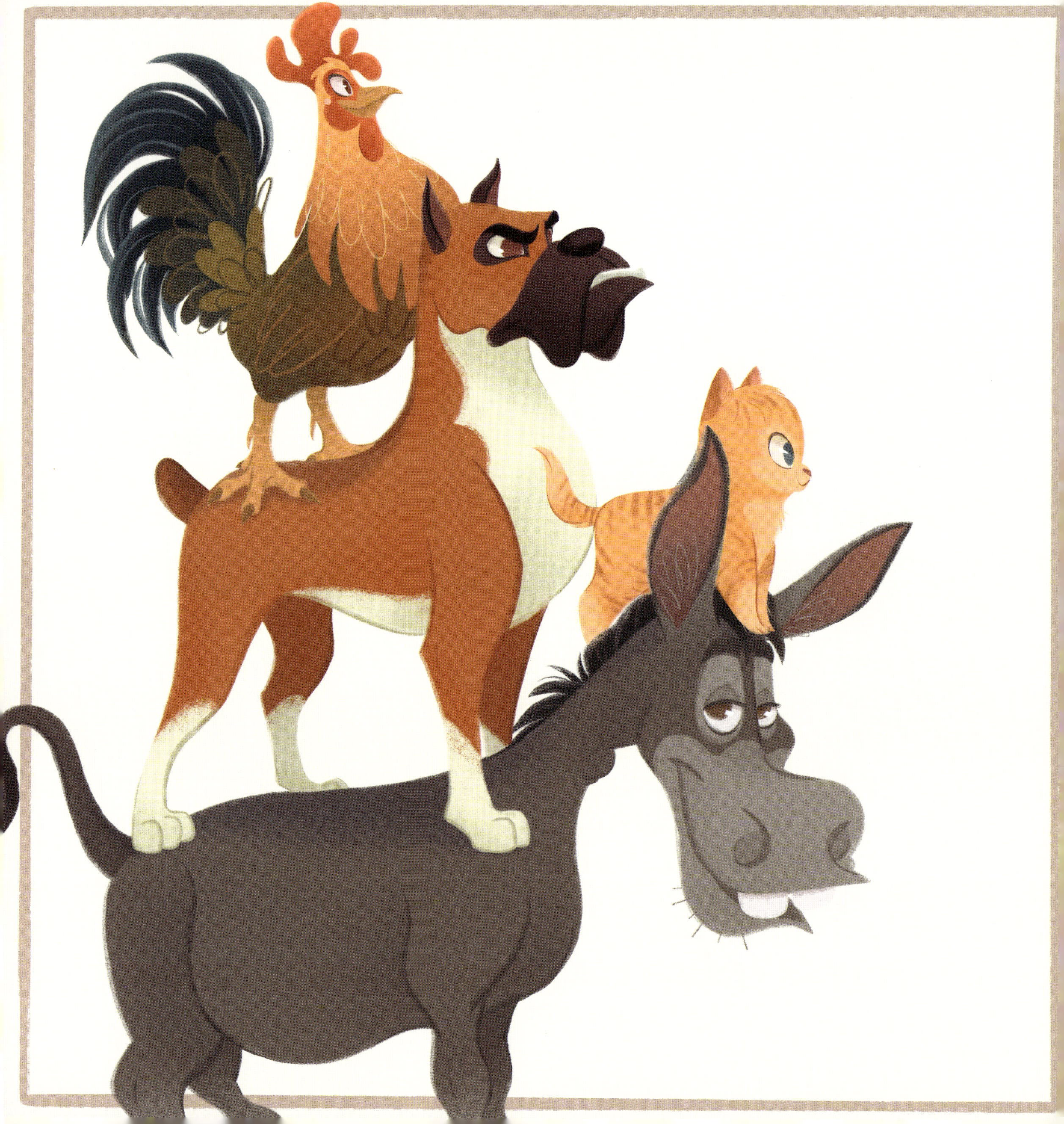

KAPITEL 02

CHARACTERTYPEN & PERSÖNLICHKEITEN

MÄRCHEN:
DIE BREMER STADTMUSIKANTEN

STEREOTYP & ARCHETYP

Bedeutung und Vergleich

Was ist ein Stereotyp?

Lass uns direkt mit Beispielen beginnen: Wer kennt sie nicht, die böse Märchenhexe? Ihr Äußerliches ist meist hässlich und alt, ihr Körper abgemagert und ohne Kraft und eine dicke Warze ziert die Nase.

Diese stereotypen Figuren sind typisch für Märchen. Es wird strikt getrennt zwischen gut und böse, klug und dumm oder feige und tapfer.

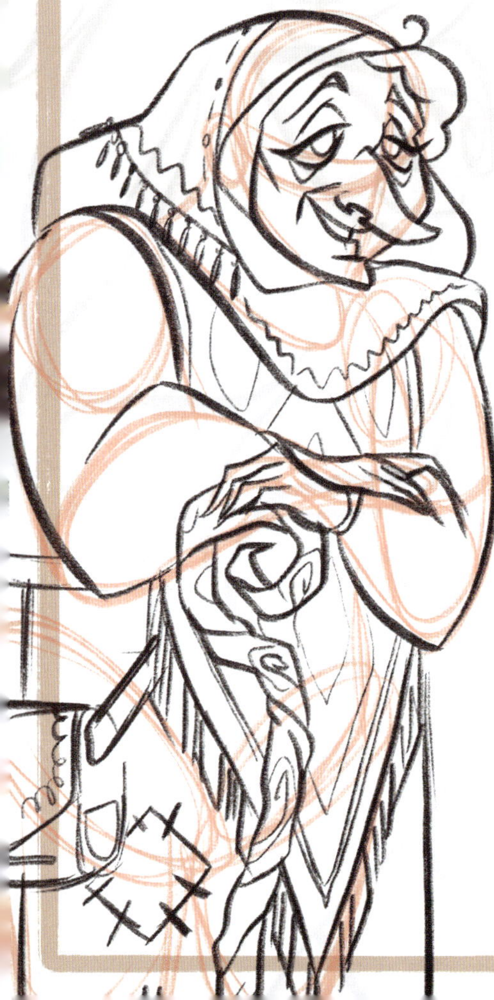

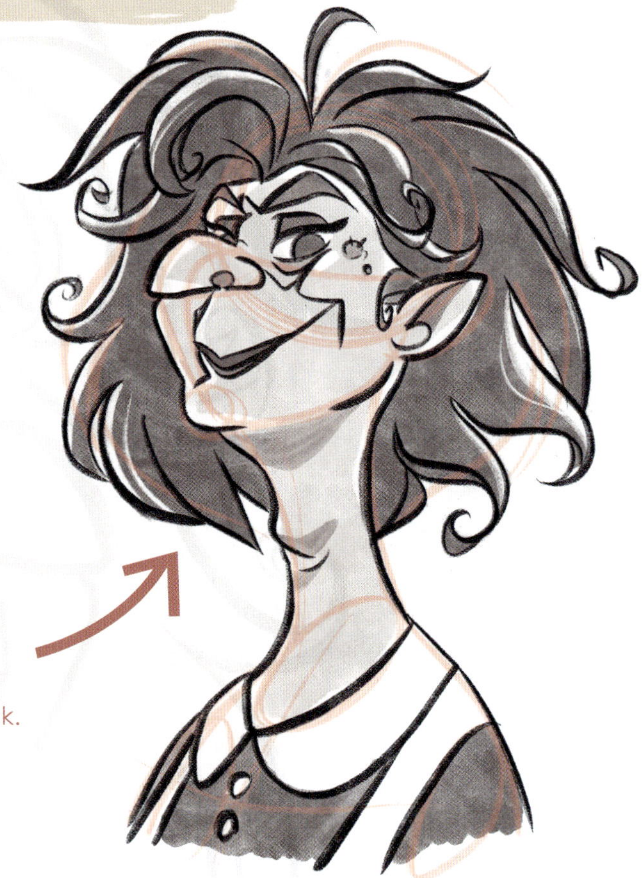

Eine klassische alte Märchenhexe – große Nase, Warzen im Gesicht und ein böser Blick.

Doch solche Stereotypen sind nicht gerade spannend und wirken schnell vorhersehbar, da sie voller Klischees stecken und nicht im Gedächtnis bleiben.

Der Stereotyp ist auf eine bestimmte Rolle fixiert. Jenseits dieser Rolle hat er keine Funktion und seine Eigenschaften beschränken sich ausschließlich auf die Rolle, die er einnimmt.

Aus diesem Grunde möchte ich mich bei meinen Neuinterpretationen von den typischen Stereotypen lösen.

Was ist ein Archetyp?

Stattdessen können Archetypen helfen, interessante Charaktere zu erschaffen. Archetypen sind universelle, tief verwurzelte Symbole, die in allen Kulturen vorkommen und uns auf einer emotionalen Ebene ansprechen. Indem man Archetypen geschickt einsetzt, kann man einzigartige und dennoch vertraute Charaktere erschaffen, die im Gedächtnis bleiben.

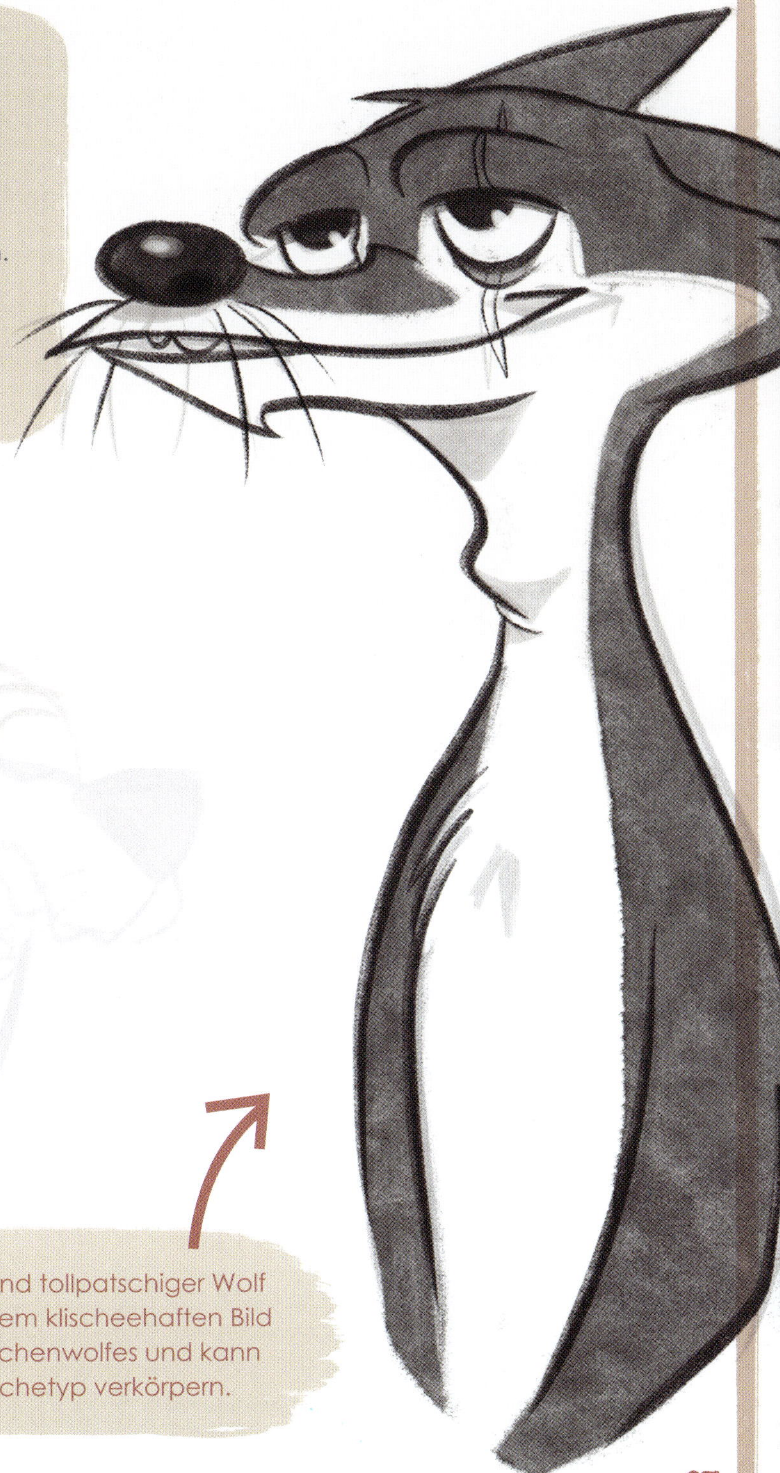

Im Gegensatz zum Stereotyp, der auf eine bestimmte Rolle festgelegt ist, bezieht sich der Archetyp auf die Persönlichkeit des Charakters und seine bestimmten Eigenschaften. Daher können Archetypen in nahezu jeder Rolle funktionieren.

Ein Beispiel ist der Archetyp „Anführer", der sowohl als Firmenchef als auch als Führer einer Gruppe, König in einem Königreich oder Bürgermeister einer Kleinstadt auftreten kann. Für diesen Archetypen ist es wichtiger, dass er die Fähigkeit hat, eine Gruppe von Menschen zu führen oder zu versuchen, dies zu erreichen, anstatt einen bestimmten Beruf auszuüben.

Ein schusseliger und tollpatschiger Wolf entspricht nicht dem klischeehaften Bild eines bösen Märchenwolfes und kann somit einen Archetyp verkörpern.

PERSÖNLICHKEITEN ENTWICKELN

METHODEN, TIPPS UND TRICKS

Beim Entwurf eines Character Designs steht vor allem die Entwicklung einer Persönlichkeit im Vordergrund. Bevor jedoch mit dem eigentlichen Zeichnen begonnen wird, solltest du die Persönlichkeit des Charakters ausarbeiten, da die späteren skizzenhaften Entwürfe darauf basieren werden. Dabei ist es selbstverständlich wichtig, sich im Vorfeld über die Handlung und die Rolle des Charakters in der Geschichte im Klaren zu sein.

Eine bewährte Methode, die auch von Schreibprofis im Storytelling eingesetzt wird, ist das Erstellen eines ausführlichen Steckbriefs. Dieser sollte neben den grundlegenden Informationen wie Name, Alter und Geschlecht auch folgende Aspekte detailliert beleuchten:

- **Äußeres Erscheinungsbild**
- **Vorgeschichte (Erlebnisse, Rückschläge)**
- **Bezug zum Umfeld (Freunde, Familie, Beruf)**
- **Gewohnheiten (Talente, Interessen, Stärken, Schwächen, Gewohnheiten)**
- **(An-) Triebe (Motivation/Ziele, Wünsche/Träume)**

Bevor du einem Stereotyp interessantere Hobbys und Vorlieben zuweist, ist es notwendig, seine Persönlichkeit auszuarbeiten. Hierbei gilt es herauszufinden, welche Ziele er hat, welche Ängste ihn plagen und welche Hoffnungen er hegt. Des Weiteren ist es wichtig zu erfahren, was ihm gefällt und was nicht und vor allem warum. Auch seine täglichen Gewohnheiten sollten berücksichtigt werden. Sobald du die Grundbedürfnisse einer Figur kennst, kannst du damit beginnen, passende Hobbys für sie auszuwählen.

STECKBRIEF

Name: Esel Emil

Alter: 54 (in Menschenjahren)

Geschlecht: männlich

Talente: Lieder schreiben

Ziele: Erfolgreicher Sänger werden

Größte Angst: zu versagen

Angewohnheiten: tollpatschig, schläft viel

Stärken: ihn bringt nichts aus der Ruhe

Schwächen: langsam, schüchtern

Wünsche: Anerkennung, Erfolg

Motivation: in Freiheit leben und seinen Träumen nachgehen

CHARACTER DESIGNS

Die Bremer Stadtmusikanten

Die Bremer Stadtmusikanten sind eine Gruppe von vier Charakteren, die sich hervorragend dafür eignen, unterschiedliche Persönlichkeiten zu entwickeln. In diesem Kapitel werde ich dir anhand von Beispielen verschiedene Persönlichkeitstypen vorstellen und Tipps geben, wie du bestimmte Persönlichkeitsmerkmale zeichnerisch darstellen kannst.

Um uns von den alten Märchen-Stereotypen und Klischees zu lösen, können wir die Geschichten modernisieren und verändern, bevor wir uns dem Entwurf der Charaktere widmen. Wie weit wir dabei gehen, liegt ganz bei uns selbst.

Ein Tipp: Behalte die Grundstruktur der Geschichte bei und verändere lediglich die Elemente darum herum, wie Zeit, Ort, Gegenstände, Persönlichkeiten, Aussehen …

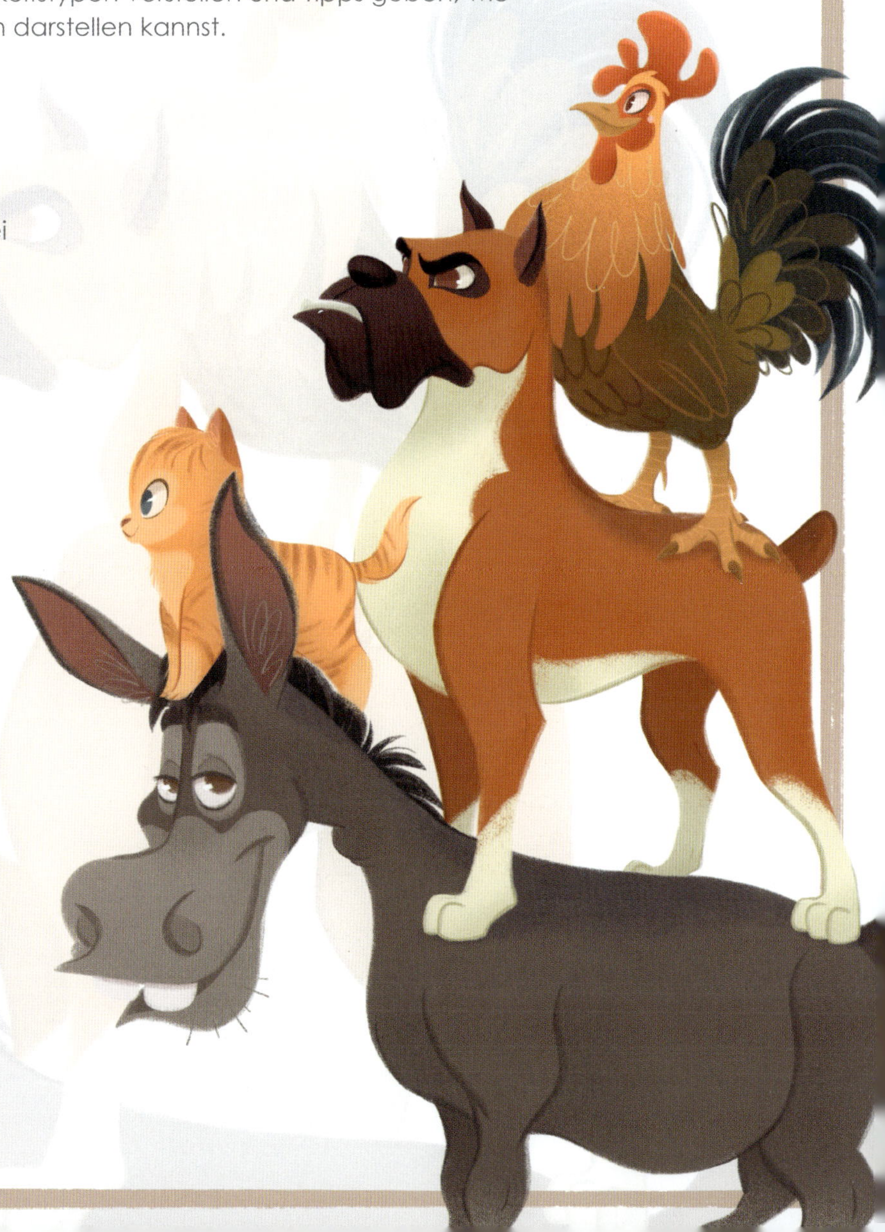

Die Geschichte des Märchens

Vier Tiere, Esel, Hund, Katze und Hahn, fliehen vor ihren Besitzern, denen sie nicht mehr nützlich sind. Unterwegs stoßen sie auf ein von Räubern bewohntes Haus und erschrecken diese so mit ihrem „Gesang", dass die Räuber das Haus fluchtartig verlassen. Die Tiere beschließen, im Haus zu bleiben und leben fortan glücklich zusammen.

DER ESEL EMIL

DER SCHUSSELIGE CHARAKTERTYP

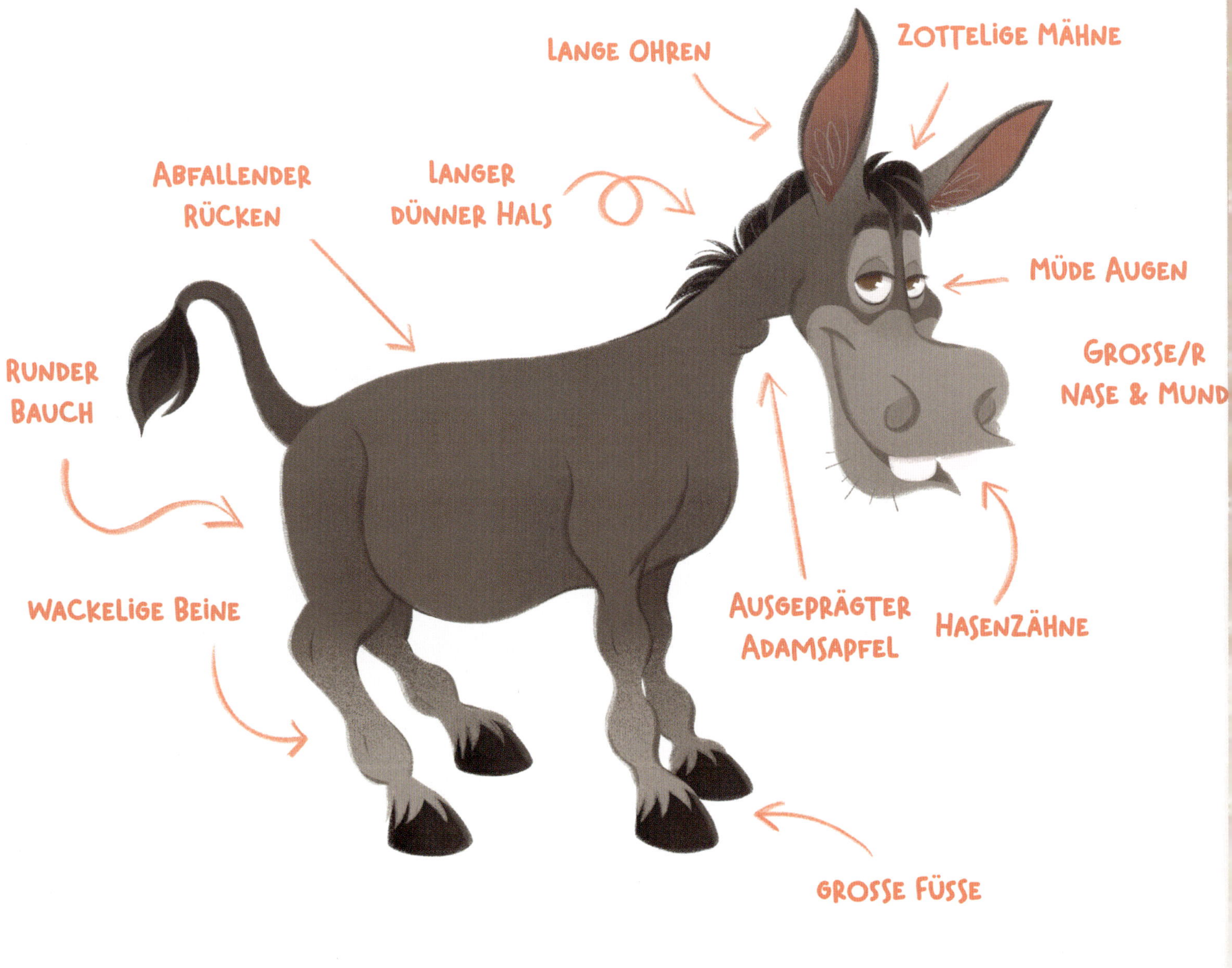

Der „schusselige“ Charaktertyp weist oft einen verträumten Blick auf und zeichnet sich durch ungleichmäßige Proportionen aus.

Wenn du ihn auf seine Grundformen reduzierst, erkennst du, dass insbesondere der Kopf- und Kieferbereich sowie die Füße im Verhältnis zum restlichen Körper überdimensional groß sind. Der Hals ist ebenfalls auffallend lang, was dem Charakter ein instabiles und tollpatschiges Aussehen verleiht.

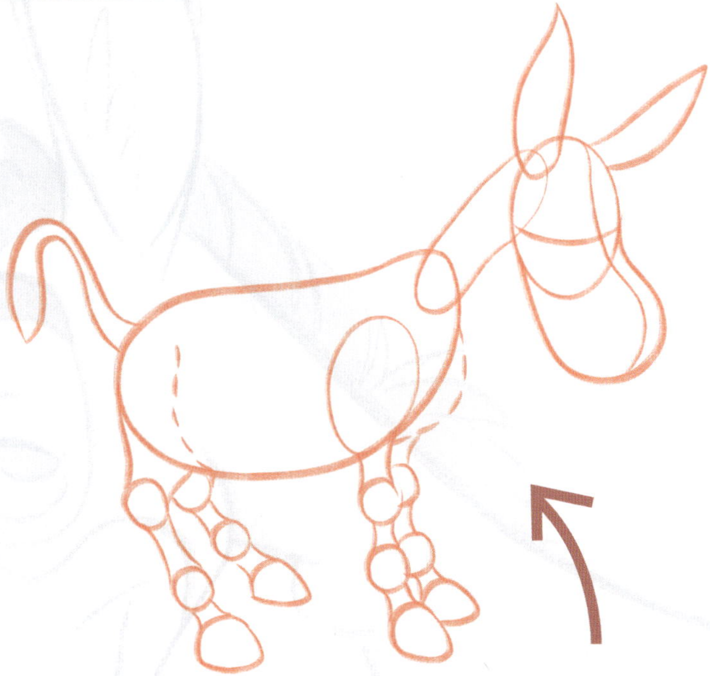

Emils Persönlichkeit

Emil ist schon in die Jahre gekommen und hatte eigentlich gedacht, dass seine Chance, berühmt zu werden, längst verstrichen sei. Doch als sein Besitzer ihn wegen seines hohen Alters aussetzt, eröffnen sich ihm plötzlich neue Möglichkeiten. In der Gruppe wirkt er eher tollpatschig und schüchtern, doch er hofft darauf, von den anderen mitgezogen und motiviert zu werden.

Der extreme Größenkontrast zwischen den einzelnen Basisformen bringt Instabilität in das Character Design und lässt den Esel dadurch schusselig und tollpatschig wirken.

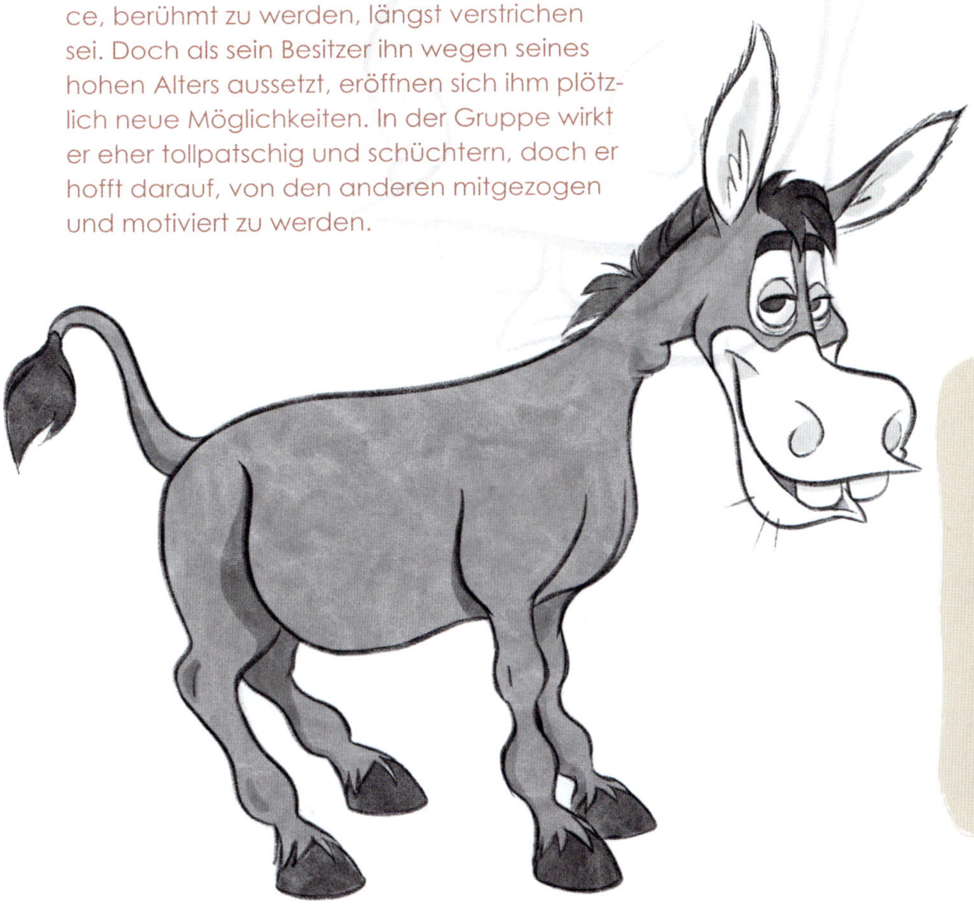

Sobald die Grundformen festgelegt sind, kannst du mit Details die Persönlichkeit ausarbeiten.

Ist der Esel eher verträumt? Dann zeichne ihm müde Augen mit halb geschlossenen Augenlidern.

Ist er eher tollpatschig? Dann hat er vielleicht eine schlechte Haltung oder besonders große Füße, über die er oft stolpert.

DER HUND HUGO

DER STARKE UND KRÄFTIGE CHARAKTERTYP

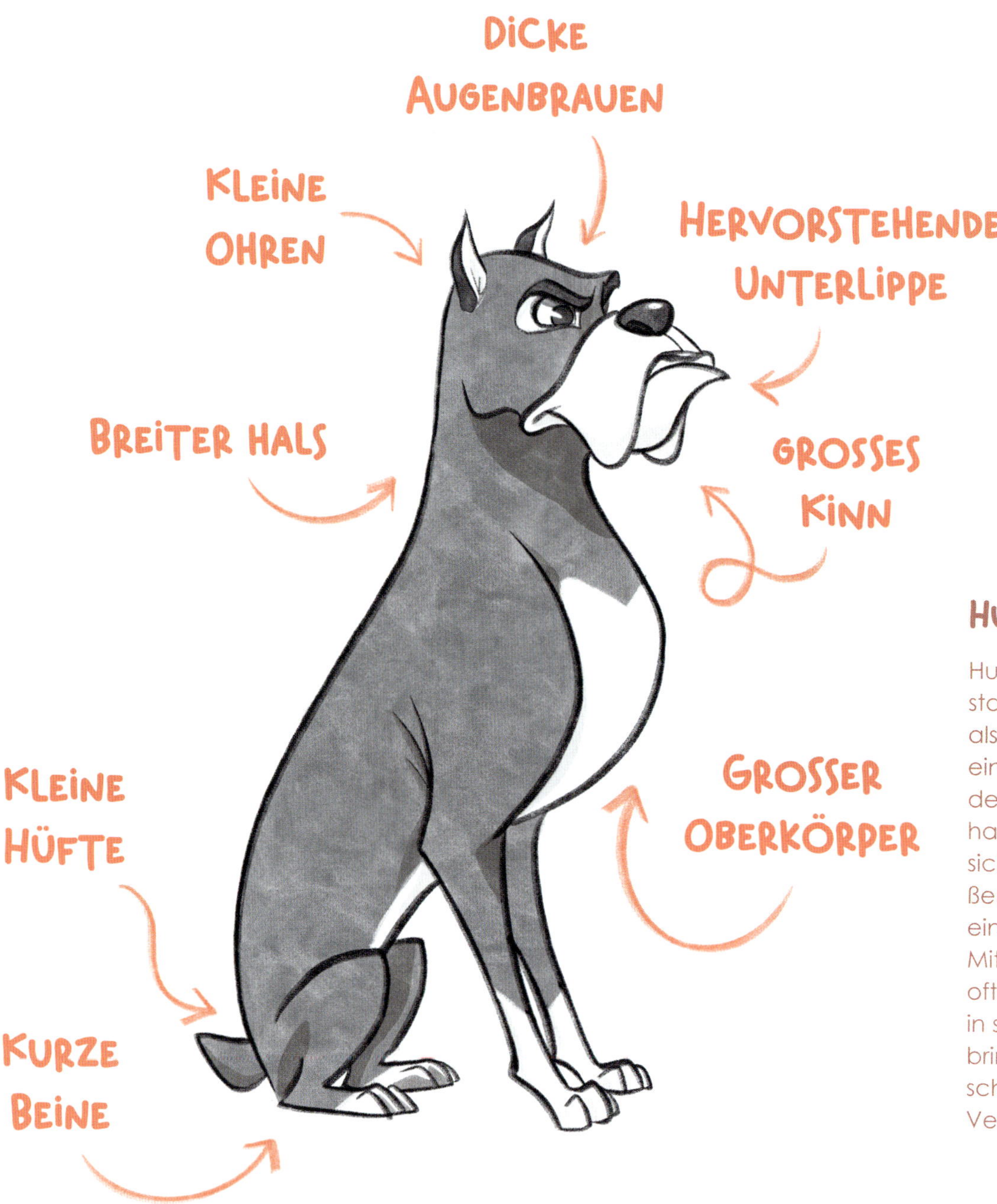

HUGOS PERSÖNLICHKEIT

Hugo ist ein beeindruckend starker Charakter, der meist als Einzelgänger agiert und eine gewisse Furcht bei anderen hervorruft. Ursprünglich hatte er kein Interesse daran, sich einer Gruppe anzuschließen, jedoch wurde er durch ein Ereignis dazu gezwungen. Mit dem lauten Hans gerät er oft in Streit und verfällt dabei in schlechte Laune. Zudem bringt ihn auch die Tollpatschigkeit von Emil häufig zur Verzweiflung.

Der kräftige und starke Charaktertyp zeigt eine beeindruckende Vielseitigkeit: Er kann kämpferisch, grummelig, launisch, böse oder auch gutherzig sein, und zugleich grobmotorisch agieren.

Seine Grundformen sind durch einen großen Mundbereich und einen vergleichsweise kleinen Schädel sowie markante Gesichtszüge gekennzeichnet. Der Hals ist häufig breit und nahtlos in den Oberkörper integriert. Im Verhältnis zum Körper sind seine Beine eher kurz, und der Hüftbereich ist schmal.

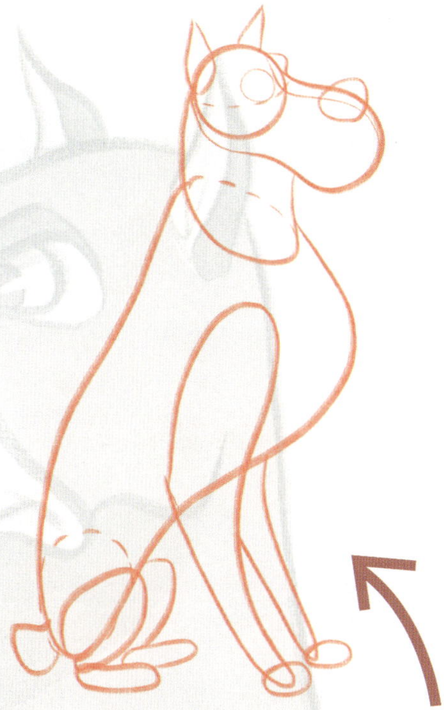

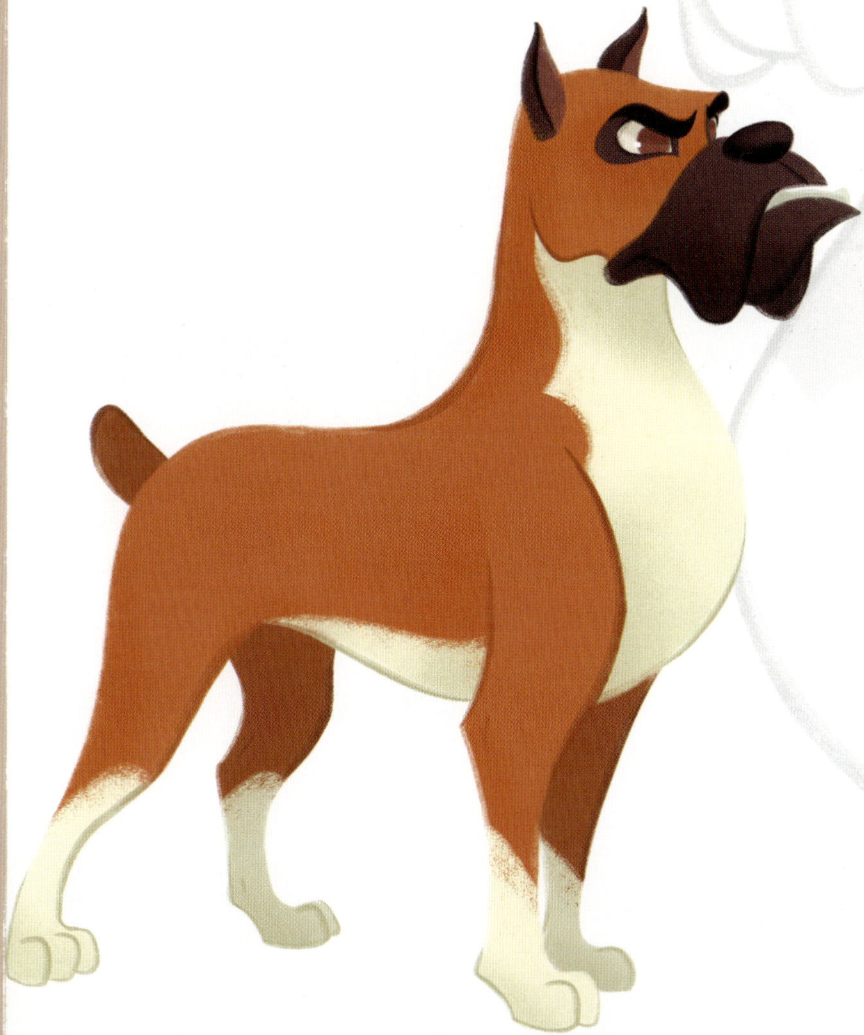

Die besonders große Mundpartie und der voluminöse und hervorstehende Oberkörper lassen den Charakter sehr kräftig und stark wirken.

Durch subtile Details wie Mundwinkel, Augen und Augenbrauen kannst du die Persönlichkeit des Charakters noch besser definieren.

Wenn die Mundwinkel nach unten gezogen und die Augenbrauen zusammengekniffen sind, erscheint der Charakter grimmig und schlecht gelaunt.

Vielleicht ist er jedoch ein gut gelaunter und eher schüchterner Charaktertyp, der zufällig groß und kräftig ist? Dann können die Gesichtszüge einfach angepasst werden, um ihn freundlicher wirken zu lassen!

DIE KATZE KLARA

DER NIEDLICHE CHARAKTERTYP

Der „niedliche" Charaktertyp orientiert sich stark an den rundlichen Proportionen von Babys, die süß und knuddelig wirken. Dieser Charaktertyp verkörpert oft eine sehr jugendliche, kindliche, unschuldige und liebevolle Persönlichkeit.

Besonders auffällig sind der große Kopf und die großen Augen sowie eher kleine Ohren, Nase, Mund und Füße.

Generell sind alle Formen sehr weich und rundlich gehalten. Bei der Gestaltung werden oft kugelartige Formen eingesetzt, um den niedlichen Effekt zu verstärken.

KLARAS PERSÖNLICHKEIT

Klara, eine junge Straßenkatze ohne Familie, ist so entzückend, dass ihr niemand widerstehen konnte und sie schnell in dic Gruppe aufgenommen wurde. Obwohl sie klein und süß aussieht, kann sie auch frech sein. In den Bremer Stadtmusikanten hat das lebhafte Kätzchen endlich ihr neues, lang ersehntes Zuhause gefunden.

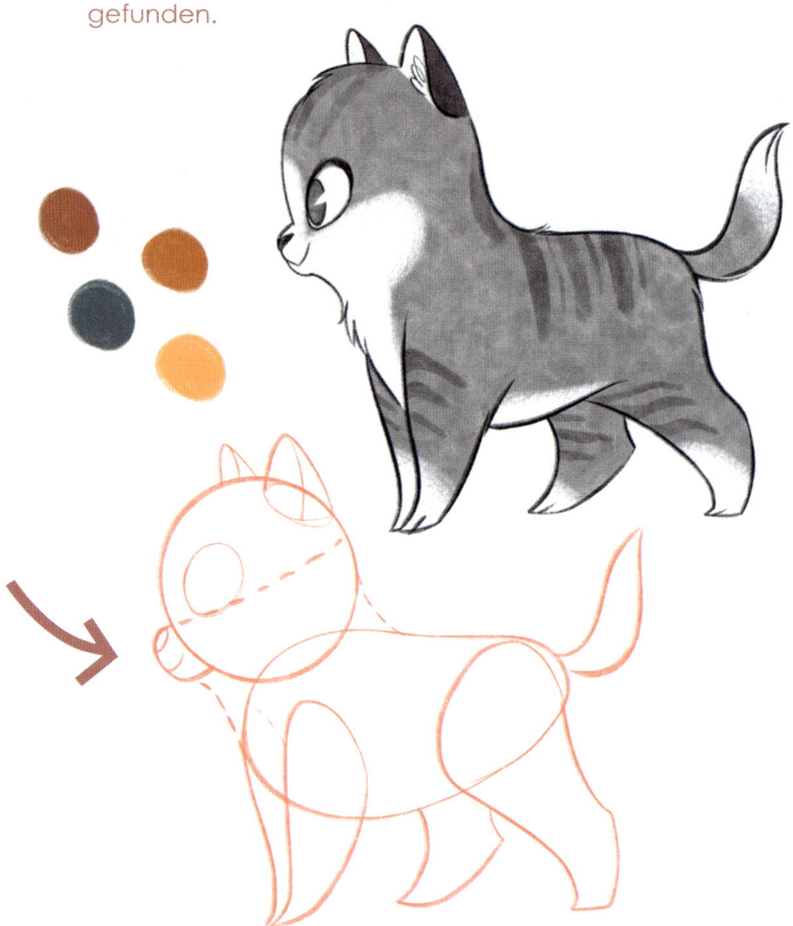

Die Grundformen bestehen hauptsächlich aus kugelförmigen Elementen. Besonders bei sehr jungen Charakteren sind eine hohe Stirn und tiefliegende Augen, eine flache Nase und ein kleiner Mund von großer Bedeutung. Der Hals geht fließend in den Körper über und ist kaum zu erkennen.

Allerdings bedeutet ein niedlicher Charaktertyp nicht zwangsläufig eine liebe und nette Persönlichkeit. Vielleicht ist er zwar süß, aber auch frech und aufgeweckt?

Es ist wichtig, diese kleinen Persönlichkeitsmerkmale in den Gesichtszügen zu berücksichtigen und zu integrieren.

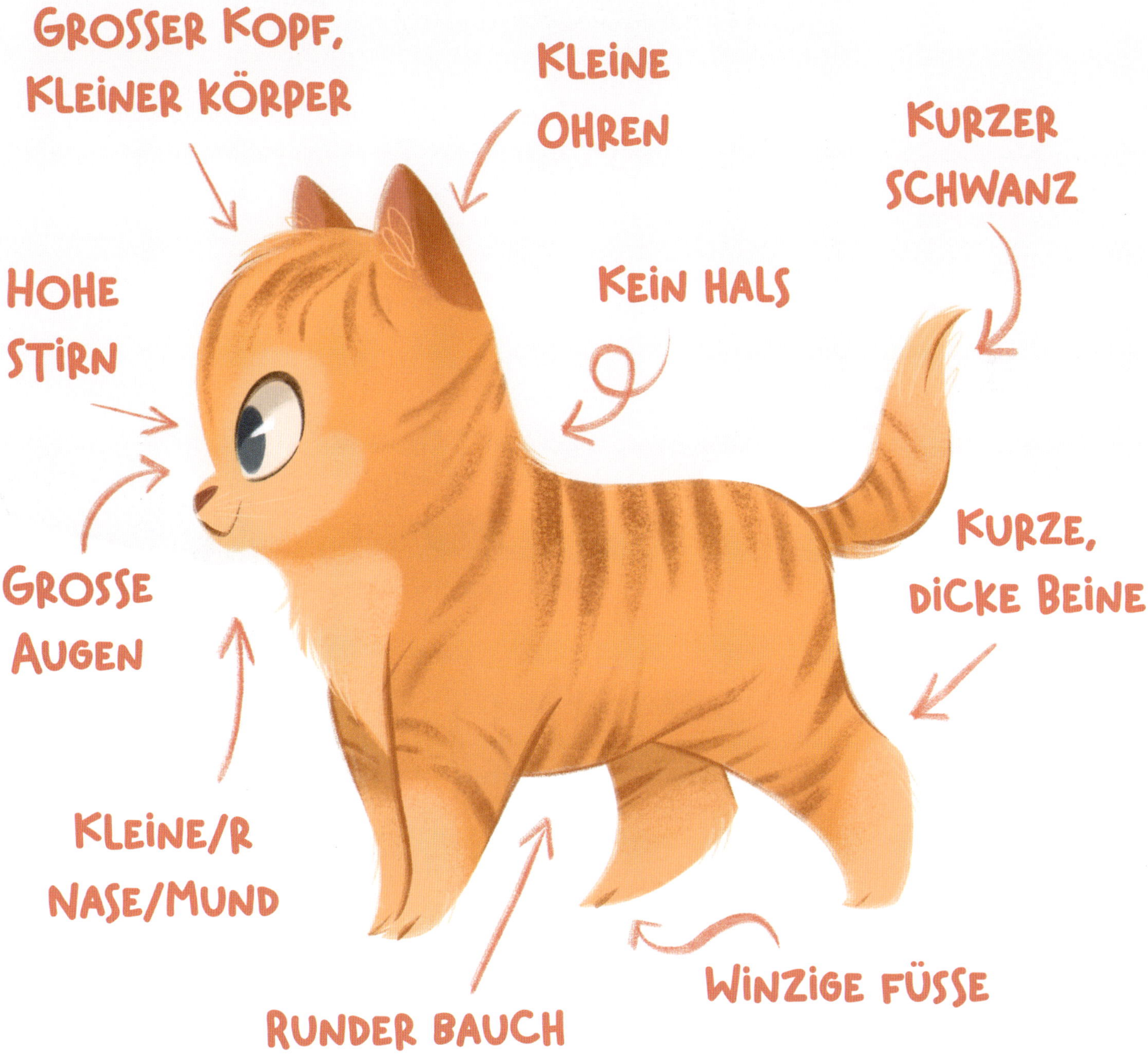
GROSSER KOPF, KLEINER KÖRPER
KLEINE OHREN
KURZER SCHWANZ
HOHE STIRN
KEIN HALS
GROSSE AUGEN
KURZE, DICKE BEINE
KLEINE/R NASE/MUND
WINZIGE FÜSSE
RUNDER BAUCH

DER HAHN HANS

DER AUFGESCHLOSSENE CHARAKTERTYP

Der aufgeschlossene Charaktertyp präsentiert sich oft als selbstbewusst, mutig, heldenhaft und positiv. Er zeigt Führungsqualitäten, ist die treibende Kraft in der Gruppe und sucht immer nach der Lösung für das Problem.

Diese Persönlichkeitsmerkmale spiegeln sich auch in seinem Erscheinungsbild wider: Seine Proportionen sind ausgeglichen und er posiert selbstsicher und aufrecht.

Sein Gesichtsausdruck ist wach und fröhlich. Merkmale wie Kamm und Schwanzfedern werden auffällig und übertrieben dargestellt, um seinen Stolz und sein Selbstbewusstsein zu unterstreichen.

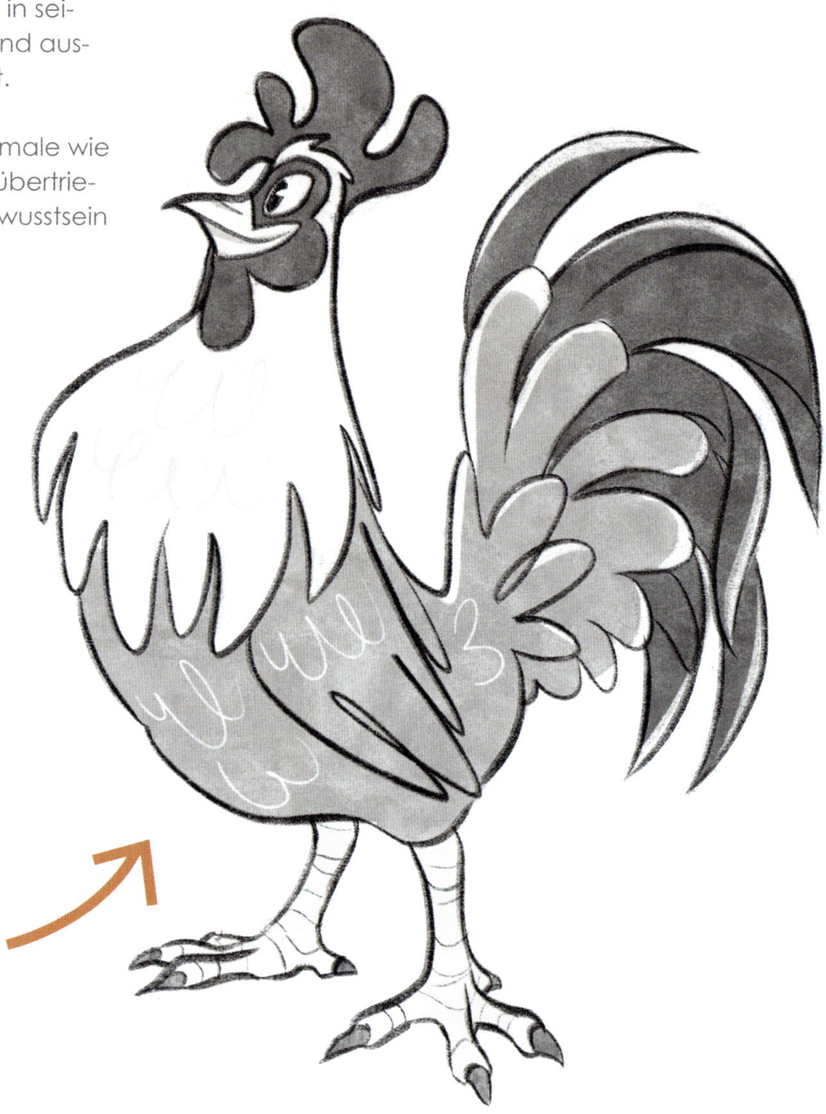

TIPP: Selbst wenn du denkst, dass die Proportionen schon sehr kontrastreich und ausgeprägt dargestellt sind, solltest du versuchen, sie noch mehr zu übertreiben! Dies wird dein Charakter Design einzigartiger machen.

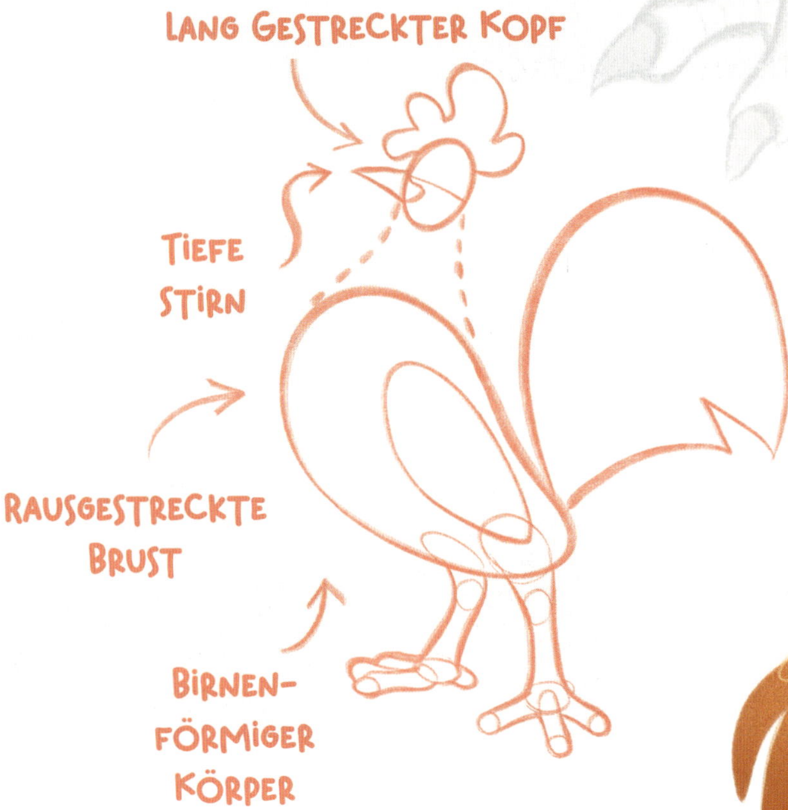

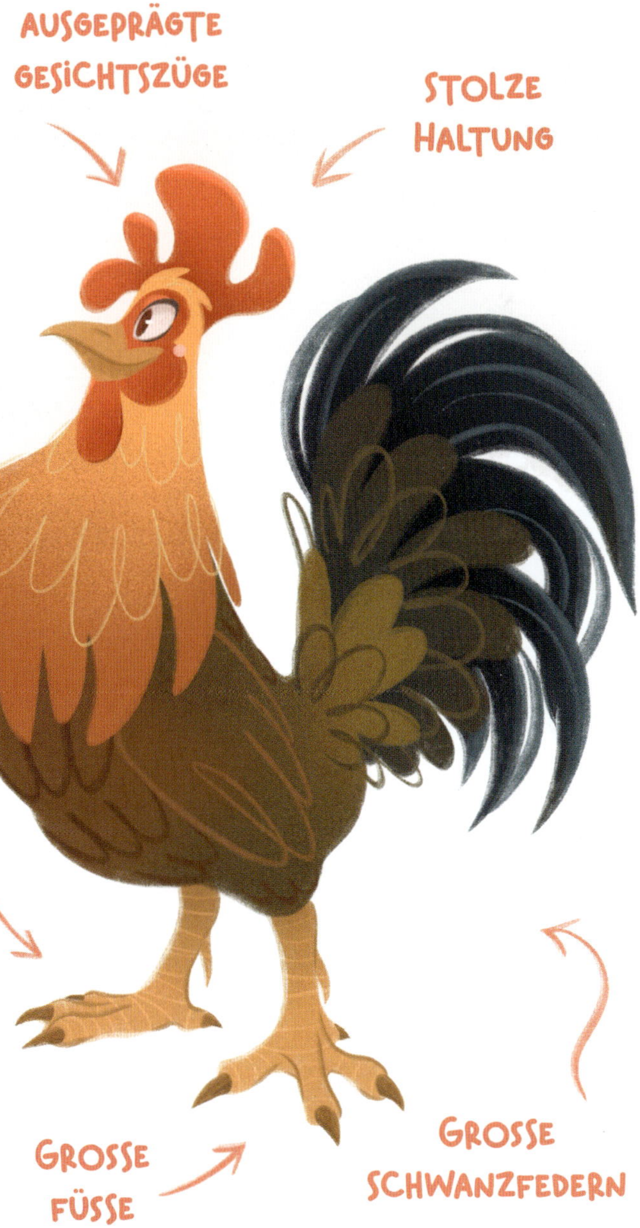

HANS' PERSÖNLICHKEIT

Hans fühlte sich auf dem Bauernhof nie wirklich erfüllt – obwohl er die ungeteilte Aufmerksamkeit seiner Hennen genoss, strebte er immer nach mehr. Sein lang gehegter Traum, berühmt zu werden, soll nun endlich Wirklichkeit werden. Voller Selbstbewusstsein macht er sich auf den Weg und lernt schnell neue Freunde kennen, denn er ist offen für alles und jeden. Sein Ehrgeiz und seine motivierte Art inspirieren die Gruppe und stärken das Selbstvertrauen aller.

DER ROLLENTAUSCH

WIE PERSÖNLICHKEIT DAS AUSSEHEN BEEINFLUSST

Eine tolle Übung für Character Designer ist der Rollentausch, denn dabei kannst du die zuvor genannten Persönlichkeitsmerkmale effektiv üben und anwenden. Oftmals entstehen dabei auch überraschende und innovative Ideen.

Die Erschaffung von Charakteren ist ein langer Prozess mit vielen Herausforderungen, Fehlschlägen und Neuanfängen, bis man schlussendlich ein endgültiges Design erarbeitet hat.

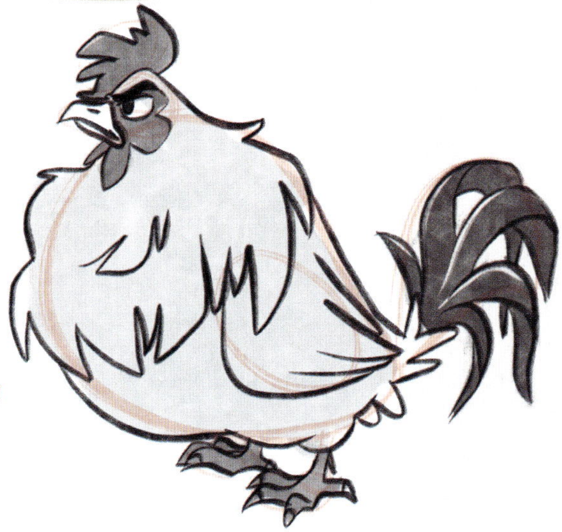

Was wäre, wenn Hans der Hahn plötzlich die genervte Persönlichkeit von Hund Hugo hätte?

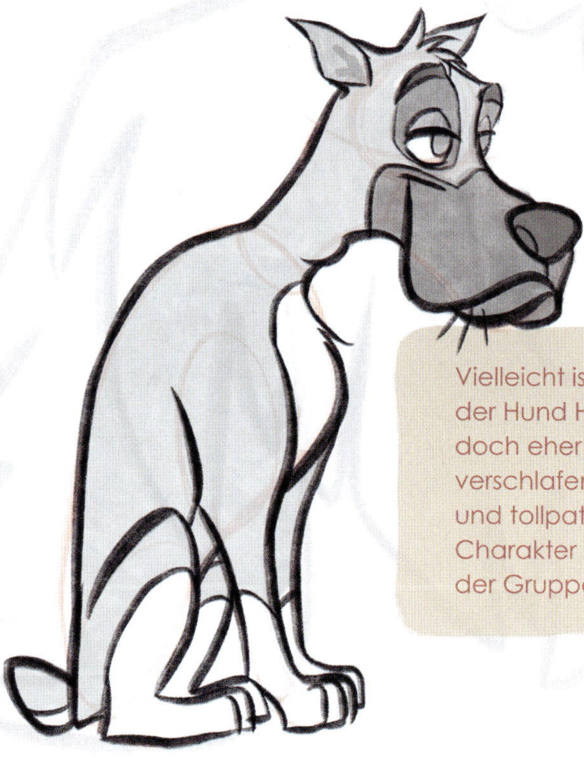

Vielleicht ist der Hund Hugo doch eher der verschlafene und tollpatschige Charakter in der Gruppe?

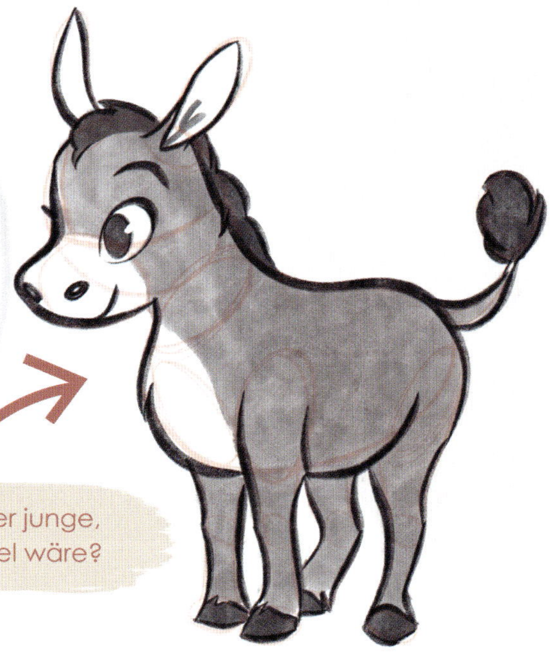

Oder wenn Emil der junge, niedliche kleine Esel wäre?

KOMBINIEREN

VON PERSÖNLICHKEITSTYPEN

In diesem Kapitel hast du bereits einige Persönlichkeitstypen kennengelernt, doch jeder Charakter ist einzigartig und es gibt unzählige Varianten von Persönlichkeitstypen.

Eine besonders hilfreiche Methode besteht darin, verschiedene Typen miteinander zu kombinieren und so noch tiefgründigere und faszinierendere Charaktere zu erschaffen.

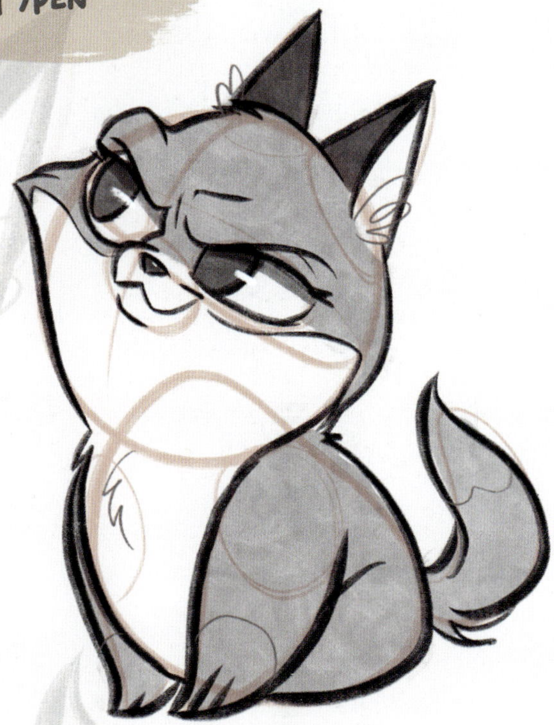

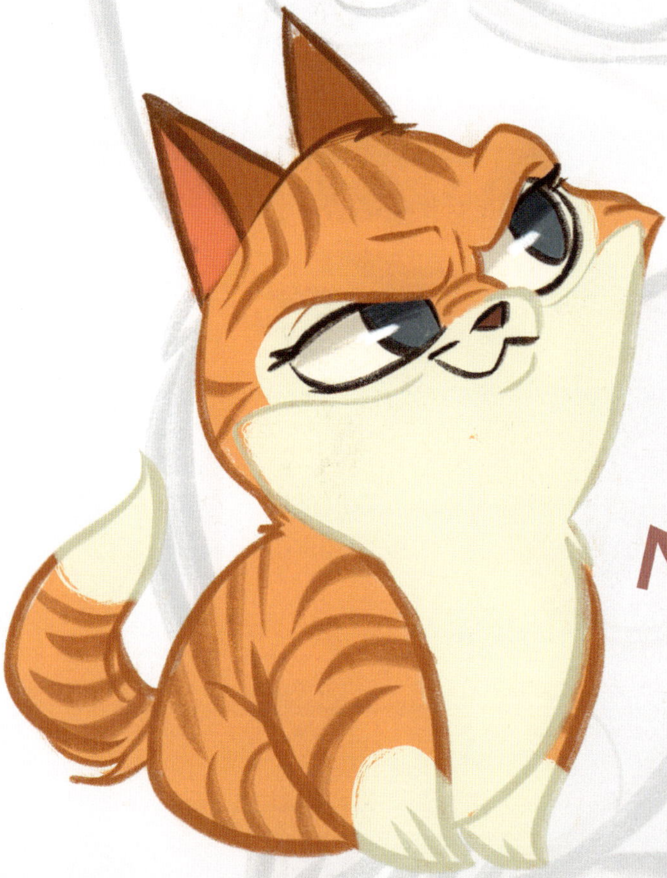

Ein Beispiel wäre, Klara, die süße und niedliche Katze, mit einer zickigen, frechen und draufgängerischen Persönlichkeit auszustatten.

Durch die Kombination mehrerer kontrastierender Merkmale könnte ein faszinierendes Design entstehen.

Ein verschmitztes Grinsen verleiht der auf den ersten Blick niedlichen Klara eine tiefgründigere und unerwartete Persönlichkeit. Aufgrund ihres Aufwachsens auf der Straße hat die Kleine eine gewisse Raffinesse entwickelt und weiß sich durchzusetzen.

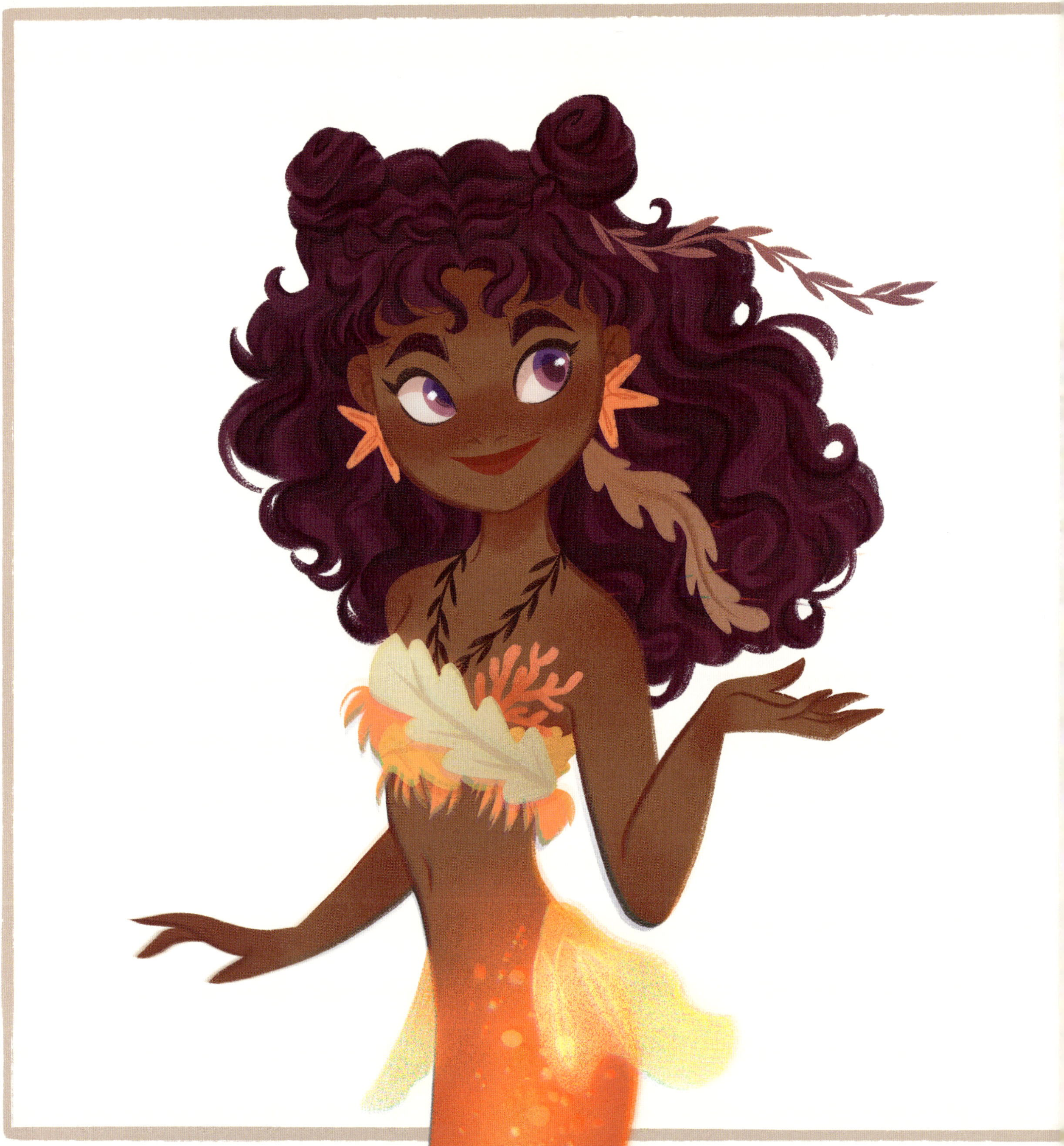

KAPITEL 03

FORMENSPRACHE & STIL

MÄRCHEN:
DIE KLEINE MEERJUNGFRAU

DIE KLEINE MEERJUNGFRAU

DAS ORIGINAL

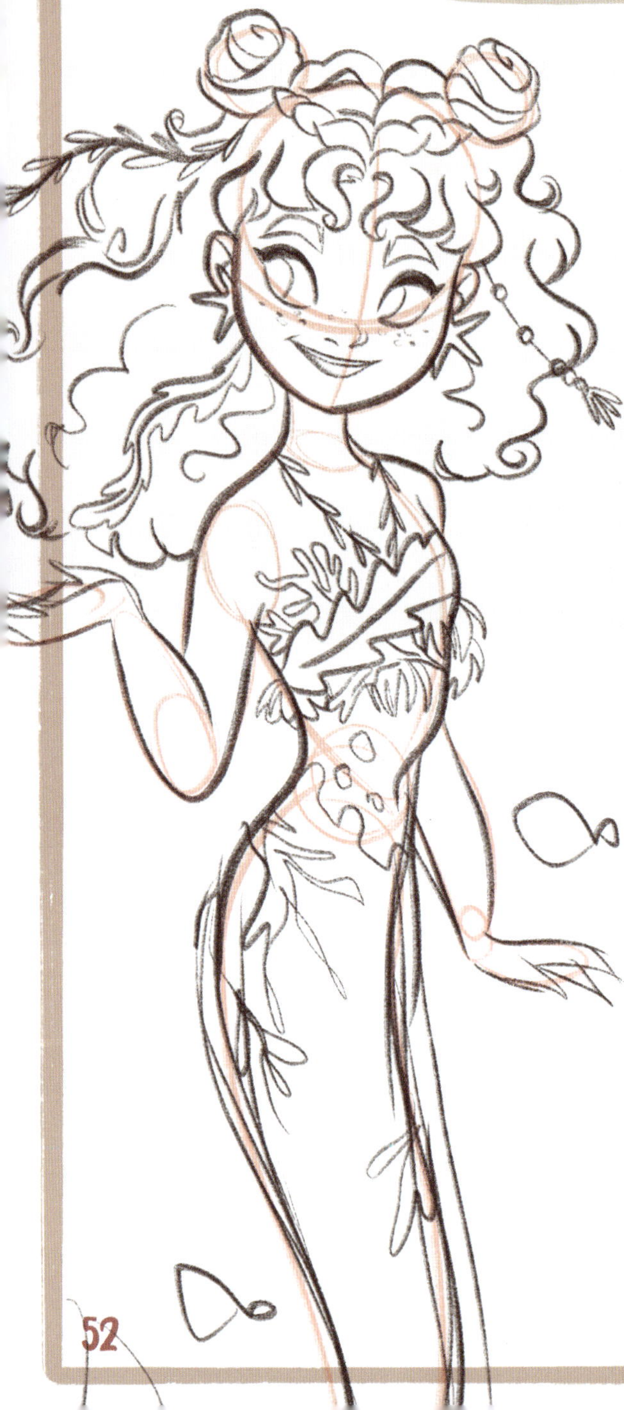

Das Märchen „Die kleine Meerjungfrau" von Hans Christian Andersen erzählt die Geschichte einer jungen Meerjungfrau, die unbedingt ein menschliches Wesen werden möchte, um mit einem Prinzen zusammenzusein, den sie aus dem Meer gerettet hat.

Die Nixe lebt in einer Unterwasserwelt. Eines Tages beobachtet sie, wie ein Boot, auf dem ein junger Prinz seinen Geburtstag feiert, in einem Sturm zu kentern droht. Sie rettet ihn und verliebt sich in den Prinzen.

Um bei ihm sein zu können, geht die Meerjungfrau zur Meerhexe, die ihr einen Zaubertrank gibt, der sie in einen Menschen verwandelt, ihr aber die Stimme raubt. Die Meerjungfrau geht an Land und trifft den Prinzen, der sie für eine junge Adlige hält. Sie verlieben sich ineinander, aber der Prinz weiß nicht, dass sie ihn gerettet hat.

Die Meerjungfrau lebt im Schloss des Prinzen, aber er verliebt sich in eine andere Frau und plant, sie zu heiraten. Die Meerjungfrau ist verzweifelt, weil sie von der Meerhexe weiß, dass sie sterben wird, wenn der Prinz eine andere heiratet. Die Meerjungfrau entscheidet sich, ihn gehen zu lassen und kehrt zurück ins Meer.

Als sie stirbt, verwandelt sie sich in einen Luftgeist, der die Möglichkeit hat, in den Himmel zu kommen, wenn er 300 Jahre lang gute Taten vollbringt.

Das Märchen thematisiert Themen wie Liebe, Verlust, Verzweiflung und Selbstaufopferung und endet mit einer moralischen Lektion, die uns zeigt, dass es manchmal notwendig ist, unsere Wünsche loszulassen, um das Beste für uns selbst und andere zu erreichen.

MEINE NEUINTERPRETATION:

Für meine „Kleine Meerjungfrau" werde ich mich dieses Mal an der Originalgeschichte orientieren und lediglich das Setting und die Charaktere verändern.

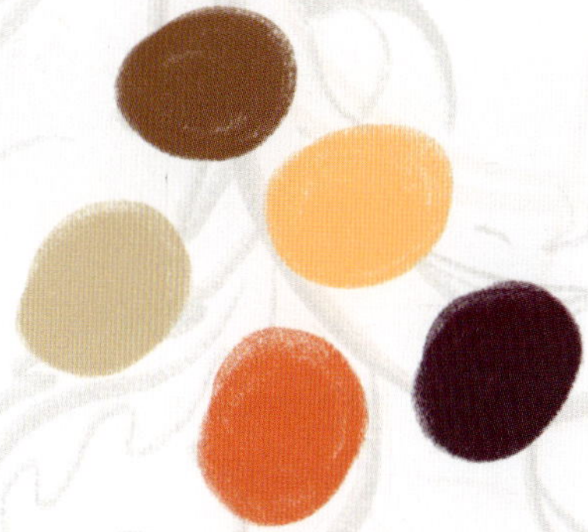

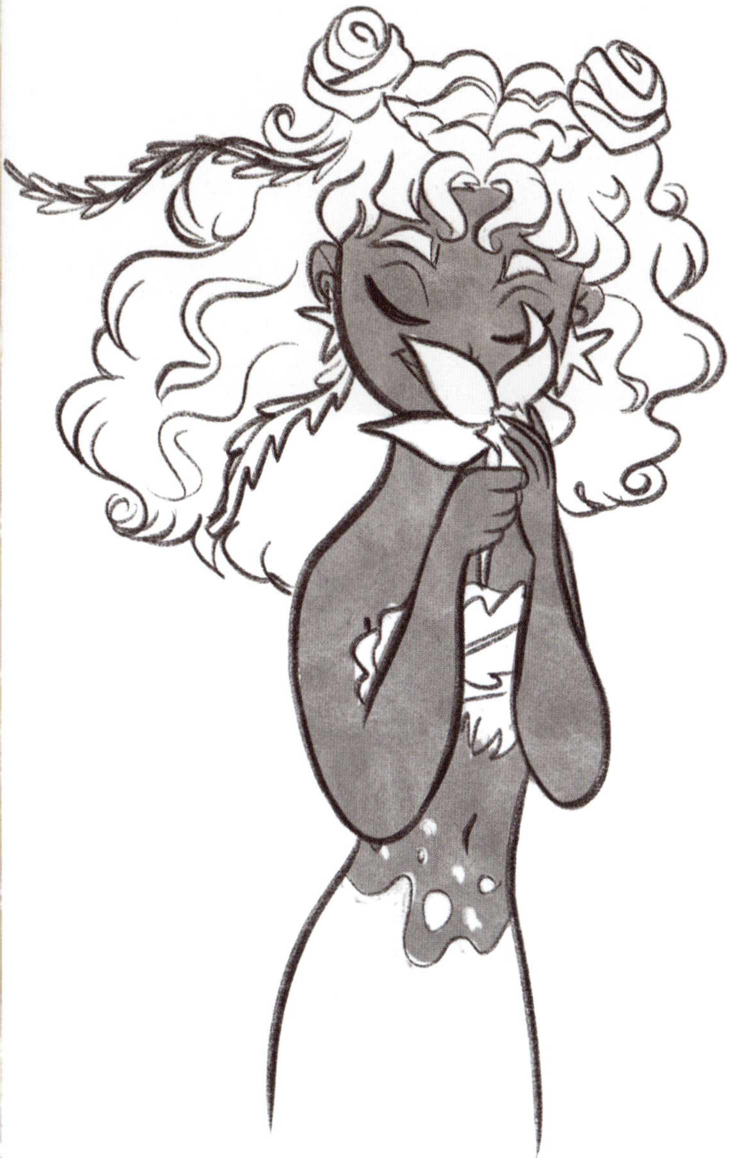

Es ist wichtig, gleich zu Beginn eine klare Grundlage für die Geschichte und das Konzept zu schaffen.

Meine Geschichte spielt in der farbenfrohen Unterwasserwelt des Atlantischen Ozeans an einem abgelegenen Korallenriff. Die jüngste Tochter des Meereskönigs, Maren, eine kleine Meerjungfrau, wird von ihren älteren Schwestern oft aufgrund des Altersunterschieds ausgegrenzt.

Doch Maren ist eine lebhafte und neugierige Persönlichkeit, immer auf der Suche nach neuen Abenteuern. Besonders die Welt der Menschen fasziniert sie.

FORMENSPRACHE

Die Grundformen

Die Formensprache ist ein wichtiger Askpekt beim Character Design und bezieht sich dabei auf die Art und Weise, wie ein Charakter visuell gestaltet wird und welche Formen und Proportionen dabei zum Einsatz kommen.

Eine Möglichkeit, die Formensprache gezielt einzusetzen, ist die Verwendung von geometrischen Formen. Diese können eine starke Symbolkraft haben und dem Charakter eine bestimmte Ausstrahlung verleihen. So können zum Beispiel runde Formen freundliche und weiche Charaktereigenschaften betonen, während spitze oder kantige Formen eher aggressiv oder gefährlich wirken.

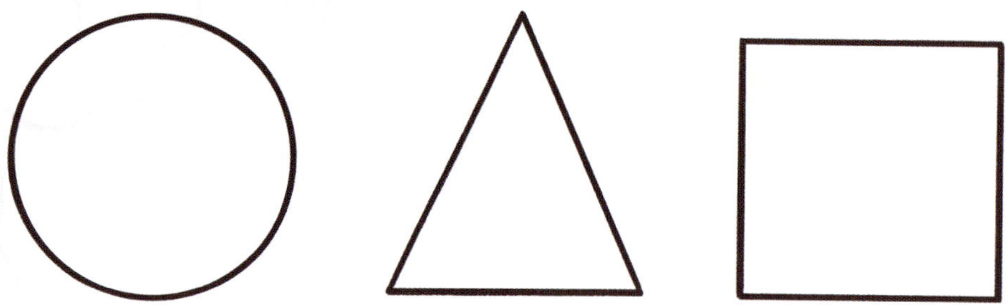

Die Grundformen Kreis, Dreieck und Quadrat sind hierbei natürlich nur Ausgangspunkte. Wenn du das Prinzip und die Wirkung dieser Formen verstanden hast, kannst du sie auch erfolgreich mit anderen Formen kombinieren oder einfach nur abwandeln. Dazu mehr auf den kommenden Seiten!

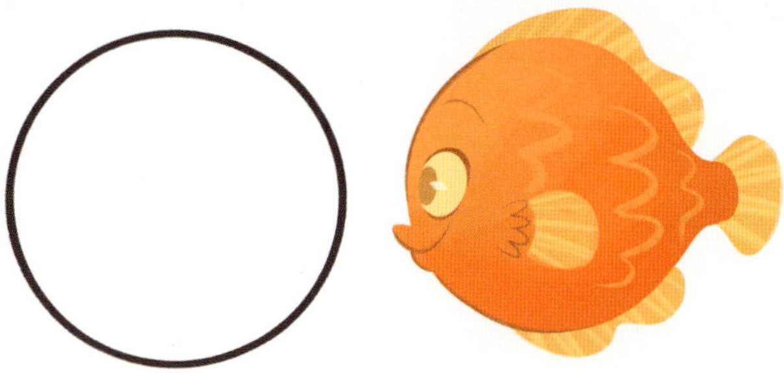

Der Kreis

Im Allgemeinen wird die Kreisform oft als freundlich, weich und harmonisch wahrgenommen. Der Kreis hat keine harten Kanten oder Ecken, was ein Gefühl der Ruhe und Harmonie erzeugt. Er hat auch keine Anfangs- oder Endpunkte und kann sich endlos wiederholen. Durch seine Rotation und Bewegung erzeugt er eine dynamische Wirkung. Außerdem wird der Kreis oft als weiblich oder feminin wahrgenommen, da er im Vergleich zu anderen Formen wie dem Dreieck oder dem Quadrat weniger aggressiv oder dominant wirkt.

Das Dreieck

Die scharfen Kanten und Winkel des Dreiecks erzeugen eine Spannung oder ein Gefühl von Unruhe und Gefahr. Es kann daher eingesetzt werden, um eine angespannte oder unruhige Atmosphäre zu schaffen. Das Dreieck kann auch als ein Symbol für Konflikt oder Spannung zwischen drei Parteien wahrgenommen werden. Wenn das Dreieck mit einer breiten Basis nach unten gerichtet ist, kann es auch die Wirkung von Stabilität und Festigkeit erzeugen.

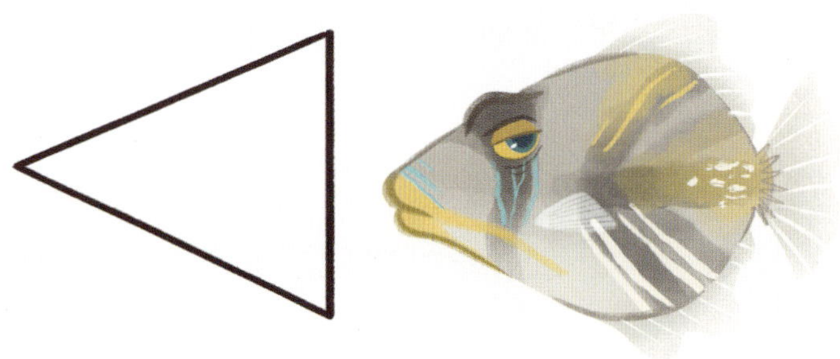

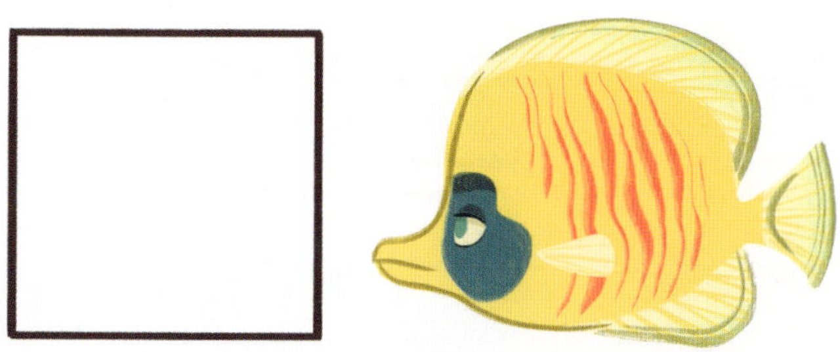

Das Quadrat

Die geraden Linien und Ecken des Quadrats oder Rechtecks rufen die Wirkung von Stabilität und Festigkeit hervor. Es wird oft als eine Form der Seriosität oder Ernsthaftigkeit wahrgenommen und ist eine ausgewogene Form, die in der Regel symmetrisch ist. Das Quadrat kann aber auch eintönig und langweilig wirken.

FORMENSPRACHE

ABGEWANDELTE FORMEN

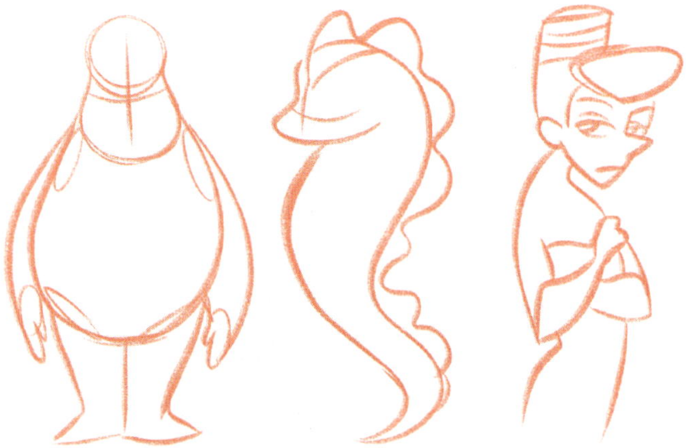

FORMEN KOMBINIEREN & ABWANDELN

Die Grundformen Kreis, Dreieck und Quadrat sind im Character Design nur Ausgangspunkte, auf deren Basis man einen Charakter entwickelt.

In der Realität werden diese Formen oft entweder kombiniert, abgewandelt, abgeschwächt oder auch sogar verstärkt.

PROPORTIONEN ANPASSEN

Um deinem Design mehr Dynamik zu verleihen, bietet es sich an, von einer strikten Einteilung mit gleichmäßigen Abständen abzuweichen. Eine Möglichkeit wäre, Quadrate über die Körperteile Kopf, Körper und Beine zu legen und diese dann zu verformen, zum Beispiel breiter oder schmaler zu machen. So kannst du interessante Formen und Proportionen erzeugen.

Eine weitere Möglichkeit, dein Design aufzupeppen, besteht darin, die Abstände zwischen den einzelnen Blöcken zu variieren. Dadurch kann eine gewisse Unregelmäßigkeit entstehen, die das Auge der Betrachtenden fesselt und das Design lebendiger wirken lässt.

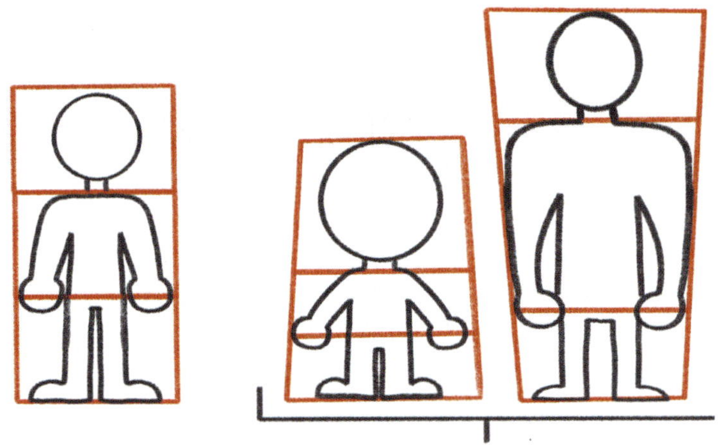

GLEICHMÄSSIG

SPANNENDERE PROPORTIONEN

Übertreibung

In Bezug auf Character Design wird „Exaggeration" im Deutschen auch als Übertreibung bezeichnet. Dies bedeutet, dass bestimmte Merkmale eines Charakters bewusst übertrieben werden, um eine bestimmte Wirkung zu erzielen. Dabei kann es sich beispielsweise um die Größe der Augen, die Form der Nase oder die Proportionen des Körpers handeln. Durch die gezielte Übertreibung dieser Merkmale können Charaktere besonders einprägsam und ausdrucksstark gestaltet werden.

Gleichmässig

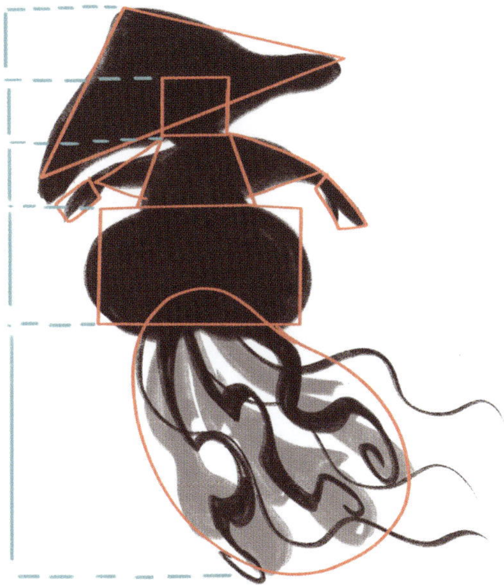

Bei diesem ersten groben Entwurf für Morgana, die Meerhexe, wurden die Proportionen noch relativ gleichmäßig gehalten. Um jedoch mehr Spannung in das Design zu bringen, können die Grundformen unterschiedlich groß gestaltet werden.

Die Wirkung solcher Proportionen hast du bereits in Kapitel 02 (siehe Seite 41 ff.) kennengelernt.

Übertrieben

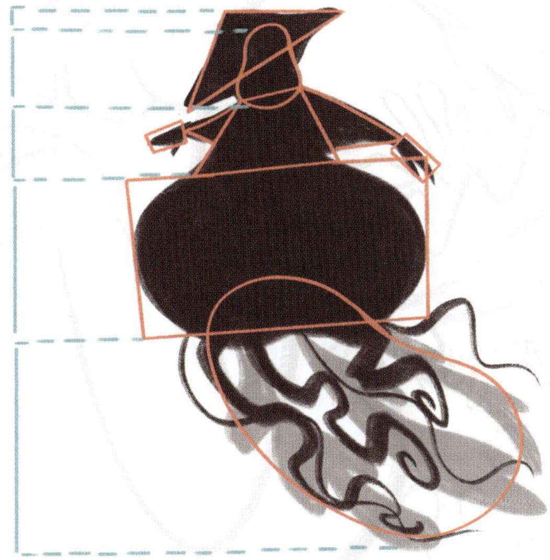

In diesem Entwurf werden die Proportionen von Morgana deutlich unterschiedlicher dargestellt. Einzelne Körperteile zu umranden kann dabei helfen, die Formengröße festzulegen und anzupassen.

Ich empfehle dir, immer wieder mit den Proportionen zu experimentieren und auch mal bewusst zu übertreiben. Oftmals entstehen so die besten Designideen.

SILHOUETTE

NUTZEN UND WIRKUNG

Ein gut gestalteter Charakter sollte eine klare und einprägsame Silhouette haben, damit er auch aus großer Entfernung oder in kleineren Größen leicht zu erkennen ist. Die Wahl der Formen und Proportionen sollte dabei immer im Einklang mit der Persönlichkeit und der Funktion des Charakters stehen.

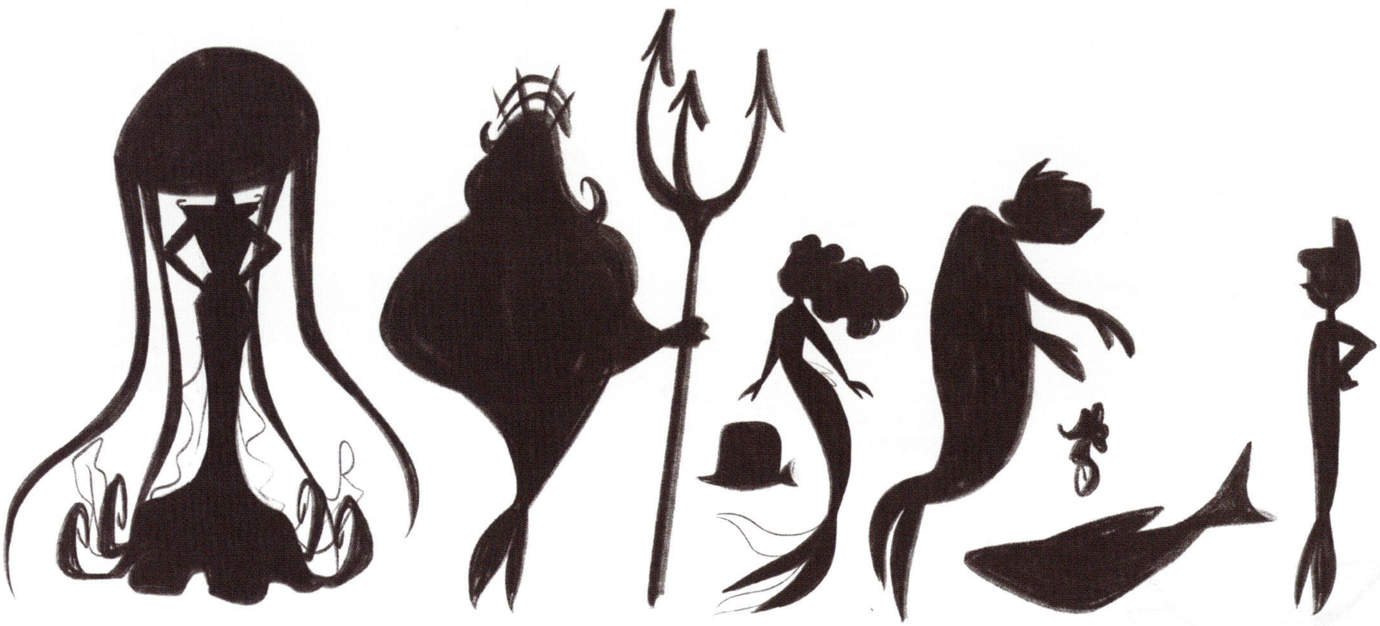

Eine Geschichte besteht aus vielen Charakteren mit unterschiedlichen Persönlichkeiten. Damit sie sich auch optisch gut voneinander abgrenzen, sollten sie in ihrer Größe, Proportion und Form deutliche Unterschiede aufweisen. Durch Variationen in der Größe und den Einsatz kontrastierender Formen kannst du in deinem Charakter-Universum extremere Unterschiede erzeugen.

Hier oben siehst du meine ersten Entwürfe für die Charaktere der Geschichte. ich habe die Meerhexe zunächst als dünn, lang und spitz dargestellt, während der König eher rund und breit erscheint, was einen starken Kontrast erzeugt.

DER SILHOUETTEN-TEST

Insbesondere bei der Animation von Charakteren wird häufig ein Silhouetten-Test durchgeführt, um die Dynamik und Lesbarkeit eines Charakters besser zu erkennen. Dabei sollten die Schlüsselposen stets besonders deutlich und lesbar gestaltet sein.

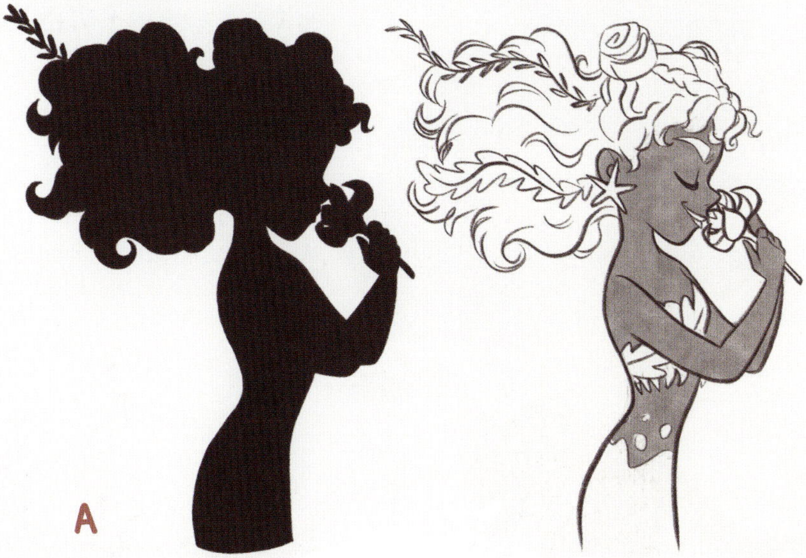

A

Im Beispiel A sehen wir die Meerjungfrau in einer Schlüsselpose, während sie an einer Blume riecht. Durch die Profilansicht sind ihr Gesicht, die Haltung ihrer Hände und die Blume deutlich erkennbar.

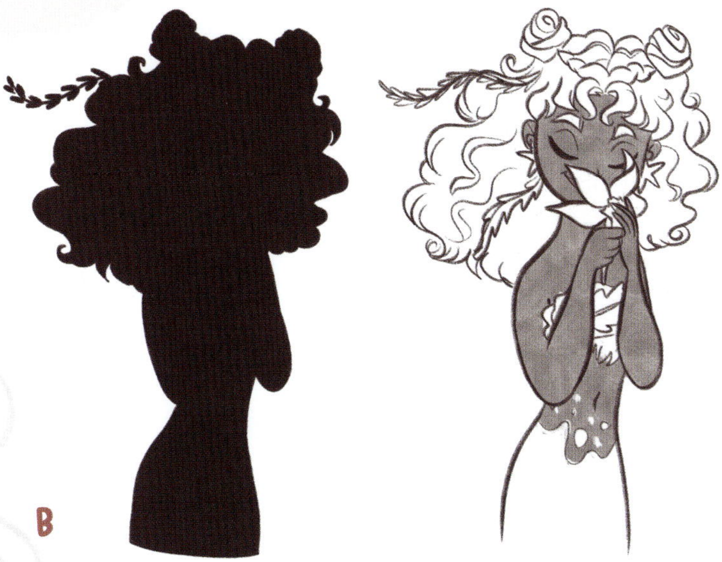

B

Beispiel B wäre eher für eine Zwischenposition in einer Animation geeignet, da in der schwarzen Silhouette nicht erkennbar ist, was der Charakter genau tut.

Weder sind die Bewegungen ihrer Arme sichtbar, noch ist ersichtlich, dass sie eine Blume in der Hand hält. Darüber hinaus verdecken ihre Haare einen großen Teil ihres Körpers.

MAREN

DIE KLEINE MEERJUNGFRAU

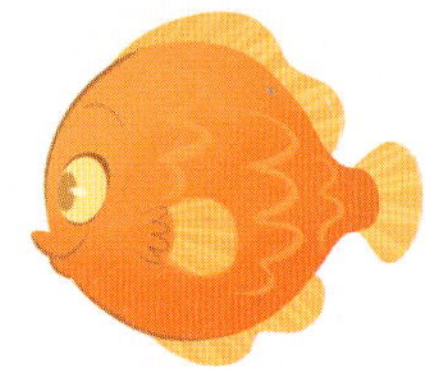

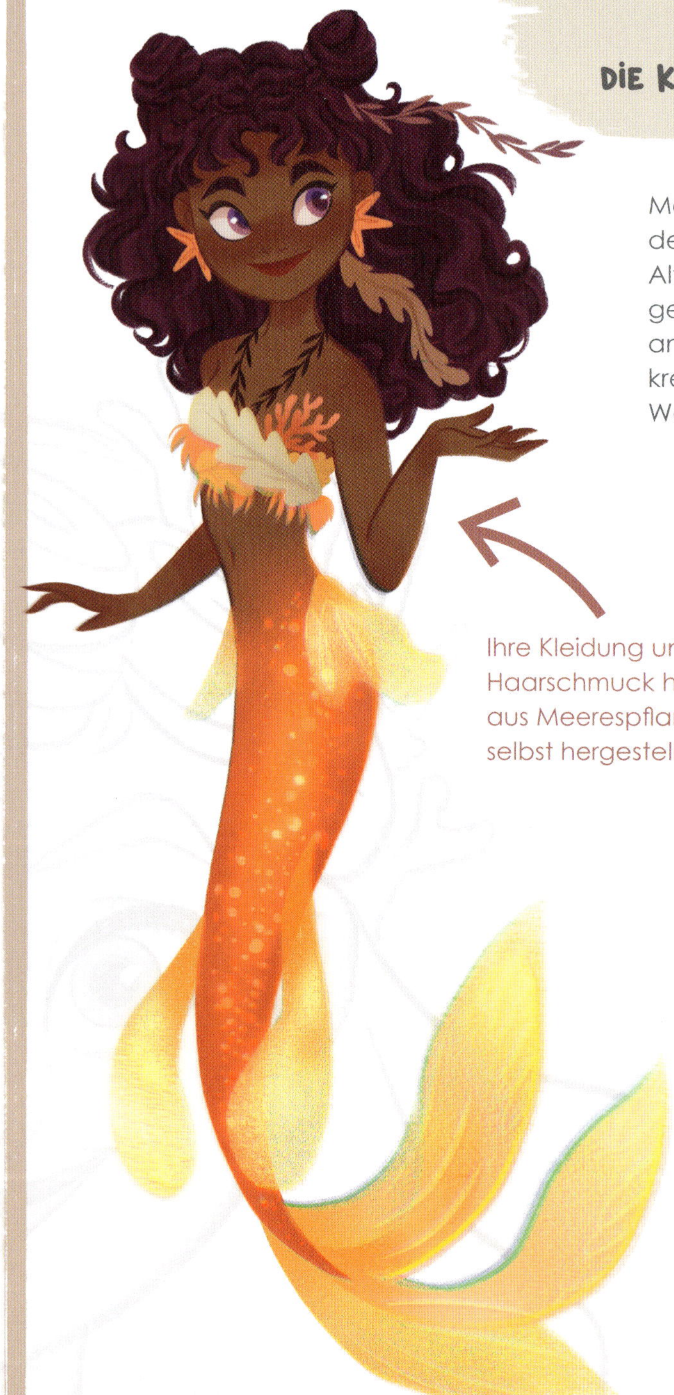

Maren, die kleine Meerjungfrau, ist mit großem Abstand die jüngste der sieben Königstöchter und fühlt sich durch den beträchtlichen Altersunterschied zu ihren Schwestern oft ausgegrenzt. Die neugierige Meerjungfrau strebt stets nach neuen Abenteuern und möchte am liebsten alles über die Welt der Menschen erfahren. Als äußerst kreativer Geist sammelt sie im Meer allerlei Gegenstände aus der Welt der Menschen.

Ihre Kleidung und den Haarschmuck hat sie aus Meerespflanzen selbst hergestellt.

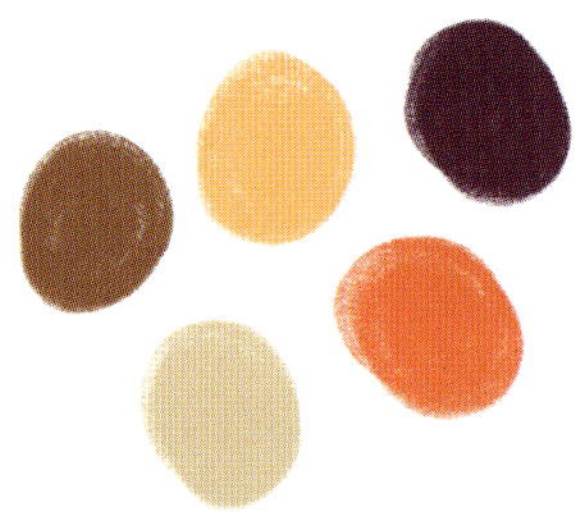

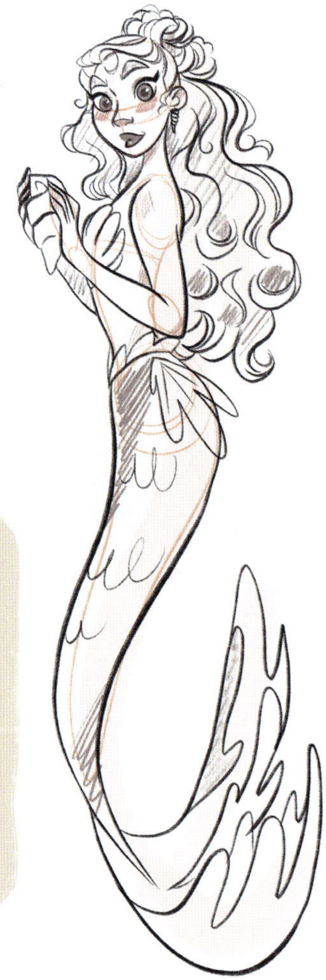

Die Farben Gelb, Lila und Rot verkörpern die Euphorie, Fröhlichkeit, Neugierde und Offenheit der kleinen Meerjungfrau.

Während das Lila ihrem Design einen mysteriösen Touch verleiht, lockern die warmen Töne mit freundlichen und kontrastreichen Farben auf.

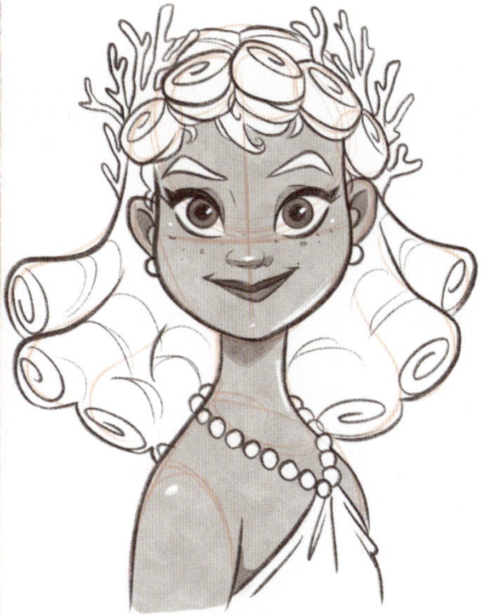

Die Kombination aus weichen Dreiecksformen und sanften Rundungen erzeugt eine ansprechende Mischung aus Spannung, Neugierde und Jugendlichkeit.

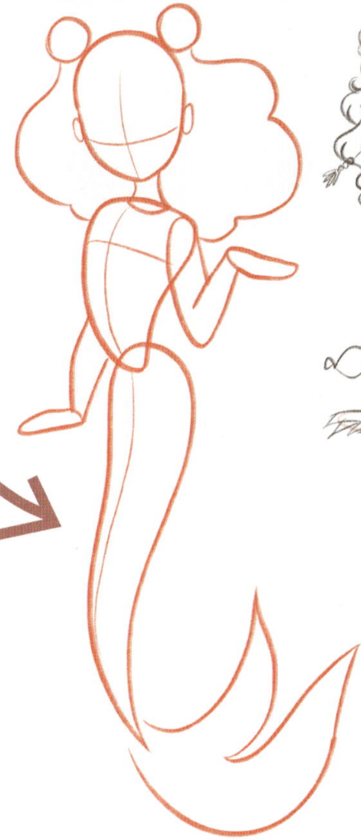

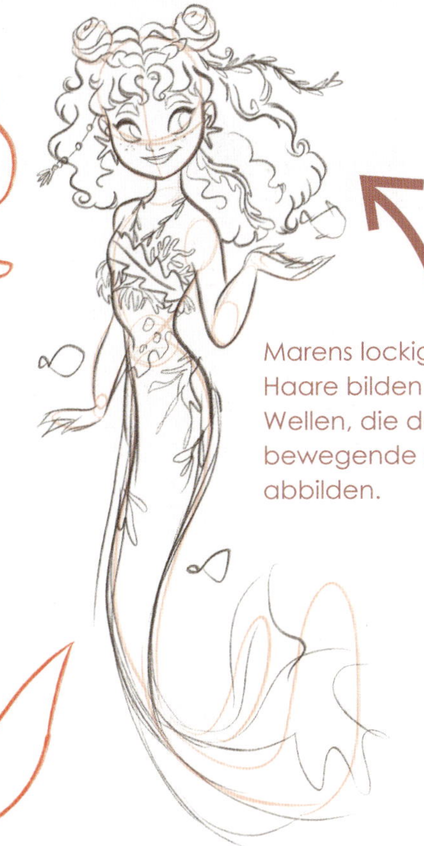

Marens lockige Haare bilden sanfte Wellen, die das sich bewegende Meer abbilden.

Obwohl dieses Design einen sehr königlichen Eindruck vermittelt, spiegelt es nicht Marens Freigeist und Jugendlichkeit wider.

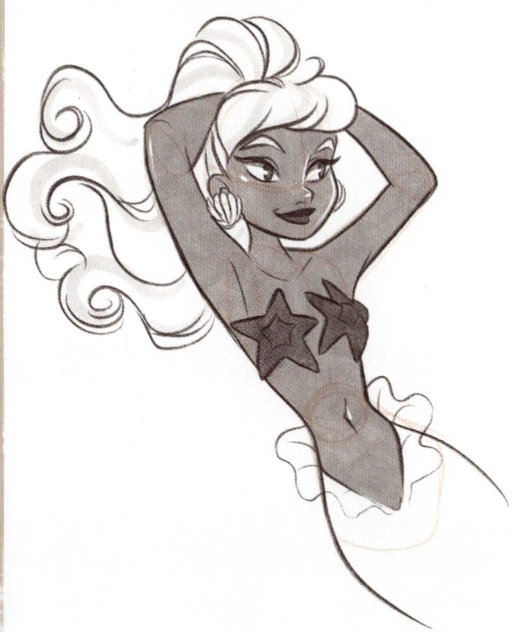

FARBPALETTEN ERSTELLEN

Rosatöne wirkten mir zu lieb und zurückhaltend, während dunkle Blautöne nicht aufregend genug waren und eher ruhig und unauffällig wirkten. Auf der anderen Seite erinnern rote Haare zu sehr an bereits existierende Interpretationen der kleinen Meerjungfrau.

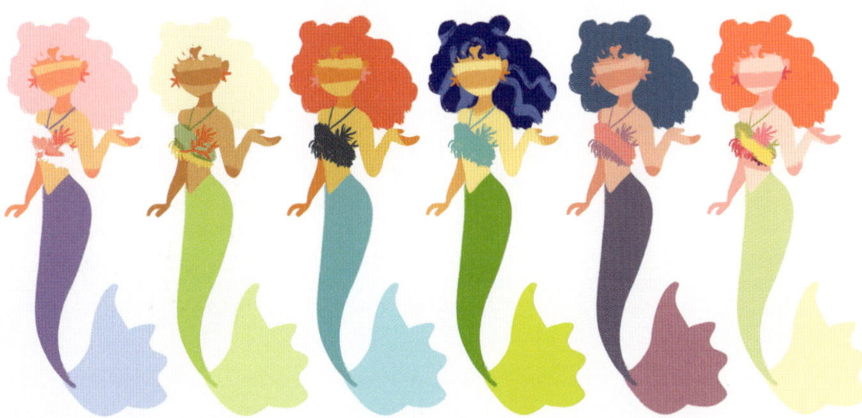

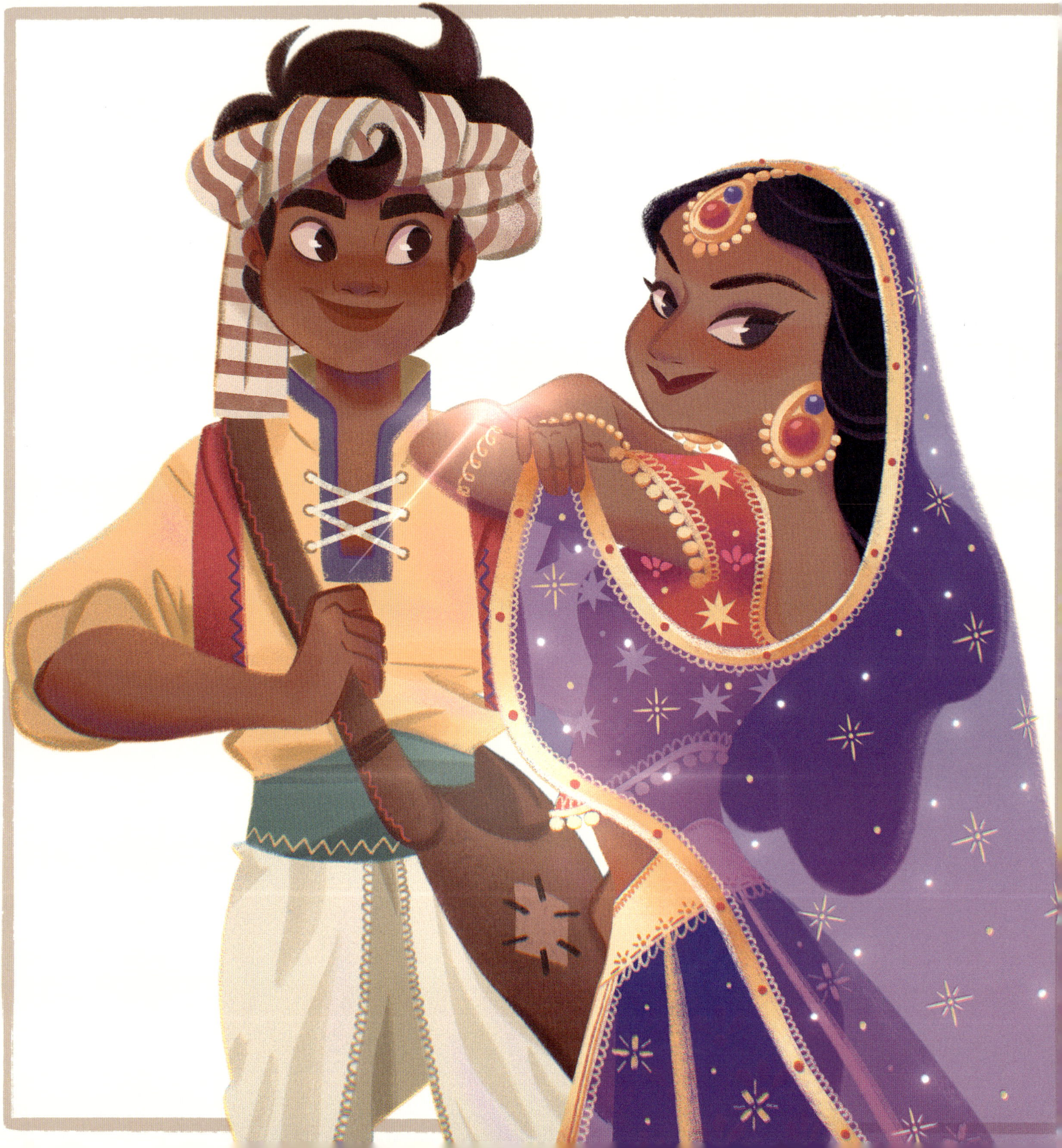

KAPITEL 04

KOSTÜMDESIGN

MÄRCHEN:
ALADIN & DIE WUNDERLAMPE

ALADIN & DIE WUNDERLAMPE

MÄRCHEN AUS 1001 NACHT

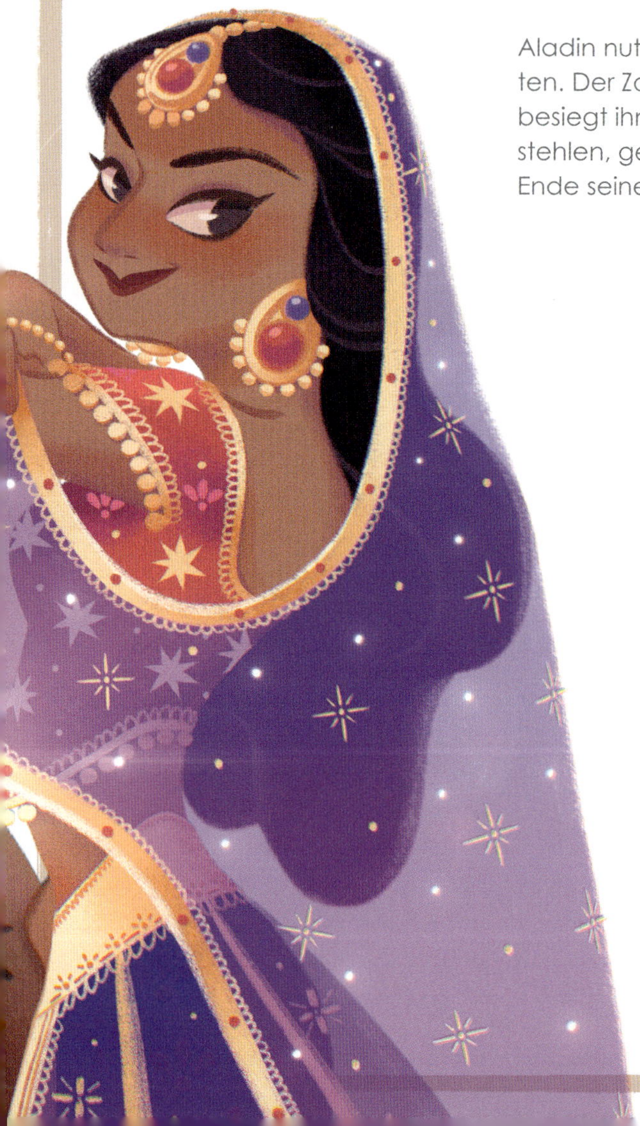

DAS ORIGINAL:

Es geht um einen armen Jungen namens Aladin, der von einem Zauberer entführt wird. Der Zauberer zwingt ihn, eine magische Lampe zu stehlen, aber der Junge behält sie für sich. Als er versehentlich an der Lampe reibt, erscheint ein Geist, der ihm Wünsche erfüllt.

Aladin nutzt die Wünsche, um reich zu werden und die Prinzessin zu heiraten. Der Zauberer versucht, die Lampe zurückzubekommen, aber Aladin besiegt ihn. Auch als später ein weiterer Betrüger versucht, die Lampe zu stehlen, gelingt es Aladin, siegreich zu bleiben und er lebt glücklich bis ans Ende seiner Tage mit der Prinzessin.

Die Originalgeschichte spielt in China, während die Disney-Version in einer fiktiven Stadt namens Agrabah im Nahen Osten angesiedelt ist. Die Prinzessin spielt im Original nur eine Nebenrolle und heißt nicht Jasmin.

GUT ZU WISSEN:

Bekannte Interpretationen des Märchens werden häufig wegen ihrer stereotypen Darstellung arabischer und muslimischer Kulturen kritisiert. Die arabische Kultur wird als homogen dargestellt und Elemente wie Kleidung und Architektur werden ohne die kulturelle Bedeutung und Geschichte dahinter verwendet.

Die Disney-Verfilmung zeigt ebenfalls eine idealisierte und romantisierte Version des Orients, die der westlichen Fantasie entspricht, aber wenig mit der Realität zu tun hat.

PLANUNG & RECHERCHE

FÜR DAS KOSTÜMDESIGN

RECHERCHE

Eine gründliche Recherche ermöglicht es den Designer:innen, Kleidungsstücke und Accessoires zu identifizieren, die für die Charaktere geeignet sind. Damit soll auch sichergestellt werden, dass sie den sozialen Status und die kulturellen Normen angemessen widerspiegeln. Die Kenntnis der historischen Kleidung und Accessoires ermöglicht es darüber hinaus, kreative Entscheidungen zu treffen und sie mit authentischen Details und Elementen zu ergänzen, um die Charaktere und ihre Persönlichkeiten zu betonen.

Insgesamt trägt eine gründliche Recherche dazu bei, die Glaubwürdigkeit der Geschichte und der Charaktere zu erhöhen und dem Publikum ein realistischeres und ansprechenderes visuelles Erlebnis zu bieten.

DIE NEUINTERPRETATION

In meiner Neuinterpretation der Kostüme für Aladin und die Prinzessin Kamala wollte ich mich stärker an traditioneller Kleidung aus dem Norden Indiens Anfang des 19. Jahrhundert orientieren.

Zur Mogulzeit trugen wohlhabende Frauen in Indien traditionell keine Saris, sondern Kleider wie das **Anarkali-Kleid** oder das **Sharara**, die aus einem langen Rock und einer passenden Jacke oder Hose bestanden. Diese Kleidungsstücke waren aus feinen Stoffen wie Seide, Musselin und Baumwolle gefertigt und mit aufwendigen Stickereien, Perlen und Edelsteinen verziert.

DIE MOGULZEIT IN INDIEN

Die Mogulzeit ist eine Periode in der Geschichte Indiens, die vom 16. bis zum 19. Jahrhundert andauerte.

Während dieser Zeit erlebte Indien eine kulturelle Blütezeit, in der Kunst, Architektur, Literatur und Wissenschaft florierten. Die Mogulherrscher hinterließen ein Erbe von prächtigen Palästen, Moscheen, Mausoleen und Festungen, die bis heute bewundert werden.

KOSTÜMDESIGN

SO FÄNGST DU AN

WAS VERSTEHT MAN UNTER KOSTÜMDESIGN?

Kostümdesign ein wichtiger Aspekt des Character Designs und kann dazu beitragen, die Persönlichkeit, den Hintergrund und die Beziehungen eines Charakters zu anderen Figuren in der Geschichte zu vermitteln. Kostümdesigner:innen müssen sich dabei mit der Ästhetik der Geschichte und der Vision der Regisseur:innen oder Autor:innen auseinandersetzen, um die visuelle Darstellung der Charaktere zu optimieren. Ein geschicktes Kostümdesign kann die Glaubwürdigkeit und Authentizität einer Figur verstärken und somit einen wichtigen Beitrag zur emotionalen Bindung des Publikums an die Geschichte leisten.

Das Kostümdesign spielt nicht nur bei Realverfilmungen eine wichtige Rolle, sondern auch im Zeichentrick und in der Animation. Eine Möglichkeit, sich inspirieren zu lassen, sind Filme, die für ihr herausragendes Kostümdesign ausgezeichnet wurden. Beobachte aufmerksam, was diese Designs so einzigartig macht, um davon für deine eigenen Entwürfe zu lernen. In der unten stehenden Infobox findest du eine Liste von Filmen, die Preise für ihr Kostümdesign gewonnen haben.

FILME MIT AUSZEICHNUNG FÜR BESTES KOSTÜMDESIGN

WEST SIDE STORY (1961) Irene Sharaff
STAR WARS (1977) John Mollo
TITANIC (1997) Deborah L. Scott
DER HERR DER RINGE (2004) Nglia Dickson & Richard Taylor
ADDAMS FAMILY (1991) Ruth Myers
HARRY POTTER (2001) Judianna Makovsky
MOULIN ROUGE (2002) Catherine Martin & Angus Strathie
DREAMGIRLS (2006) Sharen Davis
DER TEUFEL TRÄGT PRADA (2006) Patricia Field
CRUELLA (2022) Jenny Beavan

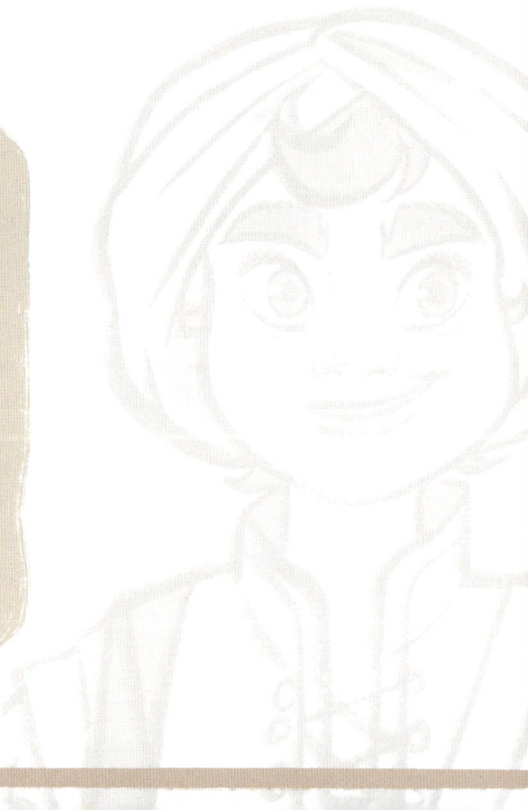

KOSTÜME ENTWERFEN

TRICKS & TIPPS

TIPP 1: KONTEXTUALISIERUNG

Berücksichtige den Kontext der Geschichte, in der dein Charakter erscheint. Überlege, welche Art von Welt es ist, in der die Geschichte spielt, welche Kultur und Zeitperiode und welche sozialen oder politischen Umstände herrschen. Das Kostüm sollte in diesen Kontext passen und die Charaktereigenschaften unterstützen.

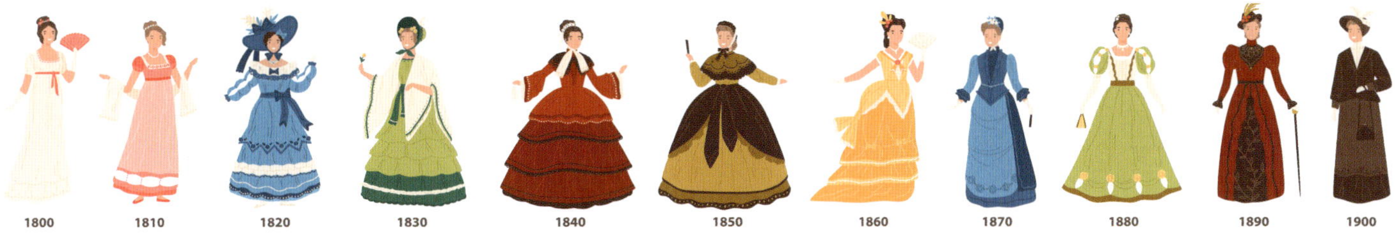

DIE ENTWICKLUNG DER FRAUENMODE

Die Frauenmode hat sich im Laufe der Zeit stark verändert und ist eng mit den kulturellen Einflüssen verbunden. Im 19. Jahrhundert trugen Frauen lange Kleider mit engen Korsetts, die ihre Taille betonten. Im 20. Jahrhundert wurde die Kleidung bequemer und praktischer, wobei besonders die 1920er-Jahre mit ihren gerade geschnittenen, lose sitzenden Kleidern stilbildend waren.

Während des Zweiten Weltkriegs war die Kleidung schlicht und funktional. In den 1980er-Jahren gab es eine Ära der Extravaganz und des Glamours, während es heute eine Vielzahl an Stilen und Trends gibt, die berücksichtigt werden wollen, um authentische Darstellungen zu schaffen.

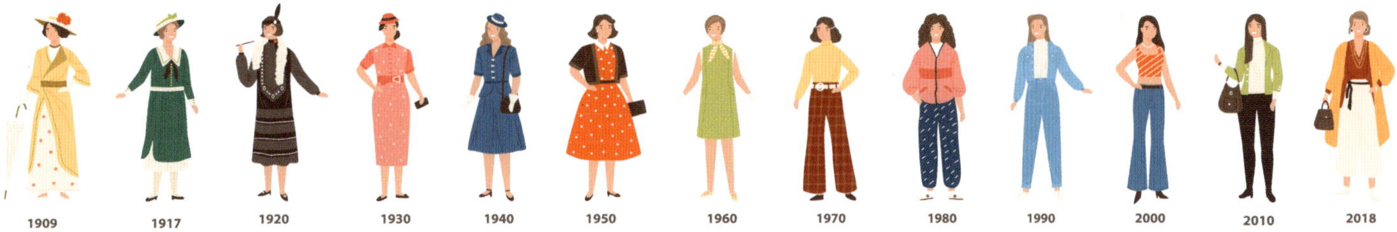

TYPISCHE KÖNIGLICHE FRAUENKLEIDUNG

Während der Mogulzeit in Nordindien trugen Prinzessinnen und Frauen der königlichen Familie üblicherweise königliche Gewänder, die aus kostbaren Stoffen wie Samt und Seide gefertigt waren.

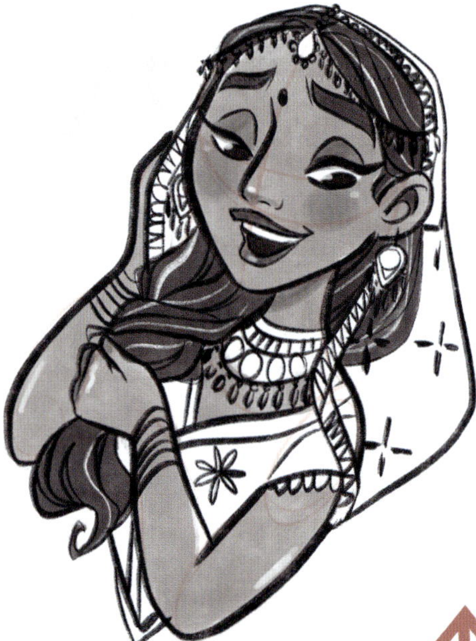

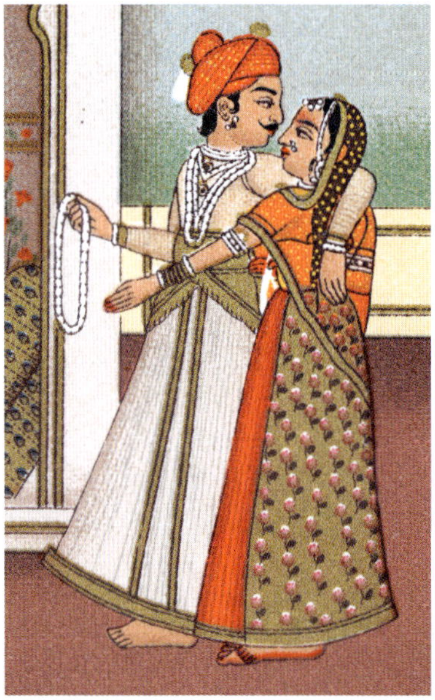

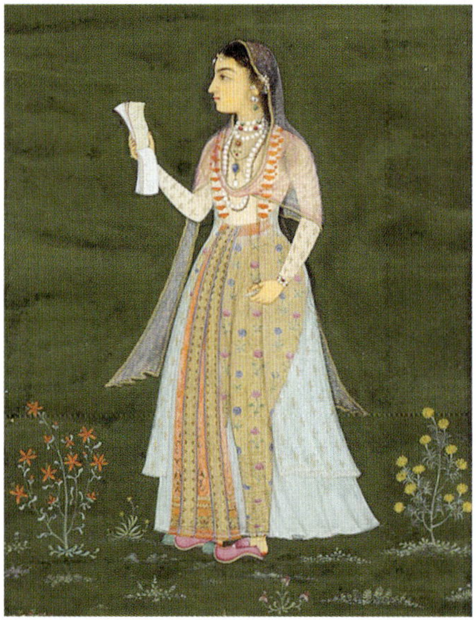

Der übliche Stil für Frauen bestand aus einem langen, fließenden Kleid, das als **Anarkali** bekannt ist, und einem passenden Kopftuch oder Schal, das als **Dupatta** bezeichnet wird.

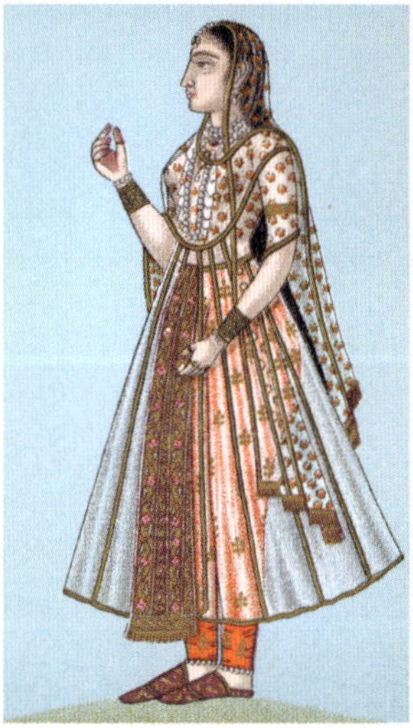

Manchmal trugen sie auch einen Schleier namens **Ghoonghat**, um ihr Gesicht zu bedecken. Das Design und die Verzierungen der Kleidung variierten je nach Jahreszeit, Anlass und sozialem Status der Person.

Undurchsichtige Stoffe wurden oft mit transparenten kombiniert.

PRINZESSIN KAMALA

Typische Männerkleidung

Ärmere Männer trugen während der Mogulzeit in Nordindien in der Regel einfache und praktische Kleidung, die je nach Region variieren konnte.

Ein typisches Outfit bestand aus einem **Dhoti** (langer, lockerer Stoff, der um die Taille gewickelt und zwischen den Beinen hindurchgeführt wird), einem **Kurta** (langes, lose sitzendes Hemd), einem **Turban** und **Sandalen** oder nackten Füßen.

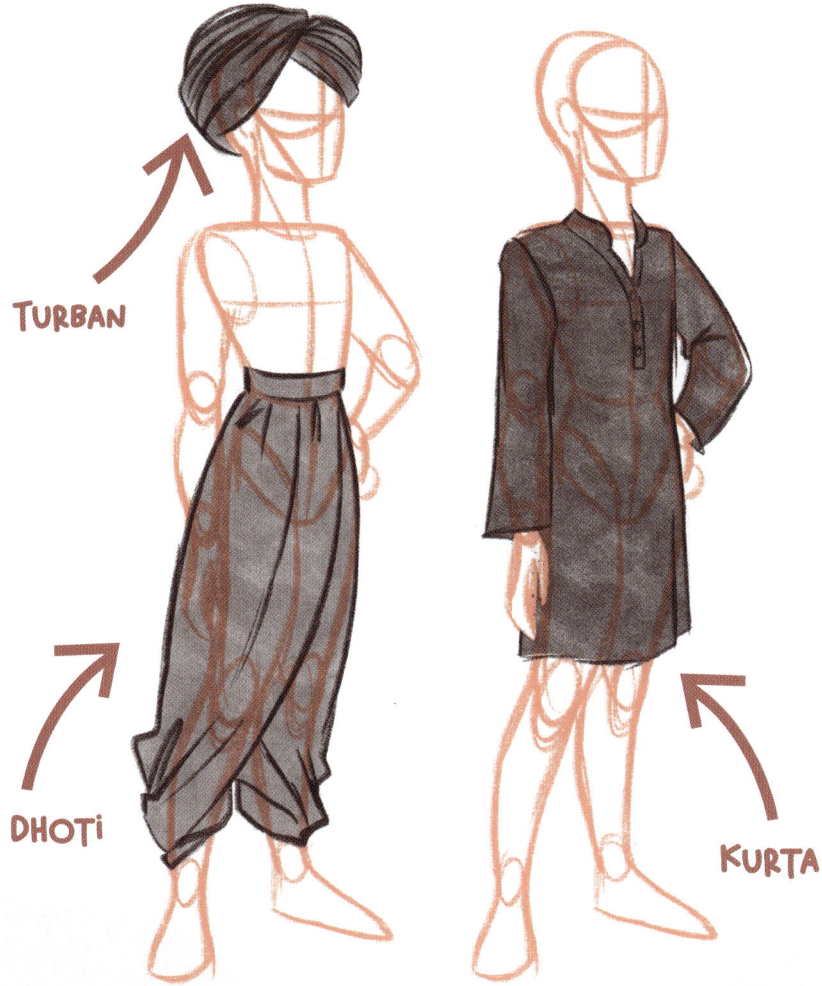

Punjabi Jutti

Die Juttis, sogenannte Schnabelschuhe, waren zu dieser Zeit als bequemes und dennoch stilvolles Schuhwerk beliebt. Sie wurden oft mit aufwendigen Stickereien und Perlen verziert, um den königlichen und opulenten Stil der Epoche widerzuspiegeln.

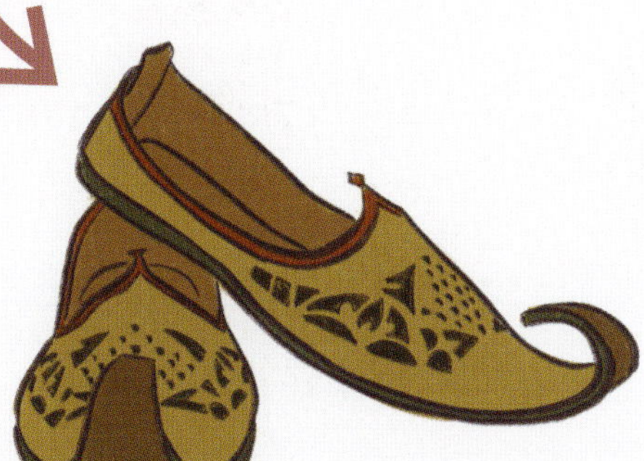

Oftmals wurden diese Kleidungsstücke aus Baumwolle oder anderen erschwinglichen Materialien hergestellt und waren in erdigen Farben wie Weiß, Beige, Braun oder Schwarz gehalten. Aufgrund der begrenzten finanziellen Ressourcen waren diese Kleidungsstücke oft einfach und ohne Verzierungen oder besondere Details.

Tipp 2: Funktionalität

Überlege, welche Funktionen das Kostüm erfüllen soll. Muss es bestimmte Fähigkeiten des Charakters unterstützen oder ihm bestimmte Eigenschaften verleihen, beispielsweise Stärke, Schnelligkeit oder Intelligenz? Soll es den Charakter vor bestimmten Gefahren oder Bedrohungen schützen?

Ein Turban schützt vor Hitze. Ich teste verschiedene Möglichkeiten, ihn zu binden.

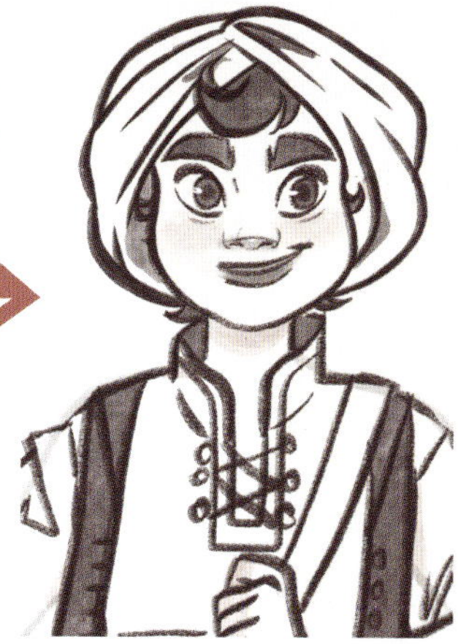

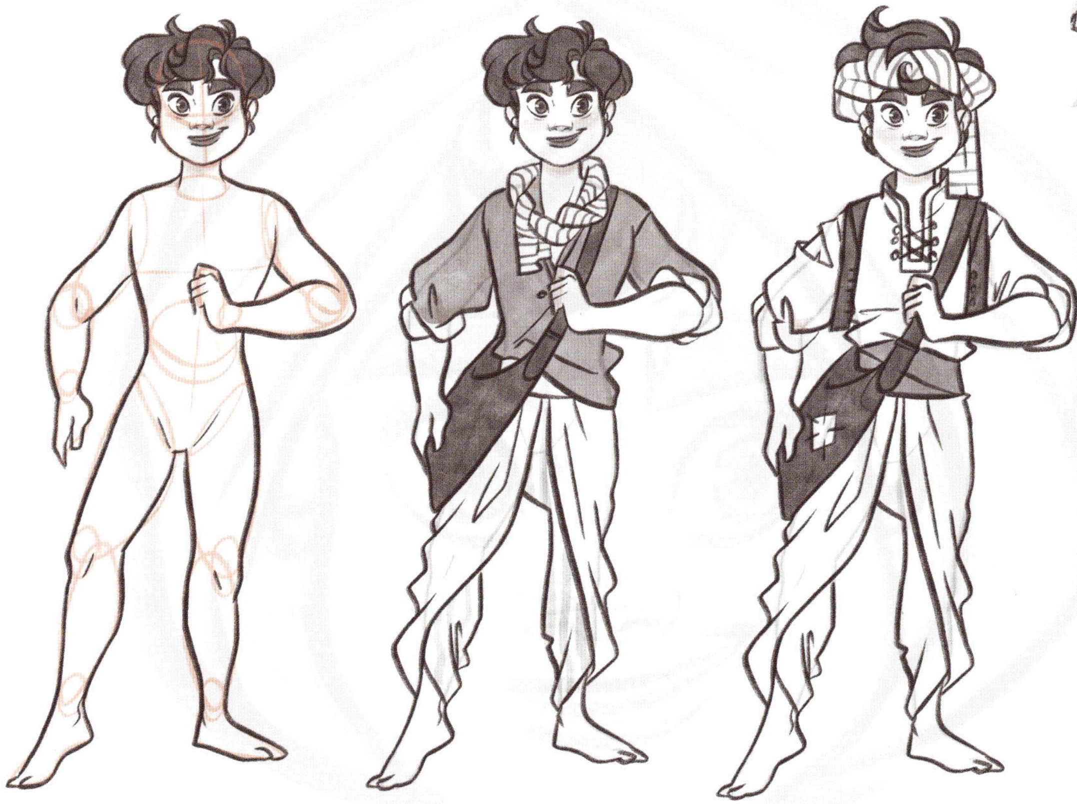

Aladin trägt Kleidung, die seinen Lebensumständen entspricht. Man kann deutlich erkennen, dass sie an einigen Stellen verschmutzt oder beschädigt ist, und er hat möglicherweise versucht, sie zu flicken.

Persönlichkeit

Aladin ist sehr loyal gegenüber seinen Mitmenschen und hat ein gutes Herz, was ihn in Prinzessin Kamalas Augen attraktiv macht.

Er ist ein cleverer und mutiger junger Mann. Aladin ist unabhängig und weiß, wie man in schwierigen Situationen überlebt. Er hat auch eine gewisse Frechheit und Humor, die ihm helfen, aus schwierigen Situationen herauszukommen.

ALADIN

Tipp 3: Charakteranalyse

Analysiere deinen Charakter und seine Persönlichkeit, um ein Kostüm zu entwerfen, das zu ihm passt. Überlege, welche Farben, Formen und Texturen seiner Persönlichkeit am besten entsprechen und wie das Kostüm seine Merkmale und Eigenschaften hervorheben kann.

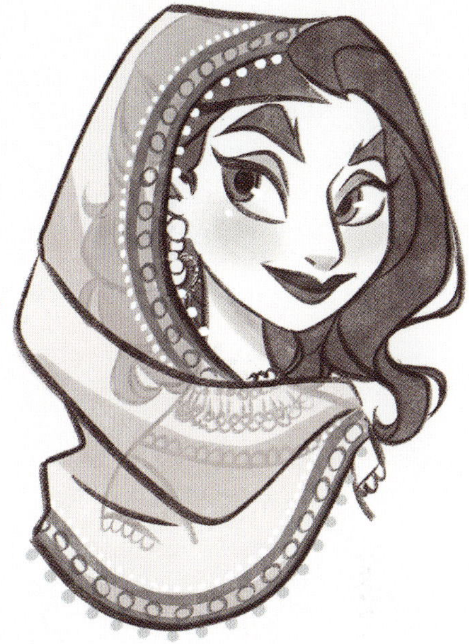

Eine eher einfache und lockere Frisur passt besser zu ihrer Persönlichkeit. Sie mag keine Kleidung, die sie einengt.

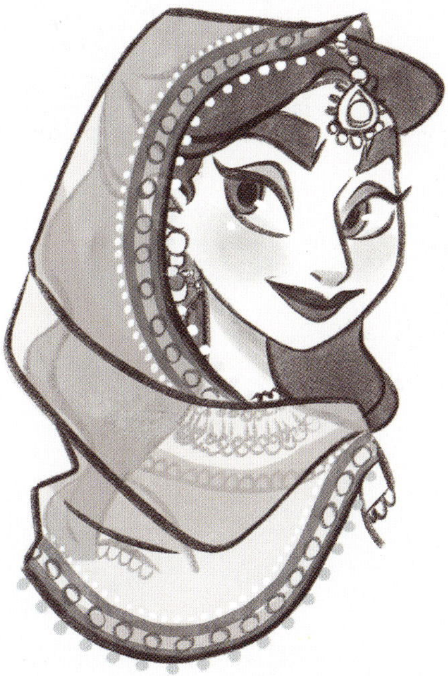

Die indische Prinzessin Kamala ist intelligent, mutig und selbstbewusst. Sie hat eine starke Persönlichkeit und setzt sich für ihre Überzeugungen ein.

Kamala versteckt sich nicht hinter einem Schleier. Sie möchte lieber frei sein, ihre eigenen Erfahrungen machen und die Welt kennenlernen.

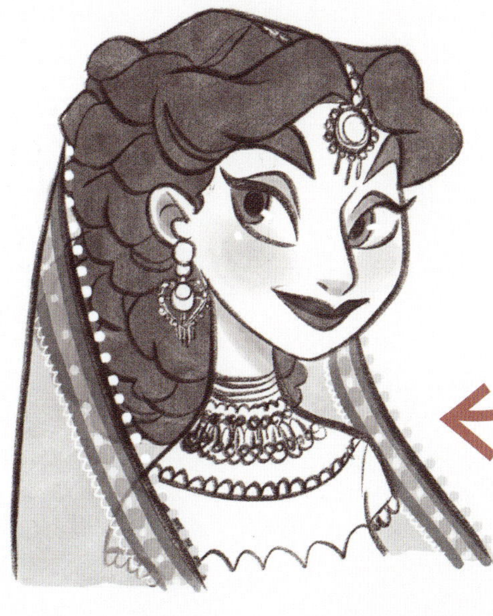

Experimentiere mit verschiedenen Frisuren und Schmuckstücken.

Diese Frisur wirkt zu streng und aufwendig für die eigenwillige Kamala.

Kamala hat auch eine weiche Seite und ist einfühlsam gegenüber anderen, insbesondere gegenüber Aladin, dem sie näherkommt und sich in ihn verliebt. Sie ist eine tapfere und inspirierende Figur, die nicht zögert, für das einzustehen, woran sie glaubt.

PRINZESSIN KAMALA

Tipp 4: Farben & Materialien

Wähle Farben und Materialien, die zum Charakter und zur Geschichte passen. Verwende Farben, die Persönlichkeit und Stimmung deines Charakters widerspiegeln und Materialien, die seine Eigenschaften und den Kontext unterstützen.

Zeichne so viele Kostümvariationen wie möglich. Im nächsten Schritt kannst du auch Elemente aus verschiedenen Versionen kombinieren, um das perfekte Outfit zu erschaffen.

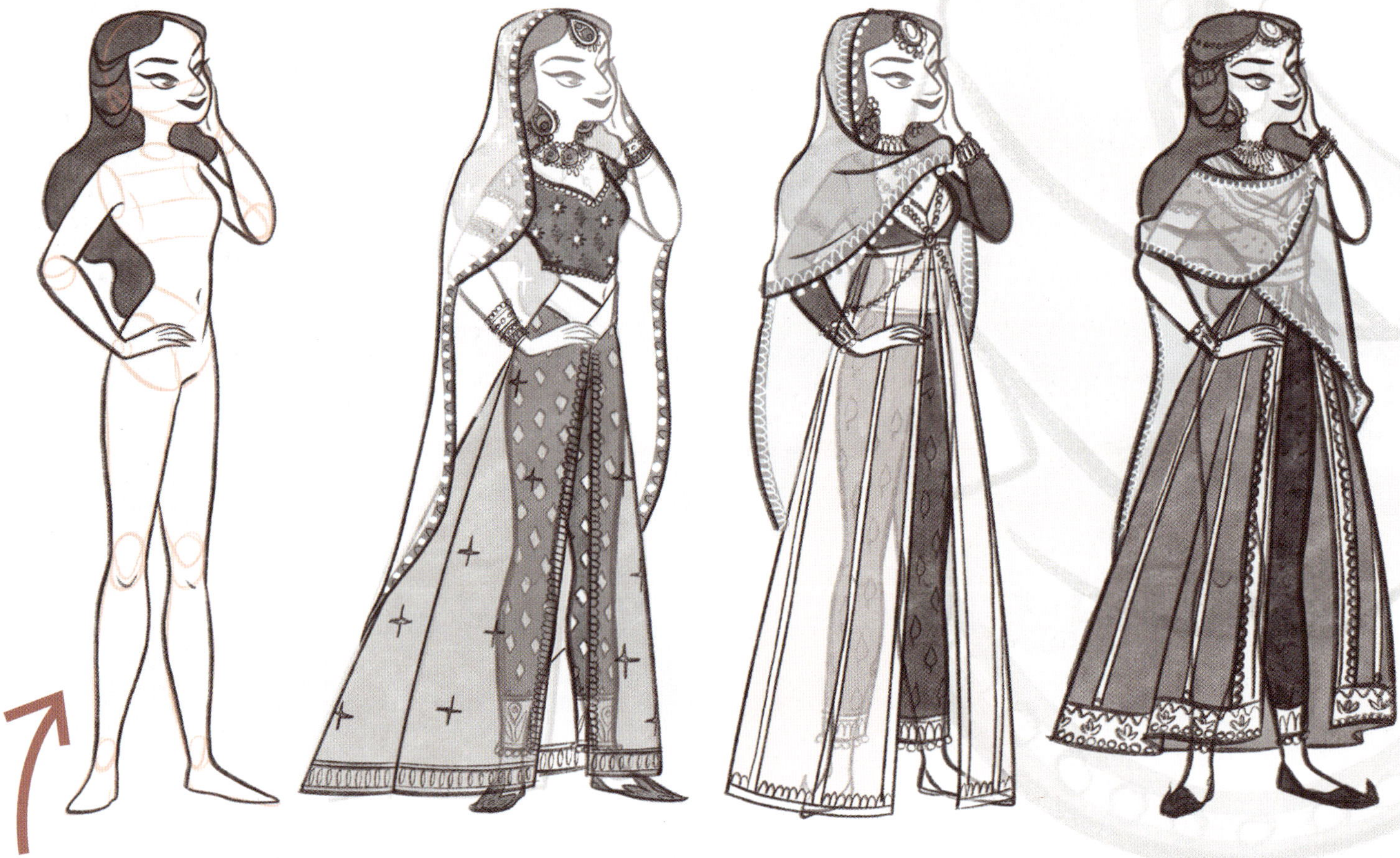

Wähle eine Pose, die zu deinem Charakter passt und zeichne ihn erst einmal ohne Kleidung, damit du die Proportionen besser erkennen kannst.

Material

Während der Mogulzeit wurden für königliche Kleidung oft edle Stoffe wie Seide, Samt und Brokat verwendet. Diese Stoffe waren mit aufwendigen Stickereien, Perlen und Edelsteinen verziert. Kamalas Kleid könnte also beispielsweise aus blauer Seide mit goldenen Stickereien oder aus lila Brokat mit silbernen Fäden und Perlen bestehen.

Prinzessin Kamala

Farbpalette

Bevor ich mich in die detailliertere Gestaltung von Kamala vertiefe, experimentiere ich mit verschiedenen Farbpaletten für ihr Kostüm. Obwohl ich bereits eine grobe Vorstellung hatte, wohin die Farbgebung gehen sollte, wollte ich noch etwas herumprobieren und die Verteilung der Farben testen.

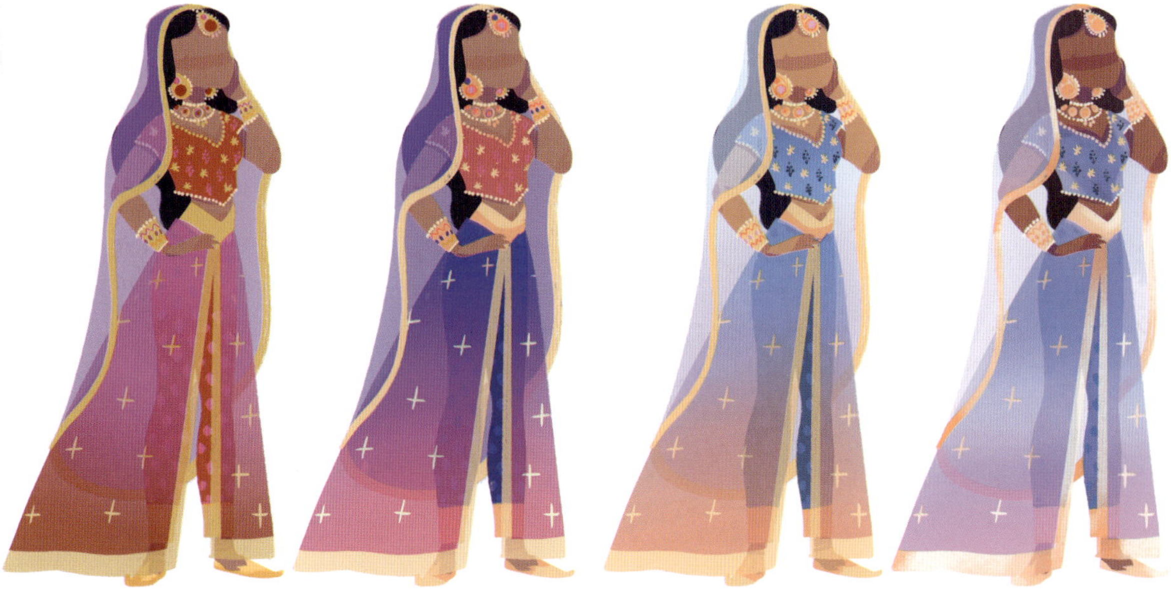

Farben

In der indischen Kultur wird Blau oft mit Mut, Stärke und Schönheit in Verbindung gebracht. Blau kann auch als Symbol für Himmel und Ozean gesehen werden, was Freiheit und Unendlichkeit repräsentiert. In Bezug auf Kamala könnte die Farbe Blau also ihre Stärke, Schönheit und Freiheit betonen.

Lila ist eine symbolische Farbe in der indischen Kultur, die mit Kreativität, Weisheit und Spiritualität assoziiert wird.

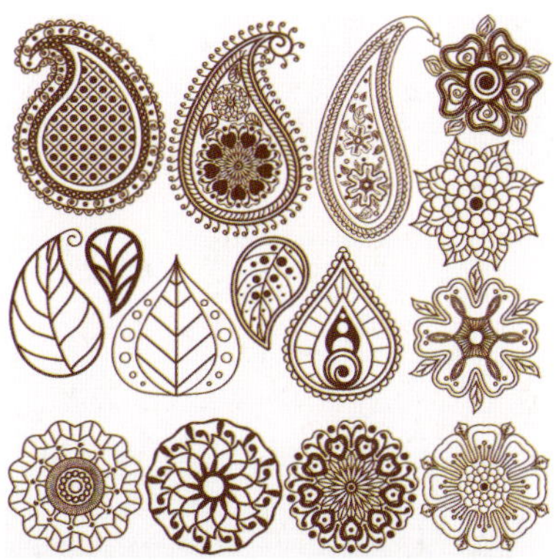

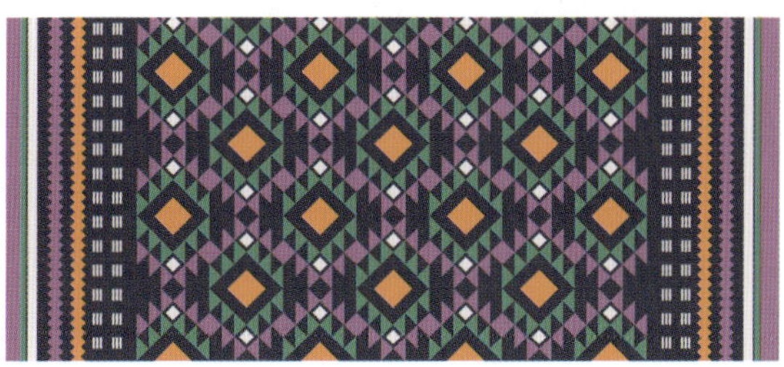

Muster

Traditionelle indische Muster sind Paisley, Blumenranken, geometrische Formen und Ornamente. Diese Muster werden oft in der indischen Kleidung verwendet.

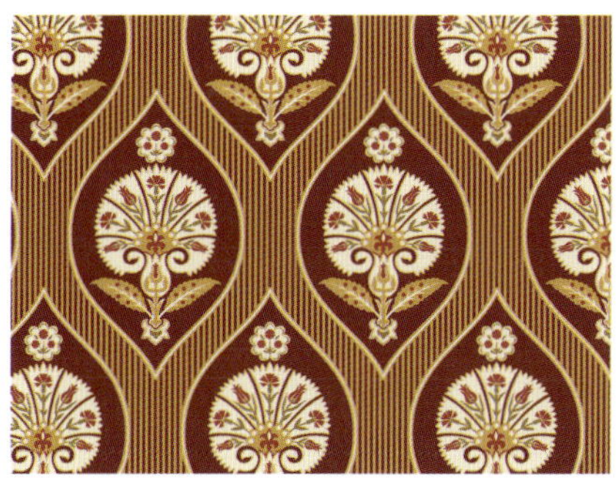

Farben

Die Verwendung von erdigen Tönen könnte beispielsweise Aladins Herkunft und Bescheidenheit betonen, während helle oder kräftige Farben seine Abenteuerlust und den Wunsch nach Veränderung ausdrücken könnten.

Material

Aladins Kleidung könnte aus Baumwolle oder Leinen hergestellt sein, da dies typische Materialien für einfache und bequeme Kleidung in Nordindien während der Mogulzeit waren.

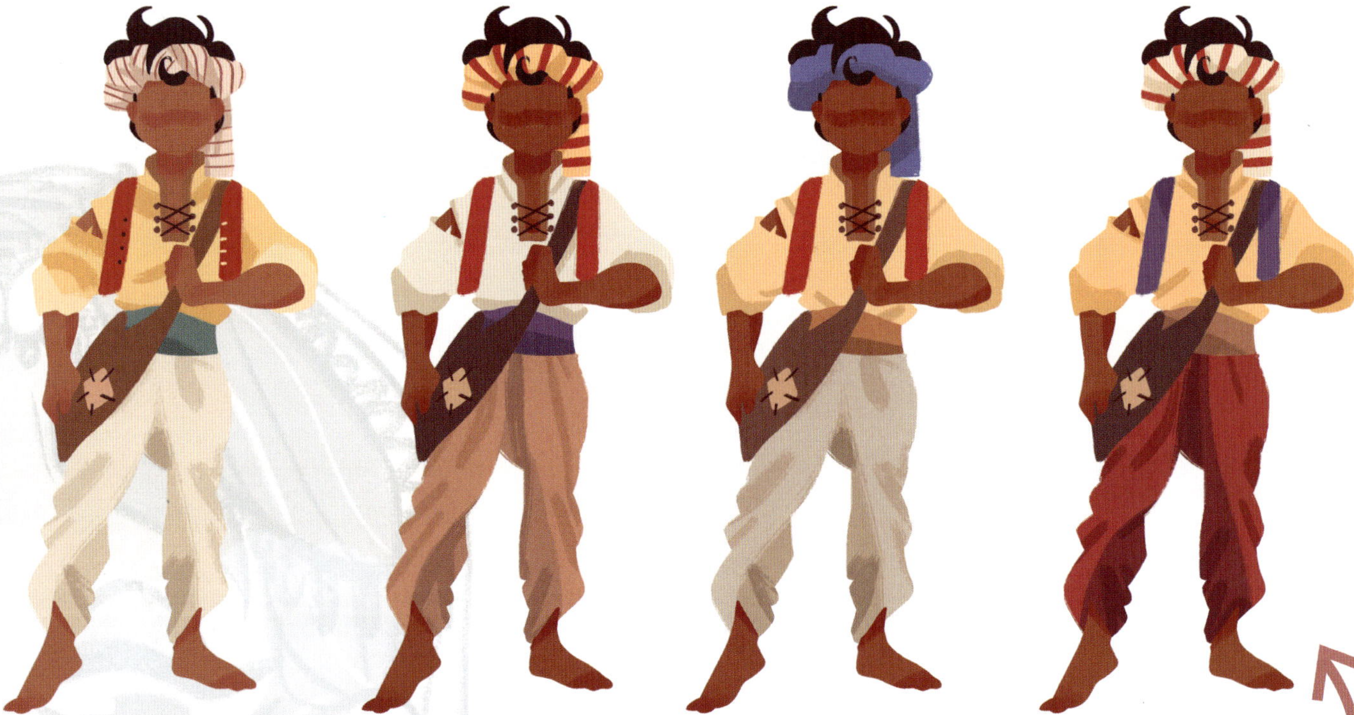

Farbpaletten

Aladins Farbpalette sollte warm und erdig sein, um einen harmonischen und bodenständigen Eindruck zu vermitteln. Dennoch sollten Akzente und Kontraste vorhanden sein, um seine visuelle Präsenz als Hauptcharakter zu betonen. Es ist wichtig, dass er sich farblich von Kamala unterscheidet, um ihrer beider Individualität zu betonen.

Tipp:

Triadische Farbschemata eignen sich hervorragend für Hauptcharaktere, selbst wenn sie in leicht abgewandelter Form verwendet werden. Ein Beispiel dafür sind die Farben Rot, Gelb und Lila, die in einem 12-teiligen Farbkreis weit voneinander entfernt liegen und daher besonders auffällig wirken.

Weitere Informationen zu diesem Thema und zur Farbenlehre findest du in Kapitel 8 (siehe Seite 112).

ALADIN

TIPP 5: ORIGINALITÄT

Entwirf ein Kostüm, das einzigartig und unverwechselbar ist. Vermeide Klischees und Standardlösungen und versuche stattdessen, etwas Originelles und Interessantes zu schaffen.

Indem man über die üblichen Vorstellungen von Kleidung und Stil hinausgeht, können einzigartige Charaktere entstehen, die visuell faszinierend und ausdrucksstark sind.

Thinking outside the box im Kostümdesign eröffnet neue Möglichkeiten, indem man traditionelle Elemente neu interpretiert, unerwartete Materialien und Texturen verwendet und mutige Farbkombinationen einsetzt.

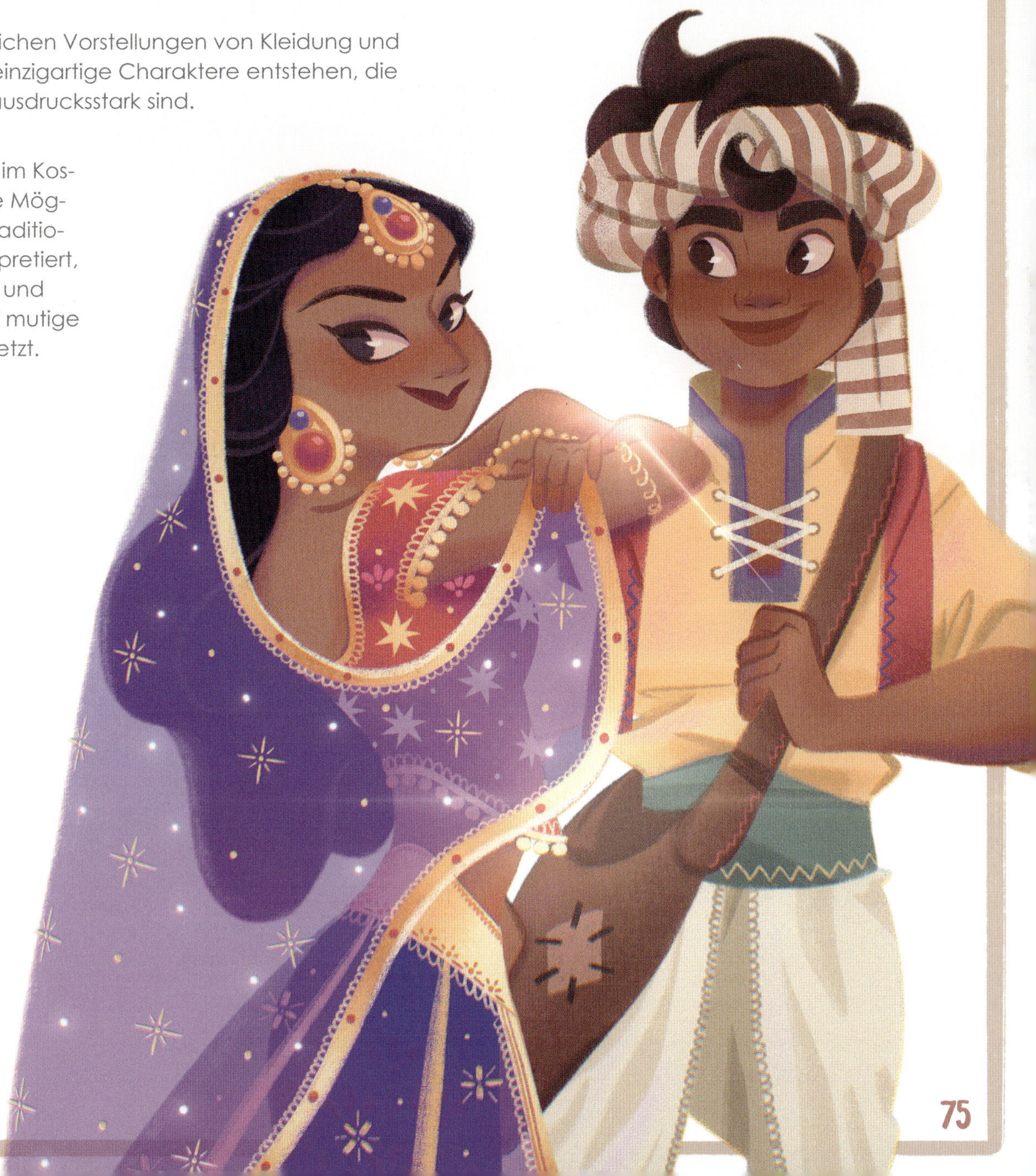

FINALES CHARACTER DESIGN

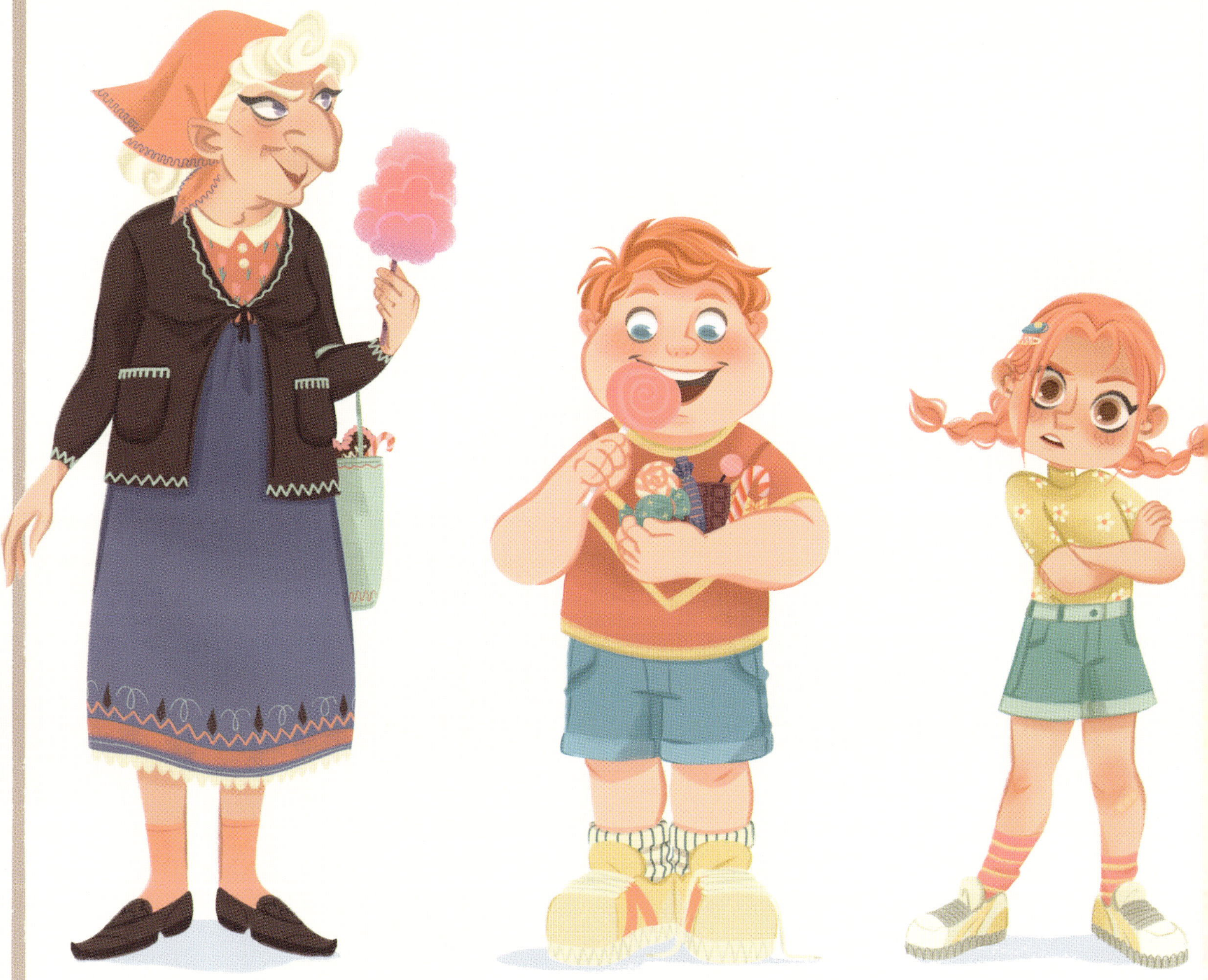

KAPITEL 05

VERHALTEN,
KÖRPERHALTUNG UND AUSDRUCKSWEISE

MÄRCHEN:
HÄNSEL & GRETEL

HÄNSEL & GRETEL

NEU GEDACHT

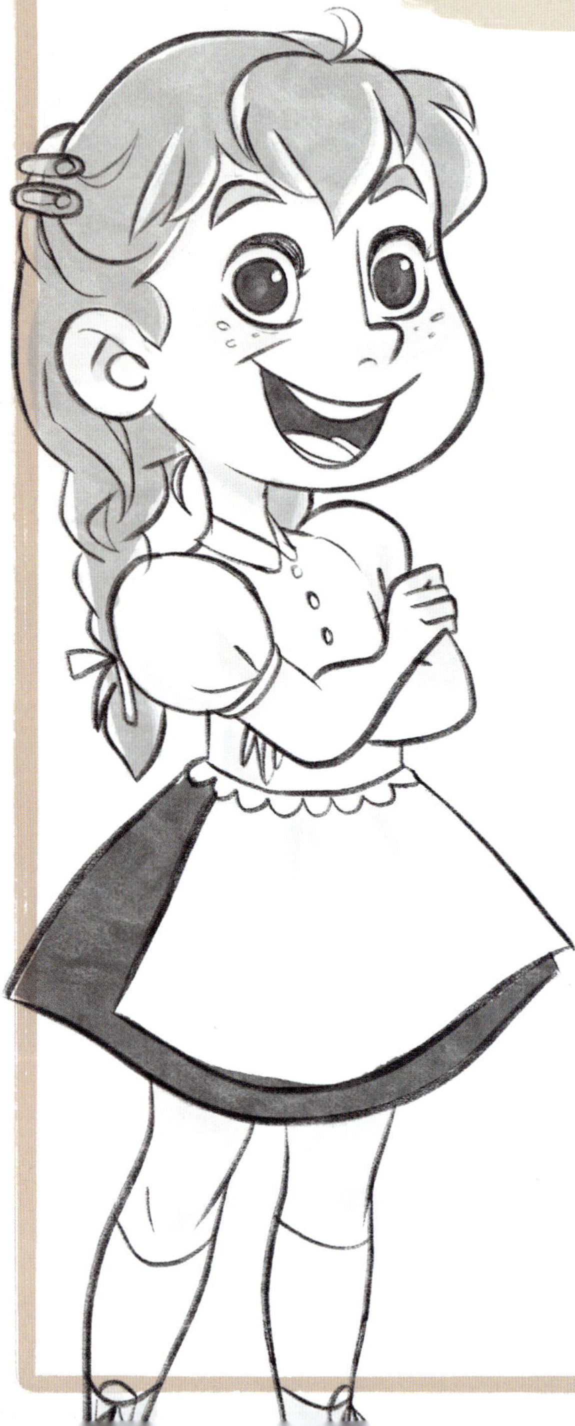

Hänsel und Gretel ist zweifellos eines der bekanntesten Märchen der Welt. Doch um die Geschichte frischer und ansprechender zu gestalten, möchte ich ihr einen modernen Touch verleihen und ein anderes Setting schaffen.

Darüber hinaus möchte ich mich von den üblichen Klischees wie der bösen Hexe lösen und ihre beiden Gegenspieler authentischer darstellen. In diesem Kapitel werden wir uns besonders auf die Körperhaltung, Ausdrucksweise und das Verhalten der Charaktere konzentrieren, um damit eine tiefere und nuanciertere Darstellung der Figuren zu erreichen.

Dabei werden wir auch Konzepte wie die „Line of Action" einbeziehen, um den Charakteren mehr Dynamik und Ausdruckskraft zu verleihen.

DAS ORIGINAL

Hänsel und Gretel sind Geschwister, die von ihrer armen Familie im Wald ausgesetzt werden. Sie finden ein verlockendes Haus aus Lebkuchen und Süßigkeiten, das sich jedoch als Falle einer bösen Hexe entpuppt.

Die Hexe hält sie gefangen und will sie essen, doch die Kinder überlisten sie und entkommen mit ihrem Schatz. Auf ihrem Weg nach Hause finden sie einen Vogel, der ihnen den Weg zeigt. Schließlich kehren sie zu ihrer Familie zurück und leben glücklich bis ans Ende ihrer Tage.

Meine Neuinterpretation:

Es war einmal eine einsame alte Dame namens Agatha, die ganz allein in einem Häuschen am Rande eines kleinen Dorfes lebte. Ihre Kinder waren ausgezogen, ihr Mann gestorben. Sie hatte keine Freunde und verbrachte ihre Tage damit, leckere Süßigkeiten zu backen, welche sie in ihrem kleinen Dorfladen verkaufte.

Eines Tages hörte sie in der Ferne das fröhliche Lachen von Kindern und folgte dem Geräusch zu einer Kirmes in der Nähe. Dort entdeckte sie zwei Geschwister, Hans und Greta, die sich verirrt hatten und auf der Suche nach dem Weg zurück waren. Agatha mochte die Kinder und lud sie in ihren kleinen Süßigkeitenladen „Das Lebkuchenhaus" ein. Sie bot ihnen Süßigkeiten an und schien herzlich und gastfreundlich zu sein. Doch Hans und Greta ahnten nicht, dass Agatha in Wirklichkeit eine einsame Dame war, die sich sehr einsam fühlte.

Nachdem die Kinder gegessen hatten, wollte Agatha sie nicht gehen lassen. Sie hatte so lange alleine gelebt, dass sie die Gesellschaft der Kinder als perfekte Gelegenheit ansah, ihre Einsamkeit zu lindern. Sie schloss die Tür des Dorfladens und erzählte den Kindern, sie müssten bleiben, da es draußen zu gefährlich sei. Hans und Greta begannen schnell zu ahnen, dass etwas nicht stimmte.

Obwohl sie Angst hatten, beschlossen die Geschwister, ihre Kreativität und Intelligenz einzusetzen, um Agatha zu täuschen und zu entkommen. Sie gaben vor, bei ihr bleiben und gemeinsam backen zu wollen, nutzten aber einen unbeobachteten Moment, um wegzulaufen und zum Kirmesplatz zurückzukehren.

Als sie endlich zurück zu ihren Eltern kamen, erzählten sie von ihrer Entführung durch Agatha und wie sie es geschafft hatten, zu entkommen. Es wurde ihnen klar, dass Agatha einsam war und sich nach Gesellschaft sehnte, aber dass sie keine Kinder entführen durfte, um ihre Einsamkeit zu lindern. Von diesem Tag an lernten Hans und Greta, vorsichtig zu sein und nicht jedem zu vertrauen, der ihnen Süßigkeiten anbietet. Sie hatten eine unheimliche Erfahrung gemacht, aber sie hatten auch gelernt, wie wichtig es ist, auf ihre Intuition und Umgebung zu achten, um sich selbst zu schützen.

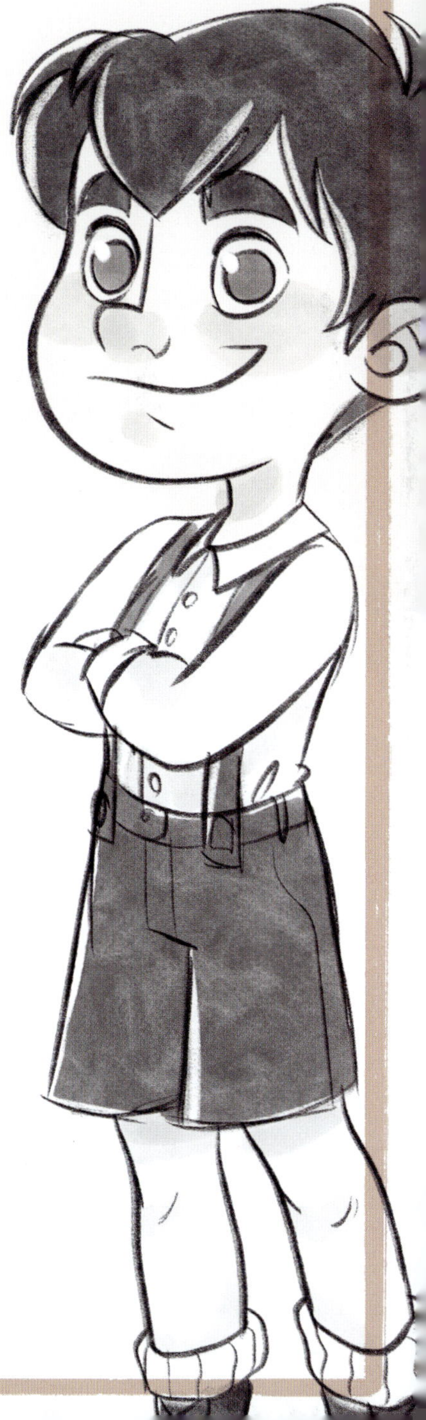

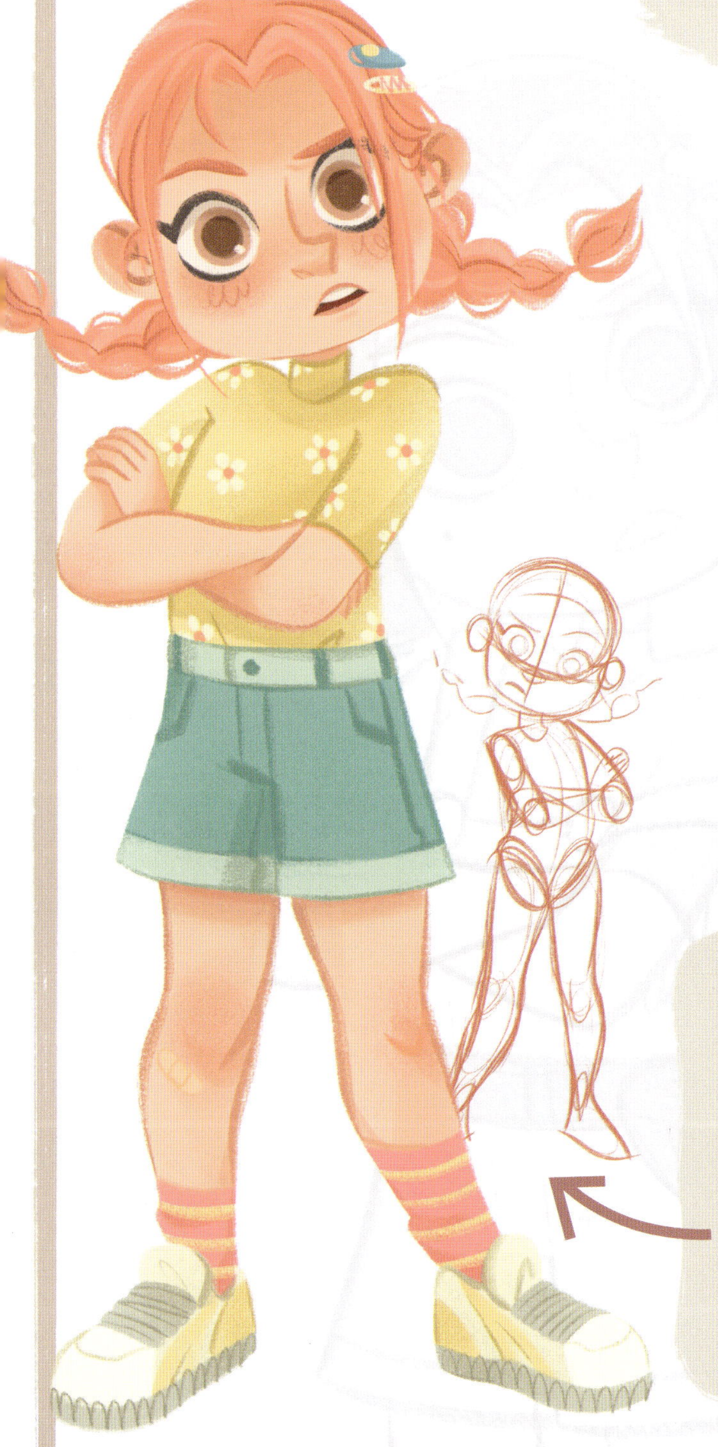

GRETA

DIE QUIRLIGE SCHWESTER

Greta ist eine aufgeweckte und lebhafte 8-jährige, die voller Energie ist und es liebt, draußen zu sein. Auf dem Spielplatz verbringt sie Stunden damit, Ballspiele zu spielen und ihre Grenzen auszutesten. Als jüngere Schwester von Hans ist sie schlau und manchmal frech – sie hat gelernt, sich bei ihrem älteren Bruder durchzusetzen.

Mit ihrer skeptischen und neugierigen Art ist sie immer auf der Suche nach neuen Dingen, die sie lernen und ausprobieren kann. Obwohl sie in der Schule nicht viele Freunde hat, da sie den meisten Kindern voraus ist und nicht immer die gleichen Interessen teilt, findet sie neue Trends spannend und probiert sich gerne aus.

Greta mag es nicht, Röcke und Kleider zu tragen. Anders als viele andere Mädchen in ihrem Alter kann sie die Farbe Pink nicht leiden – sie bevorzugt eher kräftigere Farben, die ihre Energie widerspiegeln. Ihr Bruder ist ihr bester Freund und auch wenn er sie manchmal nervt, versucht sie immer, sich ihm anzuschließen.

FINALES CHARACTER DESIGN

Gretas rote, abstehende Zöpfe spiegeln ihre freche und neugierige Art wider. Sie ist eine lebhafte Person und zeigt dies durch ihre farbenfrohe Kleidung und heraushängenden Haarsträhnen. Ihr sportlich-femininer Kleidungsstil ist typisch für sie. Auf ihrem Knie ist ein Pflaster zu sehen, das von einer Verletzung auf dem Spielplatz stammt.

Gretas Pose unterstreicht zudem ihre skeptische und quirlige Persönlichkeit, die stets auf der Suche nach neuen Abenteuern ist.

Die Entwicklung der Figur Greta

Bei der Gestaltung von Gretas Design war mir von Anfang an klar, dass ich das Stereotyp von Gretel aufbrechen wollte. Bei Gretel denkt man sofort an das süße und schüchterne Mädchen im klassischen Rock mit geflochtenen Zöpfen, aber ich wollte etwas anderes kreieren.

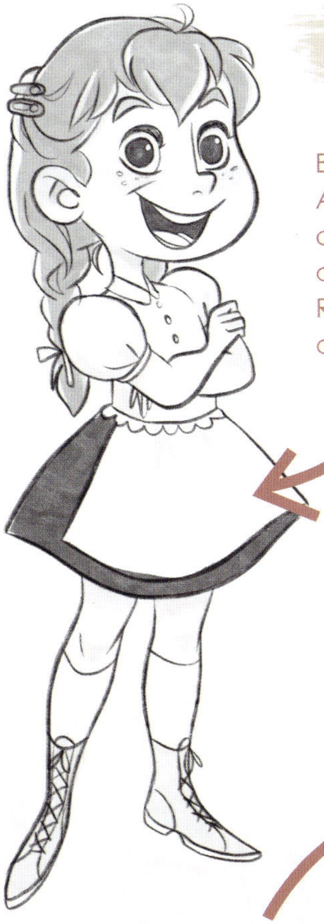

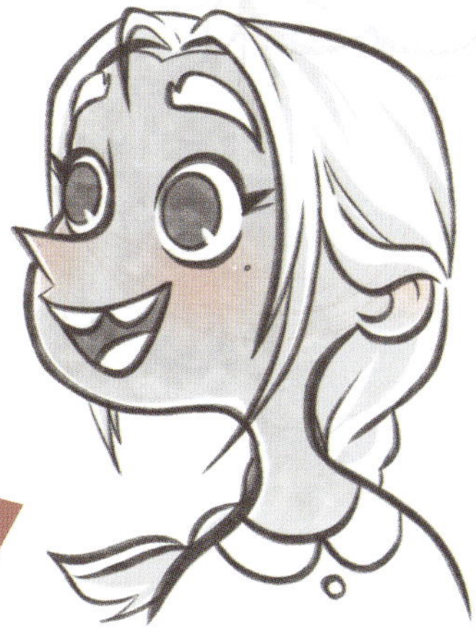

Strahlend und voller Energie. In diesem Design fehlte noch ein bisschen die freche und skeptische Art.

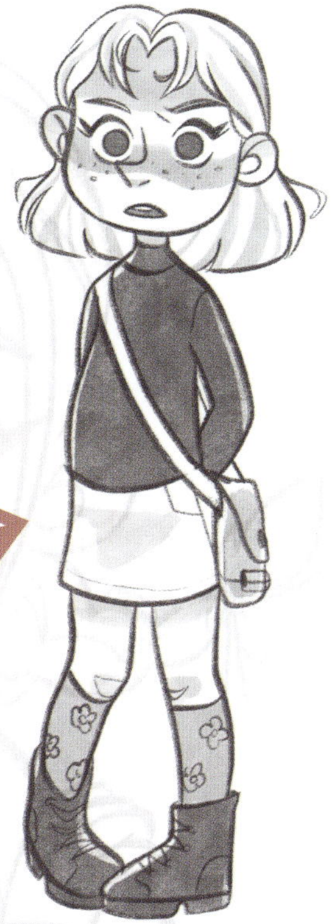

Dieses Design weicht zu sehr von Gretas Persönlichkeit ab. Der Charakter wirkt unauffällig und eher zurückhaltend.

Greta spielt gerne Ballspiele auf dem Spielplatz. Ihr Outfit muss hierfür angemessen sein.

Außerdem habe ich verschiedene Haut- und Haarfarben sowie Frisuren probiert. Allerdings wirkte dieses Design noch nicht frech genug.

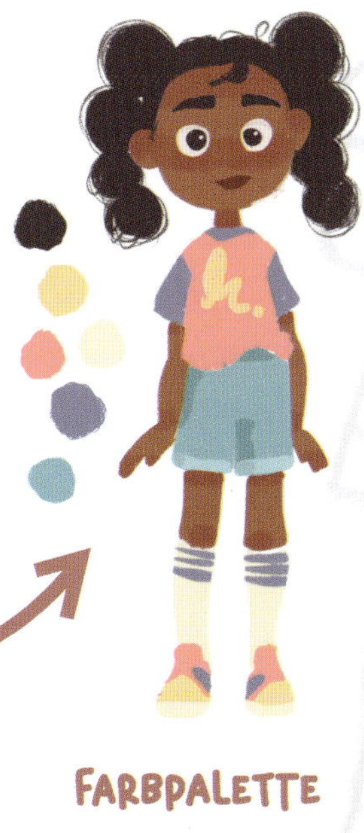

Farbpalette

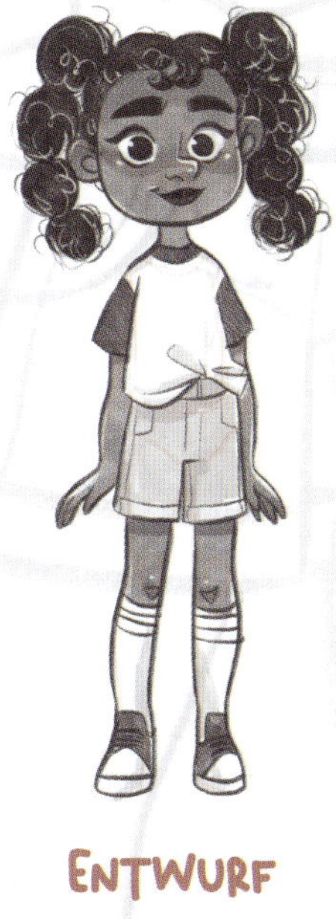

Entwurf

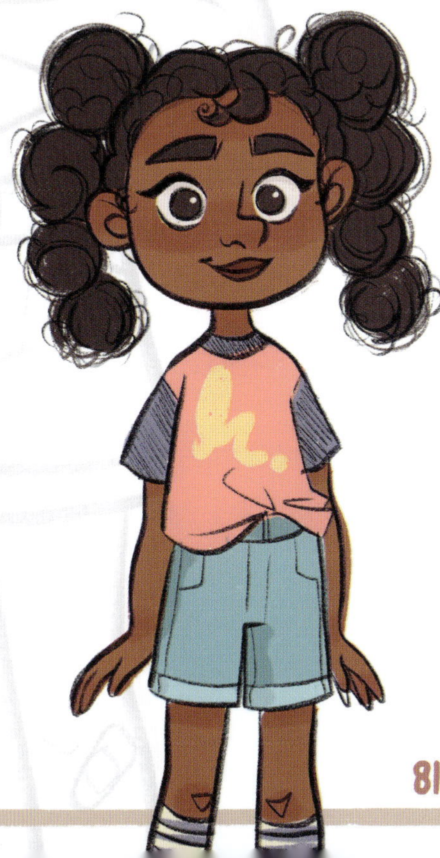

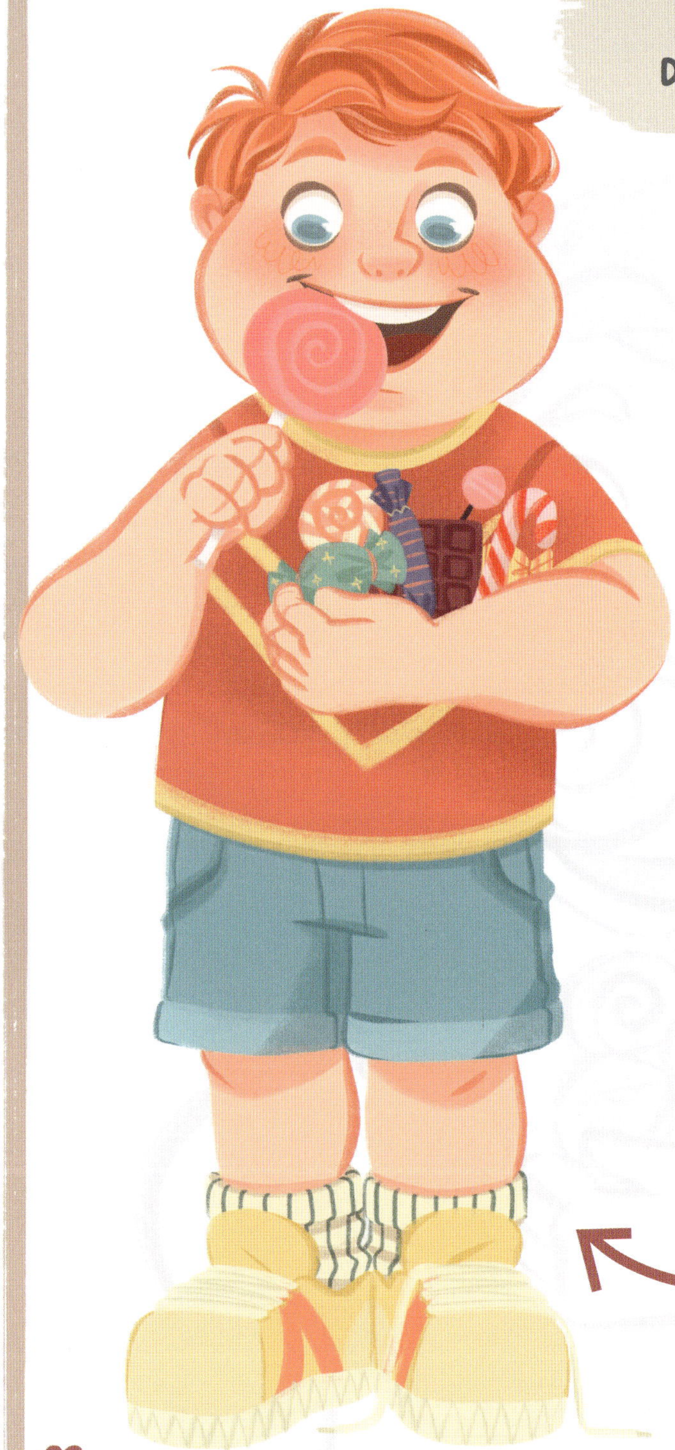

HANS

DER NAIVE BRUDER

Hans ist der naive und gutmütige ältere Bruder von Greta und elf Jahre alt. Süßigkeiten und gutes Essen sind seine Schwäche und er verliert sich gerne darin, ohne widerstehen zu können.

In der Schule wird ihm oft nachgesagt, er sei verträumt und langsam, aber seine ruhige Art macht ihn bei seinen Freunden beliebt. Hans ist immer für sie da und hat ein offenes Ohr.

Obwohl Hans ängstlich und zurückhaltend bei Veränderungen ist und Schwierigkeiten hat, zu lügen, macht ihn das zu einem ehrlichen und vertrauenswürdigen Freund und Bruder für Greta.

Er trägt gerne gemütliche und einfache Kleidung. Manchmal hat er Angst, dass er zu dick aussieht, aber er kann dennoch nicht auf Süßigkeiten verzichten.

In seiner Freizeit genießt Hans es, Serien im Fernsehen zu schauen, zu malen und Brettspiele mit seinen Freunden zu spielen.

FINALES CHARACTER DESIGN

Hans' Charakter Design ist von runden und weichen Formen geprägt, die seine gemütliche und gutmütige Art perfekt zum Ausdruck bringen.

Wenn der verträumte Hans Süßigkeiten bekommt, vergisst er manchmal sogar, dass sein Schnürsenkel offen ist – so sehr genießt er den Moment. Seine Kleidung ist simpel, praktisch und eher unauffällig, was gut zu seinem zurückhaltenden Wesen passt.

Die Entwicklung der Figur Hans

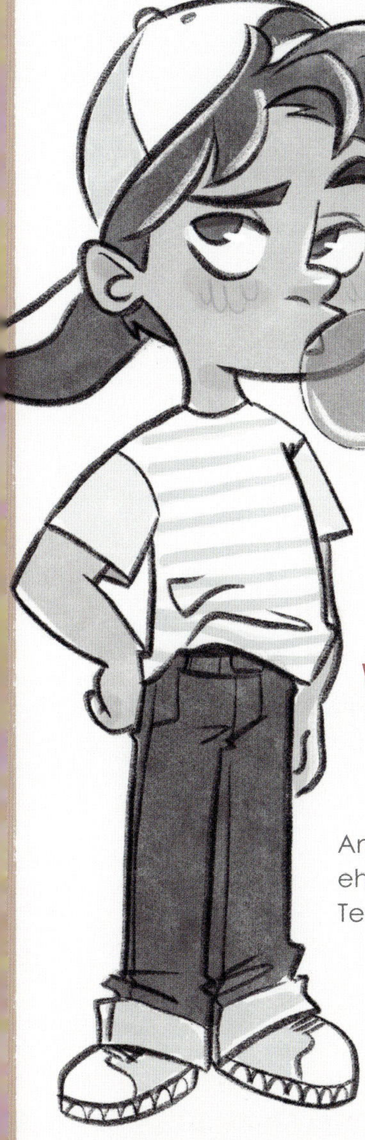

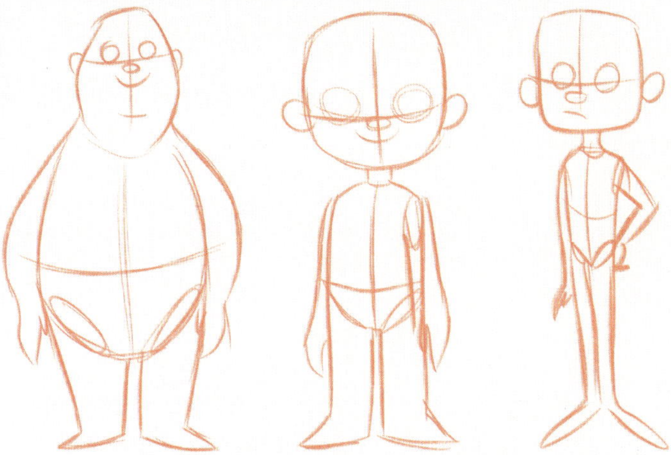

Erste Versuche für die Basisformen von Hans

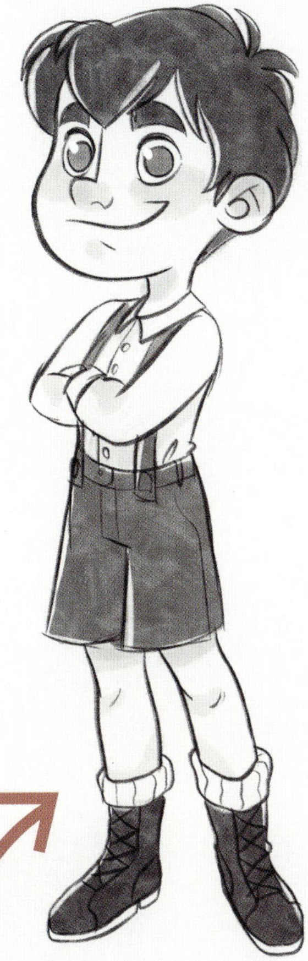

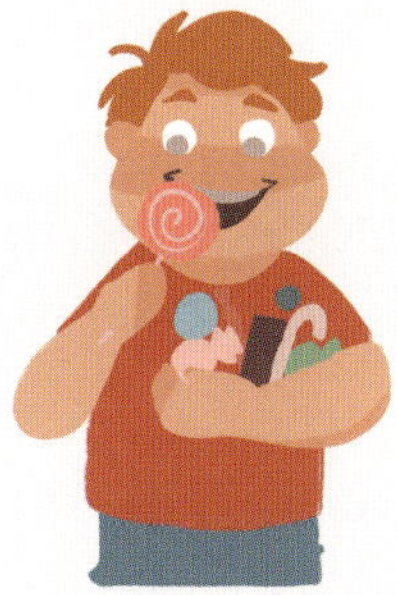

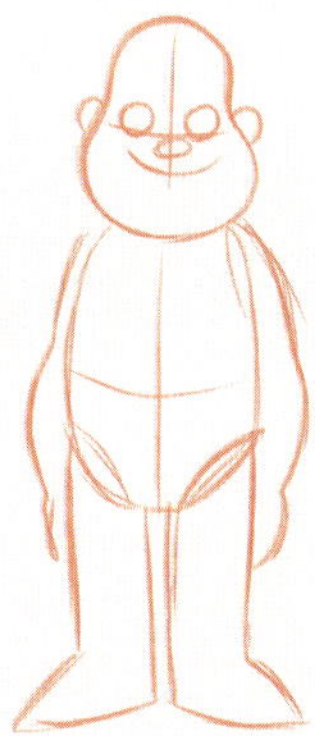

Anfangs sollte Hans eher ein „cooler“ Teenager werden.

Der klassische Hänsel-Stereotyp – auch hiervon wollte ich mich von vornherein verabschieden. Er soll seine ganz eigene Persönlichkeit bekommen.

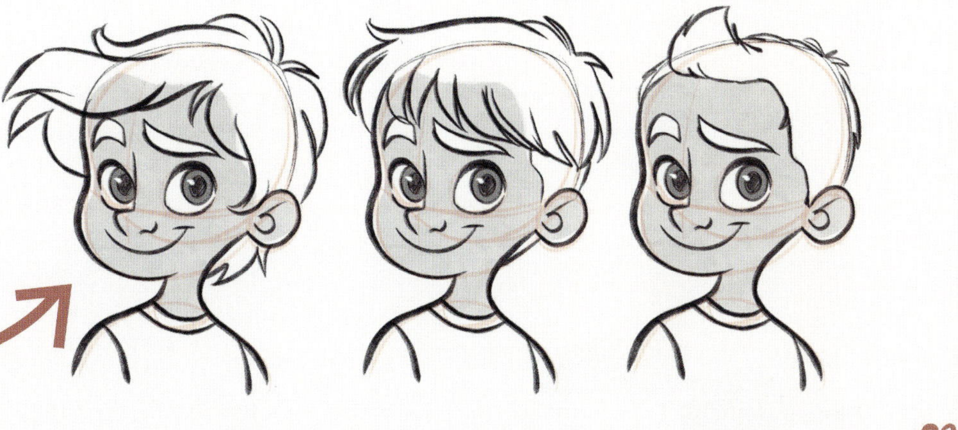

Relativ früh im Schaffensprozess habe ich unterschiedliche Frisuren getestet. Sein Haarschnitt sollte eher lässig und unauffällig werden.

AGATHA

DIE EINSAME ALTE DAME

Agatha ist eine fürsorgliche und freundliche ältere Dame, die in einem gemütlichen Häuschen am Stadtrand lebt. Oft spürt sie eine große Leere und Traurigkeit, seit ihre eigenen Kinder ausgezogen sind und tröstet sich mit Selbstgesprächen, dem Haushalt und Gartenarbeit.

Doch ihre Liebe zum Backen hat sie nie aufgegeben. Besonders das Backen von Lebkuchenherzen erinnert sie an die wertvolle Zeit mit ihren Kindern, als sie gemeinsam in der Küche standen. Das Backen ist für sie eine Möglichkeit, um schöne Erinnerungen zu bewahren.

Aufgrund ihrer Zurückhaltung und seltsamen Art fällt es Agatha schwer, neue Beziehungen aufzubauen. Daher hat sie beschlossen, ihre selbstgebackenen Köstlichkeiten in ihrem kleinen Dorflädchen zu verkaufen, um soziale Kontakte zu knüpfen und ihre Kreationen mit anderen zu teilen.

Trotz ihrer Einsamkeit bleibt Agatha immer freundlich und liebevoll, und ihre Backkünste sind eine wahre Freude für jeden, der sie probiert.

FINALES CHARACTER DESIGN

Agathas Design zeichnet sich durch einen guten Kontrast zwischen scharfen und weichen Kanten aus, was ihr gelebtes Leben widerspiegelt. Der Verlust ihrer Kinder und die damit verbundene Einsamkeit haben Spuren auf ihrem markanten und faltigen Gesicht hinterlassen.

Die kühlen Blau- und Violetttöne ihrer Kleidung heben Agathas Einsamkeit und Trauer hervor. Doch die rosa gestreifte Schürze stammt aus vergangenen Zeiten, als sie noch mit ihren Kindern gemeinsam gebacken hat. Ihre Frisur ist inspiriert von verschnörkelten Süßigkeitenformen.

Die Entwicklung der Figur Agatha

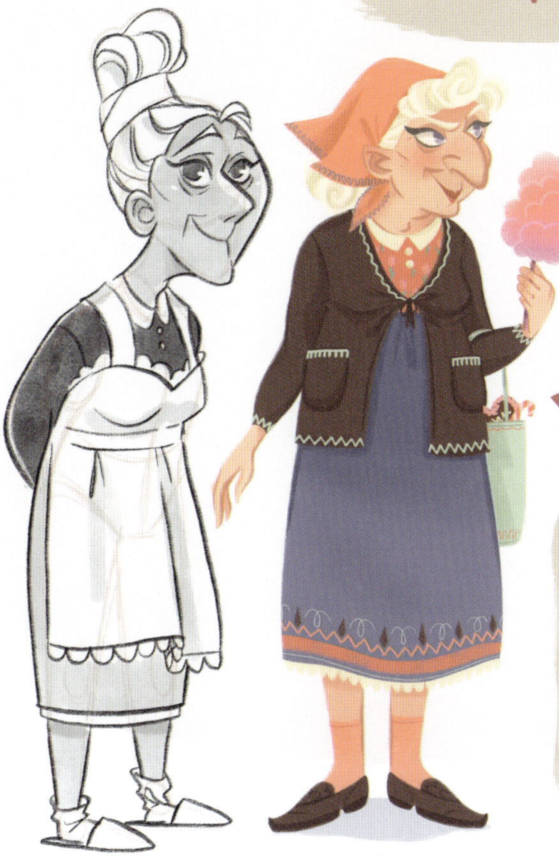

Eine stereotype böse Hexe ist der Klassiker in Märchen. Agatha soll Gründe für ihr unangebrachtes Verhalten haben, die glaubwürdig und nachvollziehbar sind.

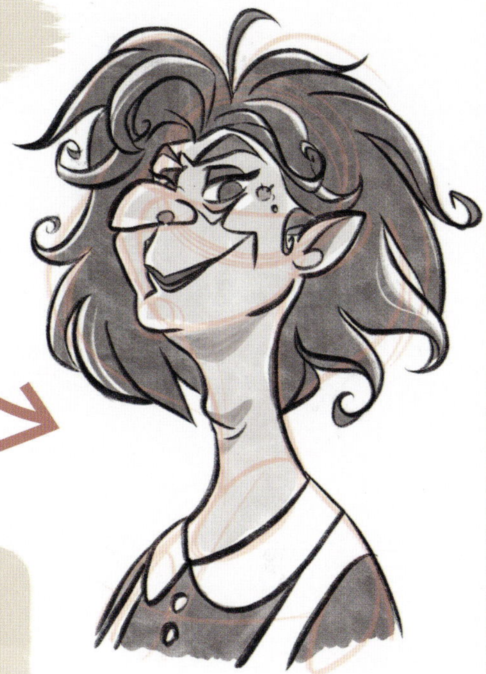

Diese frühe Version von Agatha wirkte zu offensichtlich gefährlich und unfreundlich für ihre Persönlichkeit. Die schlaue Greta würde niemals mit einer solch grimmigen Person mitgehen.

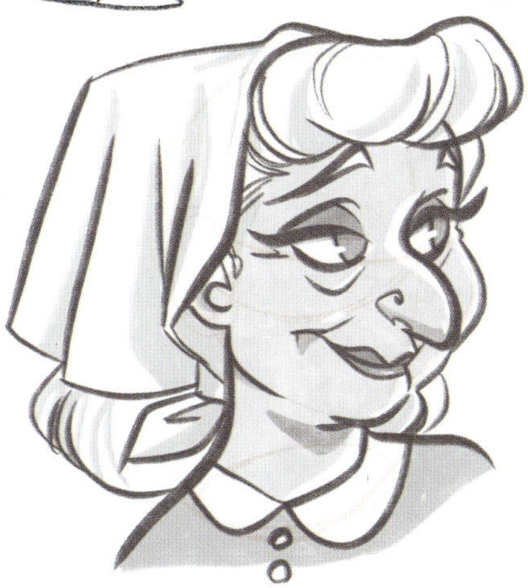

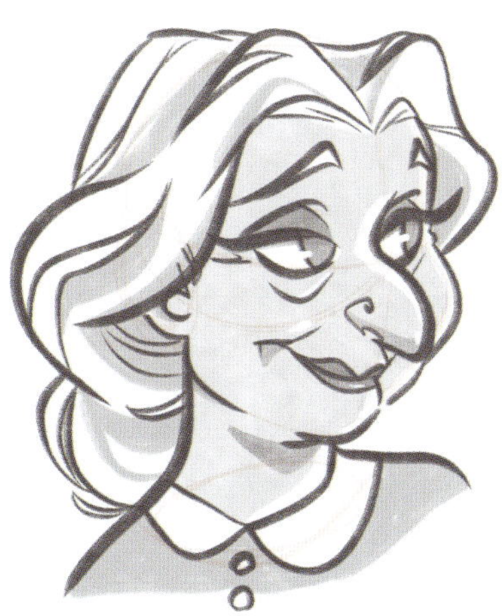

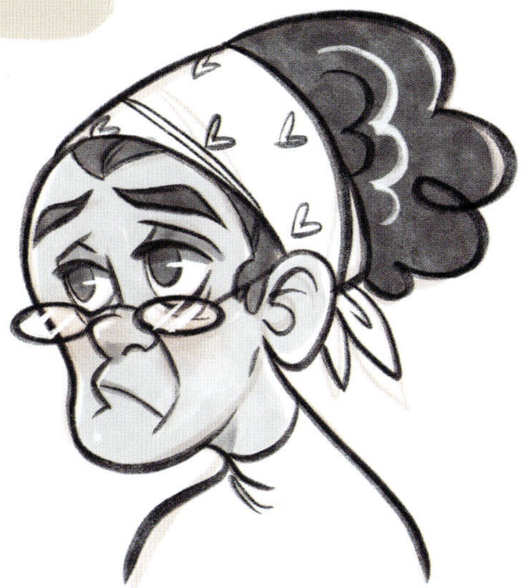

In diesem anfänglichen Design von Agatha sind ihre Gesichtszüge noch runder und weicher. Sie leidet unter ihrer Einsamkeit und wirkt auf Außenstehende eher merkwürdig – dies sollte man ihrem Gesicht auch deutlich ansehen.

Dieses Design war die Vorstufe der finalen Agatha – nur noch etwas rundlicher. Das fertige Design sollte ein Kontrast aus scharfen und weichen Linien sein.

KÖRPERHALTUNG & POSEN

Die Körperhaltung, Ausdrucksweise und das Verhalten vermitteln wichtige Informationen über die Persönlichkeit des Charakters, seine Stimmung und seine Hintergrundgeschichte. Eine gut durchdachte Körperhaltung und Ausdrucksweise können dazu beitragen, dass der Charakter glaubwürdig und ansprechend wirkt, während eine unpassende Haltung oder unangemessenes Verhalten den Charakter unattraktiv oder unglaubwürdig erscheinen lassen können.

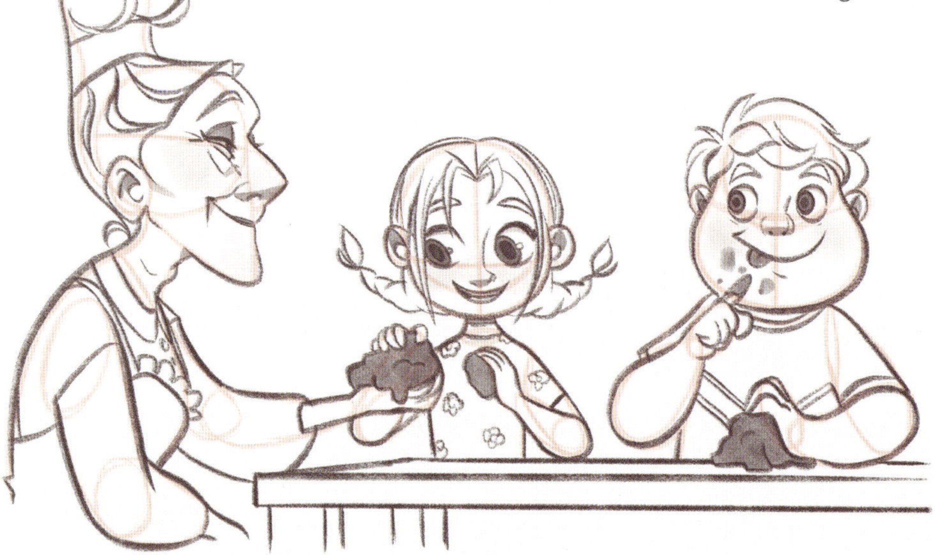

CHARAKTERE MIT OUTLINES

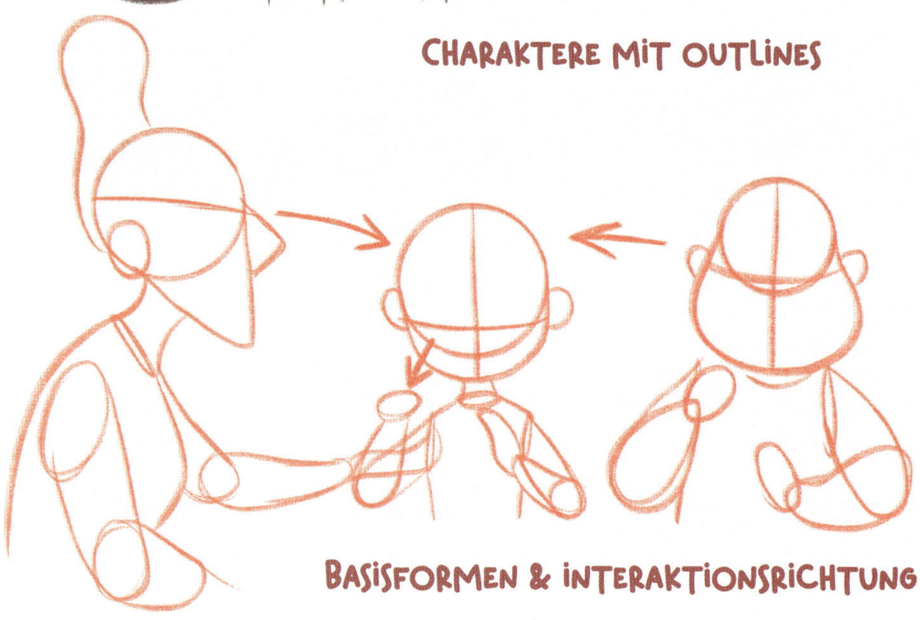

BASISFORMEN & INTERAKTIONSRICHTUNG

Das Verhaltungen eines Charakters lässt sich am besten während der Interkation mit anderen Charakteren darstellen. Suche dir gezielt Momente aus der Geschichte aus, in dem die Persönlichkeit deiner Charaktere besonders hervorsticht.

In diesem Beispiel sehen wir die Szene, in welcher Agatha die Kinder in den Süßigkeitenladen eingeladen hat und sich fürsorglich um sie kümmert. Die Stimmung ist friedlich und harmonisch. Die Kinder ahnen nicht, dass Agatha sie bald nicht mehr gehen lassen wird.

Achte darauf, dass deine Charaktere miteinander interagieren. Das kann eine Handberührung, ein Blick zueinander oder auch der gleichzeitige Kontakt durch einen Gegenstand sein. Dadurch wirken sie miteinander verbunden. Die Betrachtenden werden durch diese Verbindung geleitet.

Zusätzlich spielt die Gestik eine wichtige Rolle beim Charakterdesign. Die Gesten und Bewegungen der Hände und Arme können die Stimmung, die Absichten und die Persönlichkeit des Charakters subtil oder auch sehr deutlich unterstreichen. Auch das Verhalten des Charakters ist ein entscheidender Faktor. Wie reagiert er auf bestimmte Situationen? Wie interagiert er mit anderen Charakteren? Diese Verhaltensmuster geben dem Charakter Tiefe und machen ihn zu einem glaubwürdigen und interessanten Protagonisten.

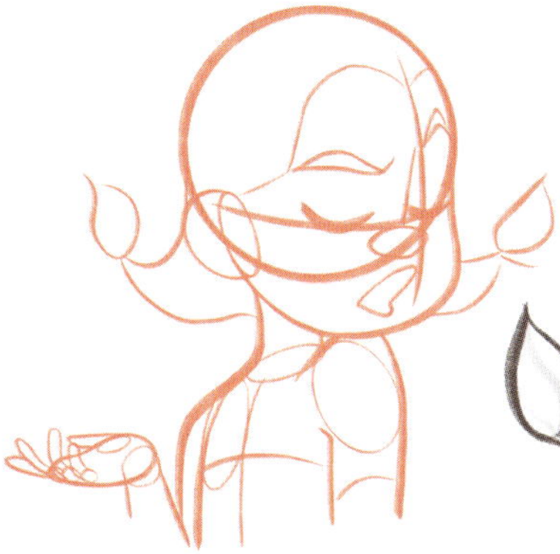

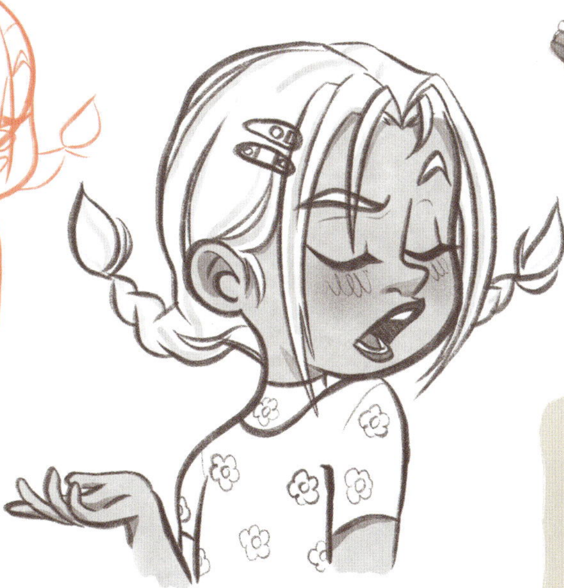

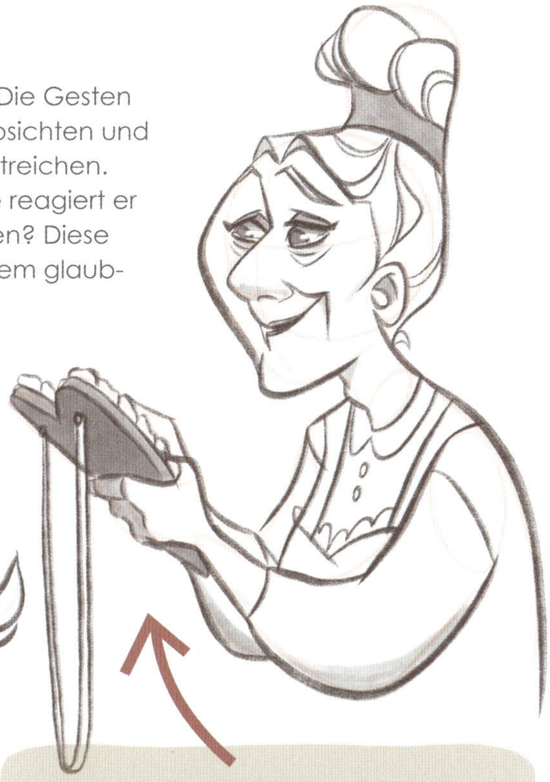

Beim Anblick ihres selbstgebackenen Lebkuchenherzens wird Agatha emotional und es kommen die Erinnerungen an die alten Zeiten mit ihren Kindern wieder hoch.

Greta in einer trotzigen Pose

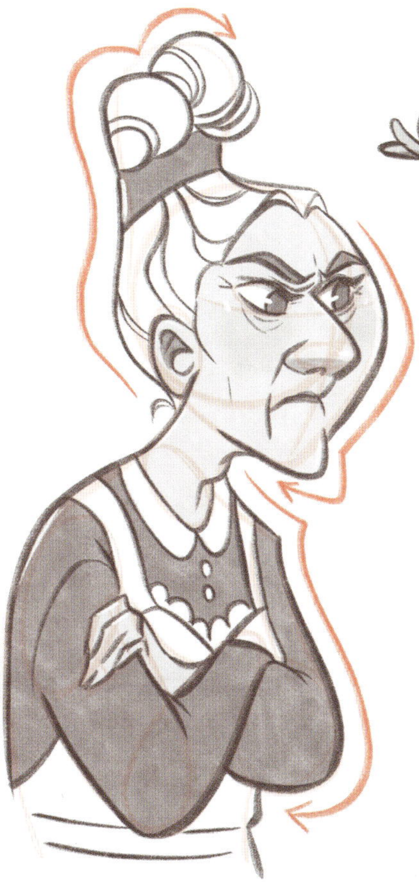

STRAIGHT VS CURVED

Um Agathas Pose mehr Rhythmus und Dynamik zu verleihen, kannst du das Prinzip von „Straight VS Curved" anwenden. Dabei setzt du runde, weiche Linien in Kontrast zu scharfen, geraden Linien.

Die Wirkung dieses Prinzips ist beeindruckend: Eine gerade Linie leitet das Auge schnell in eine bestimmte Richtung, während eine gebogene Linie das Auge ausbremst und die Bewegung unterbricht. Eine gute Pose hat ein Gleichgewicht zwischen Stauchung und Streckung, zwischen Komplexität und Einfachheit.

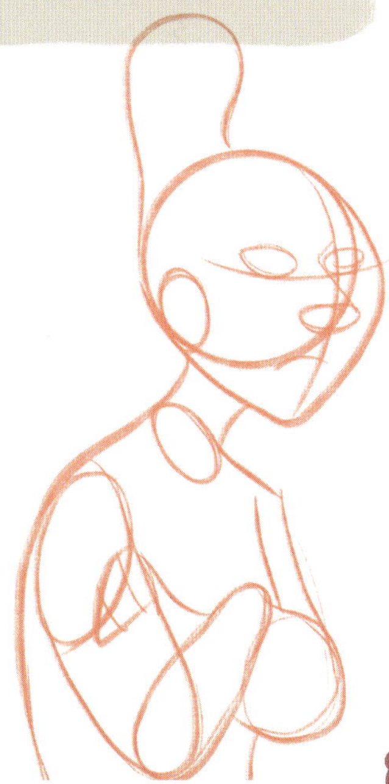

Tangenten erkennen

Tangentialstellen sind Bereiche, an denen sich zwei Linien scheinbar nur flüchtig berühren und dadurch eine gewisse räumliche Ambivalenz entsteht, die unsere Augen irritieren kann.

Obwohl sie auf den ersten Blick unscheinbar erscheinen, können sie dennoch eine ansonsten perfekte Pose beeinträchtigen und unbeabsichtigt die Komposition einer Zeichnung verändern. Daher sollte man darauf achten, Tangentialstellen zu vermeiden, da sie das visuelle Erlebnis der Betrachtenden trüben können.

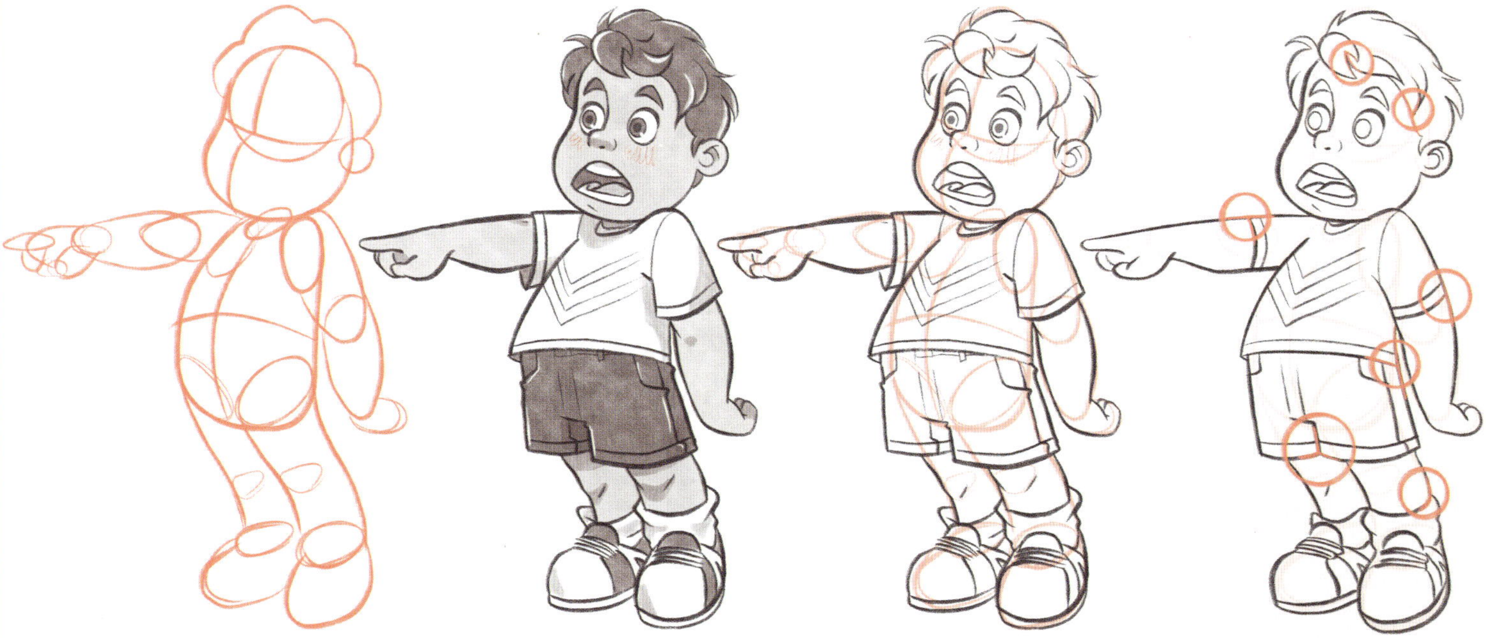

Grundformen

Sketch

Keine Tangenten

Auffällige Tangenten

Auf diesem Bild siehst du eine typische Pose für Hans. Die Version ohne Tangenten trennt die einzelnen Formen optisch besser voneinander als die Version mit vielen Tangenten. Tangenten können auch gezielt und bewusst aus stilistischen Gründen eingesetzt werden, erfordern jedoch ein gutes Verständnis für Designprinzipien.

Line of Action

Eine der wichtigsten Methoden zur Darstellung der Körperhaltung und der Bewegung eines Charakters ist die sogenannte „Line of Action". Sie beschreibt eine imaginäre Linie, die entlang der Körperachse eines Charakters verläuft und seine Bewegungsrichtung und -energie anzeigt. Eine klare Line of Action hilft, die Körperhaltung und die Dynamik des Charakters zu definieren, was wiederum einen großen Einfluss auf seine Ausstrahlung und sein Verhalten hat.

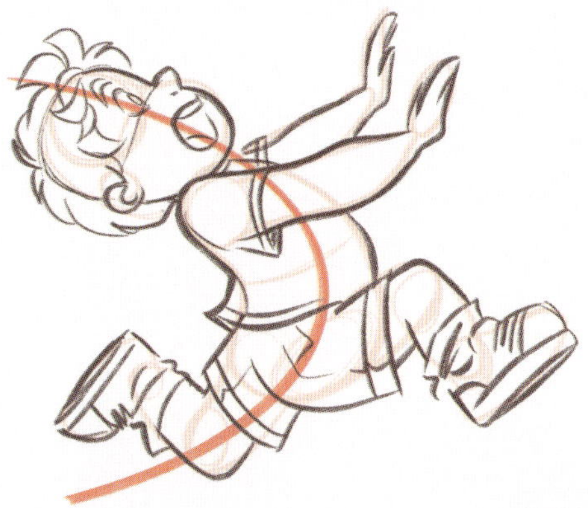

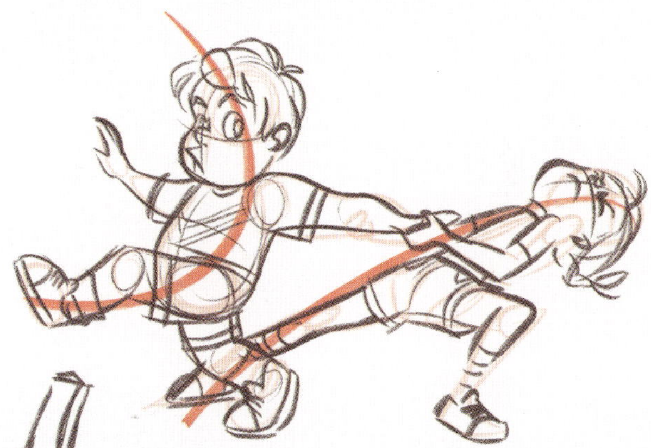

Je mehr Biegung,
desto extremer die Pose

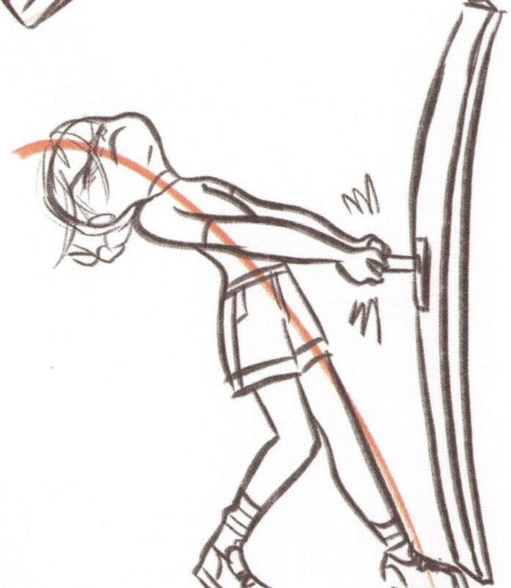

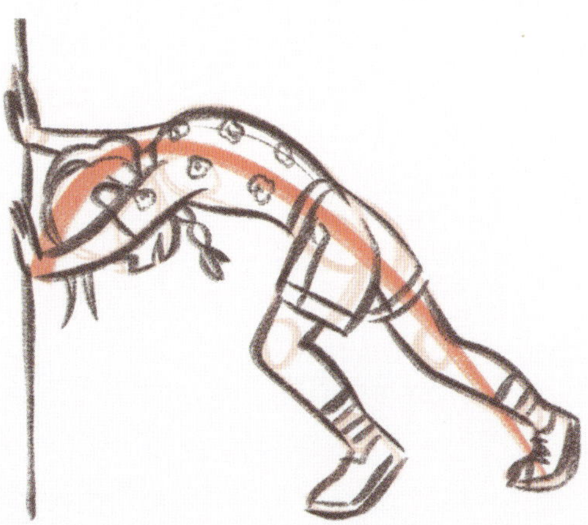

Die Line of Action bringt
Energie in deine Posen!

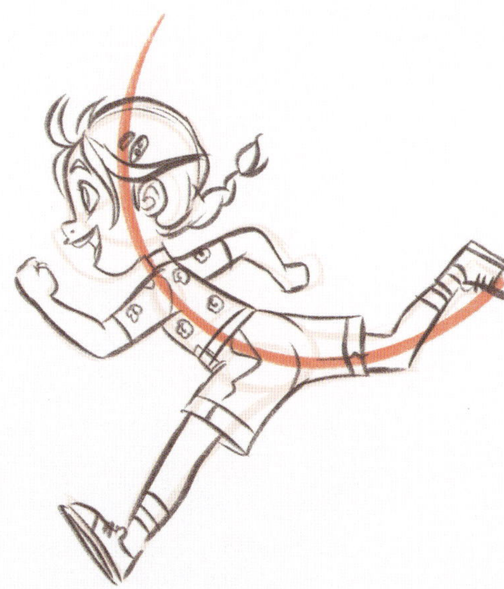

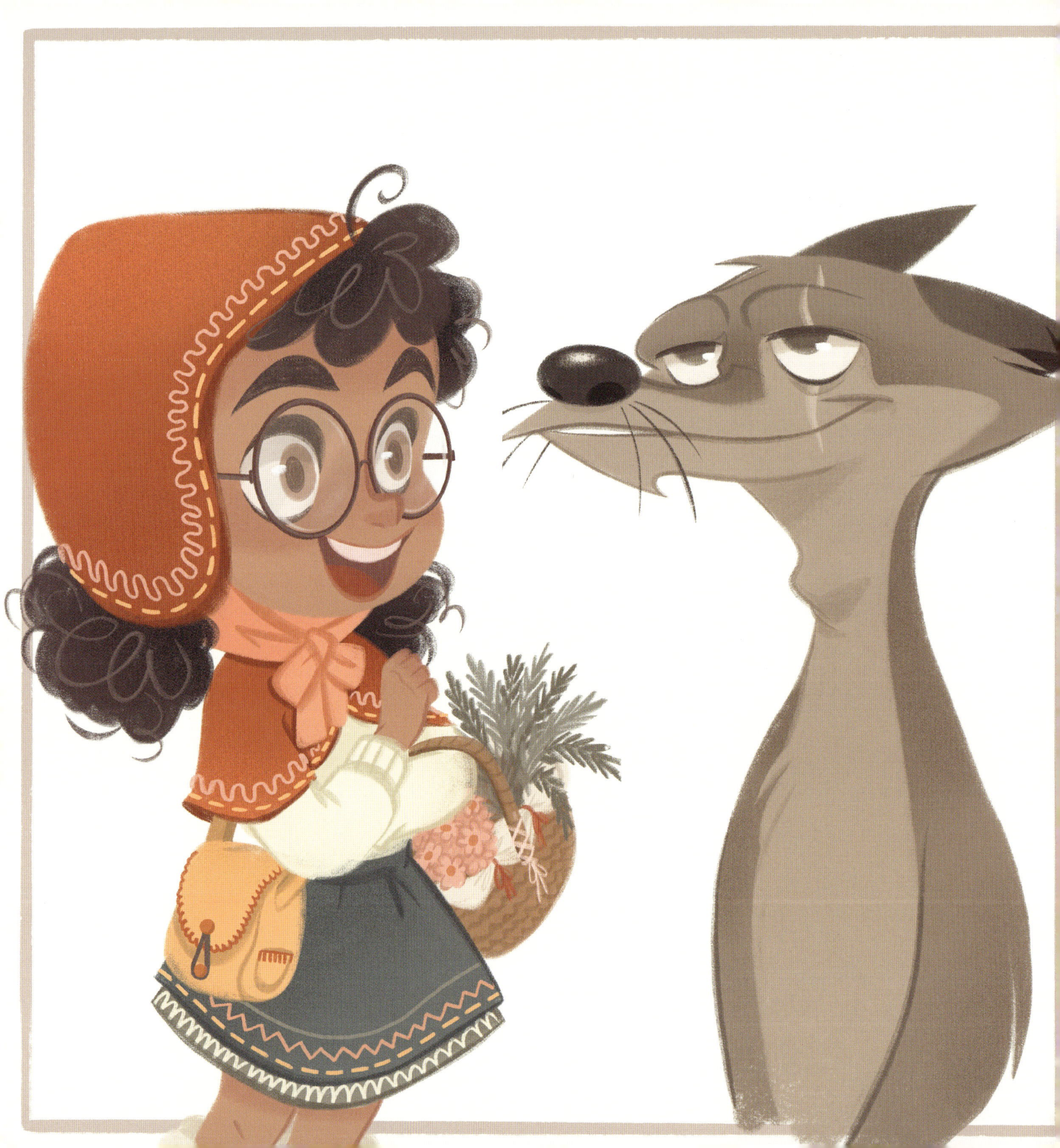

KAPITEL 06

GESICHTSAUSDRÜCKE & EMOTIONEN

MÄRCHEN:
ROTKÄPPCHEN

ROTKÄPPCHEN

NEU GEDACHT

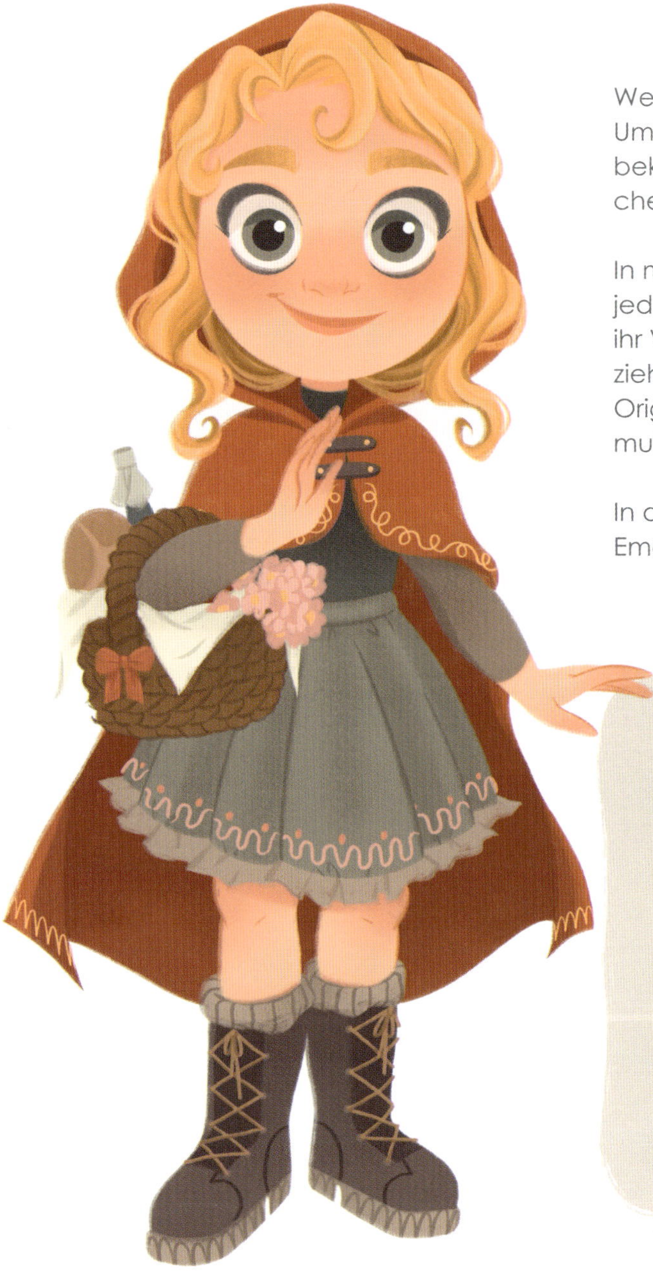

Wer kennt nicht das junge Rotkäppchen mit seinem auffälligen Umhang und seiner Kapuze? Das Märchen gehört zu den weltweit bekanntesten und der Rotkäppchen-Stoff wurde bereits in zahlreichen neuen Geschichten umerzählt.

In meiner Version möchte ich mich relativ nah am Original halten, jedoch sollen die Charaktere mehr Persönlichkeit bekommen und ihr Verhalten sowie die Geschehnisse sollen logischer und nachvollziehbarer sein. Immerhin ist es ungewöhnlich, dass Rotkäppchen im Original nicht in der Lage ist, den verkleideten bösen Wolf als Großmutter zu erkennen.

In diesem Kapitel fokussieren wir uns außerdem auf das Thema Emotionen und Gesichtsausdrücke von Charakteren.

DAS ORIGINAL

Das junge Rotkäppchen soll einen Korb mit Essen zu seiner Großmutter bringen und trifft im Wald auf einen Wolf. Dieser bringt sie mit der Aussicht auf schöne Blumen dazu, vom Weg abzuweichen.

Der Wolf findet inzwischen das Haus der Großmutter, verschlingt sie und zieht dann ihre Kleider an, um auch Rotkäppchen zu fressen. Ein Jäger rettet die beiden, indem er den Wolf tötet und Rotkäppchen und die Großmutter aus seinem Bauch befreit.

Meine Neuinterpretation:

Maria, ein lebhaftes 10-jähriges Mädchen, lebt mit ihrer verwitweten Mutter am Waldrand. Sie ist weitsichtig und trägt eine große Brille, die ihr niedliches Gesicht unterstreicht. Maria liebt bunte und auffällige Kleidung, besonders aber ihre knallrote Kapuzenmütze, wegen der ihre Großmutter Hilde sie immer liebevoll Rotkäppchen nennt.

Die Großmutter lebt auf der anderen Seite des Waldes. Leider ist sie schon sehr alt und schwer krank, weshalb sie regelmäßig Medizin benötigt, die normalerweise von Marias Mutter geholt wird. Doch heute muss Maria einspringen und den Weg alleine meistern. Zum Glück ist sie ihn schon oft mit ihrer Mutter zusammen gegangen.

Als Maria jedoch im Wald bemerkt, dass sie ihre Brille vergessen hat, wird sie unsicher, beschließt aber dennoch weiterzugehen. Unterwegs trifft sie ihren Nachbarn und Jäger Carlos, der sie vor einem Wolf warnt, der sich merkwürdig verhält. Doch Maria denkt nicht weiter darüber nach, bis sie tatsächlich auf den Wolf trifft – was sie allerdings gar nicht bemerkt, da der Wolf aufrecht wie ein Mensch geht und ihr dies ohne Brille nicht auffällt. Der Wolf redet Maria ein, es sei nicht schön, ohne Blumen zur kranken Großmutter zu gehen und überredet sie, einen anderen Weg zu nehmen, um unterwegs Blumen und heilende Kräuter zu pflücken. Der Wolf nutzt die Gelegenheit, um die Großmutter in den Keller zu sperren und sie auszurauben.

Inzwischen ist viel Zeit vergangen und Marias Mutter macht sich gemeinsam mit Carlos auf die Suche nach ihr. Unterdessen hat Maria trotz fehlender Brille das Haus der Großmutter gefunden und erzählt ihr gleich, was passiert ist. Als sie ihre Hand nimmt, bemerkt sie allerdings, dass es eine Felltatze ist. Plötzlich klingt auch die Stimme der Großmutter sehr dunkel. Nachdem Rotkäppchen erkannt hat, dass die vermeintliche „Großmutter" in Wirklichkeit der Wolf ist, muss sie schnell handeln. Sie denkt darüber nach, was der Wolf wollen könnte und erinnert sich an die vielen antiken Gegenstände im Haus ihrer Großmutter. Vielleicht will der Wolf diese Gegenstände stehlen und verkaufen?

Rotkäppchen beschließt, den Wolf zu täuschen und ihn in eine Falle zu locken. Sie erwähnt ein besonders schönes Stück im oberen Stockwerk und fragt, ob sie es anschauen darf. Gemeinsam gehen die beiden nach oben, aber in Wirklichkeit lockt sie den Wolf in den Schrank und schließt ihn ein.

Als die Mutter und Nachbar Carlos schließlich bei der Großmutter ankommen, finden sie Rotkäppchen mit dem eingesperrten Wolf im Schrank. Sie sind erleichtert und dankbar, dass sie den Wolf ausgeschaltet hat und auch die Großmutter unversehrt ist. Rotkäppchen erhält Lob für ihre Tapferkeit und Klugheit, und die Geschichte endet mit einem gemeinsamen Abendessen und dem Versprechen, in Zukunft vorsichtiger zu sein und aufeinander aufzupassen.

MARIA

DAS ROTKÄPPCHEN

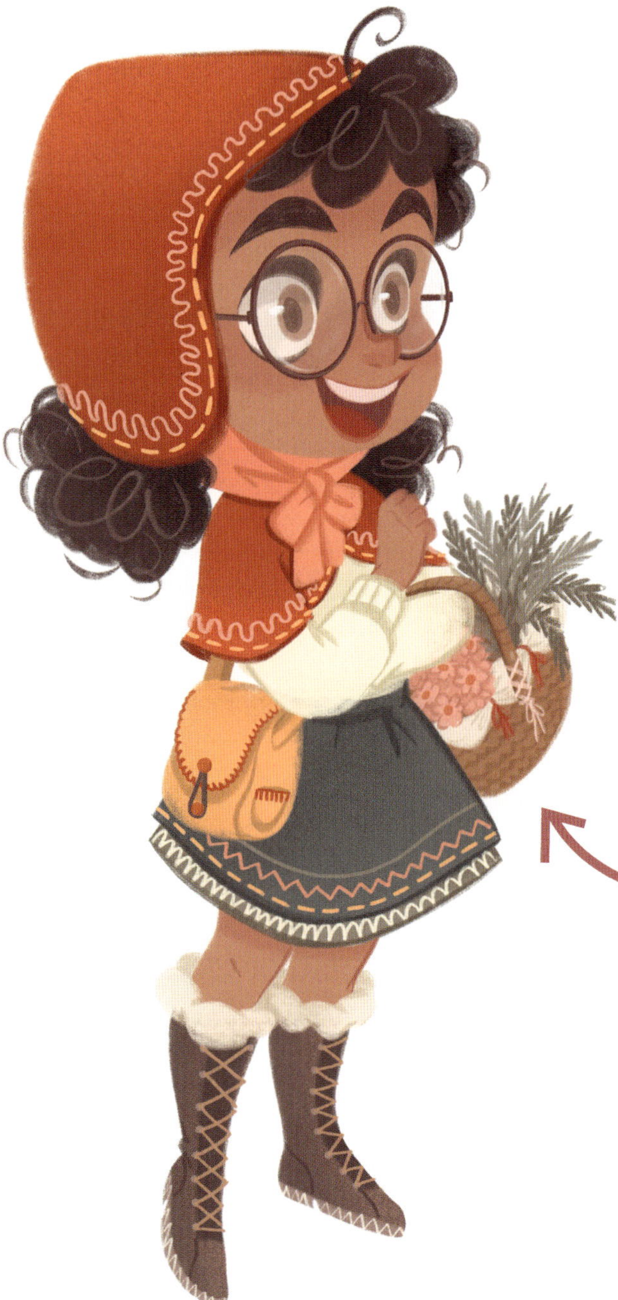

Maria ist zehn Jahre alt und besitzt eine ausgeprägte Sehschwäche, weswegen sie stets eine Brille tragen muss. Mit ihrem Faible für bunte und auffällige Kleidung ist ihre rote Kapuzenmütze ihr absoluter Favorit. Daher nennt ihre Großmutter sie auch gerne Rotkäppchen.

Marias Vater ist verstorben, wodurch ihre Mutter nicht viel Geld für neue Spielsachen aufbringen kann. Stattdessen nutzt Maria ihre Fantasie, um kreative Spielsachen im nahegelegenen Wald herzustellen. Durch den Verlust ihres Vaters hat sie eine enge Bindung zu ihrer Großmutter entwickelt. Die beiden verbringen viel Zeit miteinander und die Großmutter hat Maria sogar beigebracht, wie man näht und stickt, was ihr viel Freude bereitet.

Maria ist sehr wissbegierig und möchte am liebsten alles selbst erledigen. Allerdings bremst ihre Mutter sie oft aus und sagt ihr, dass sie vorsichtiger sein soll. Doch Maria lernt am besten aus eigener Erfahrung.

FINALES CHARACTER DESIGN

Rotkäppchen fällt mit ihrem farbenfrohen Outfit ins Auge – vor allem ihre Lieblingsfarbe Rot, aber auch Gelb und Grün sind oft Teil ihres Kleidungsstils. Gemeinsam mit ihrer Oma hat sie ihre Kleidung verziert und bestickt.

Ihr Gesicht mit der hohen Stirn und den weit unten sitzenden Augen lässt sie noch sehr jung aussehen. Sie hat einen munteren und aufgeschlossenen Gesichtsausdruck, aber ohne Brille sieht sie sehr schlecht.

Die Entwicklung von Rotkäppchen

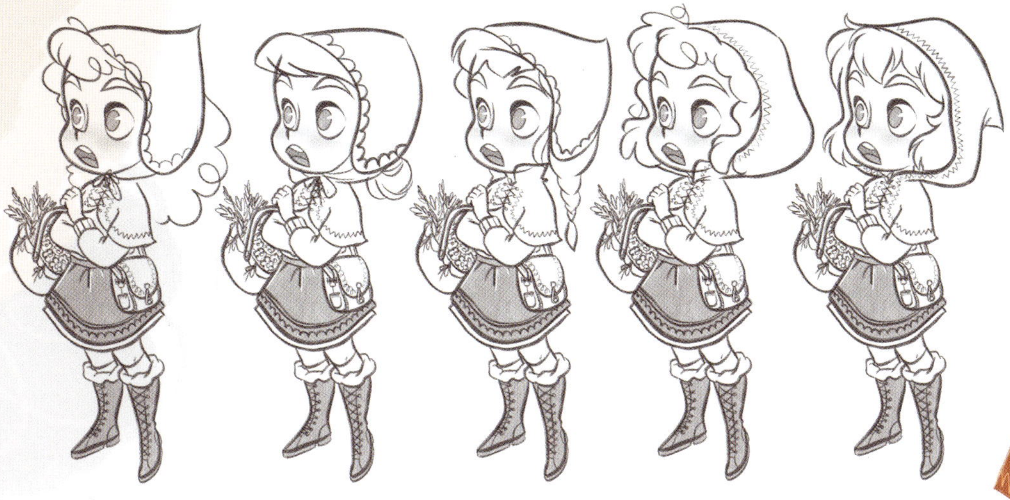

Haar- und Kapuzenvariationen

Ich habe viele verschiedene Variationen getestet, um mich von den klassischen Rotkäppchenzöpfen zu lösen.

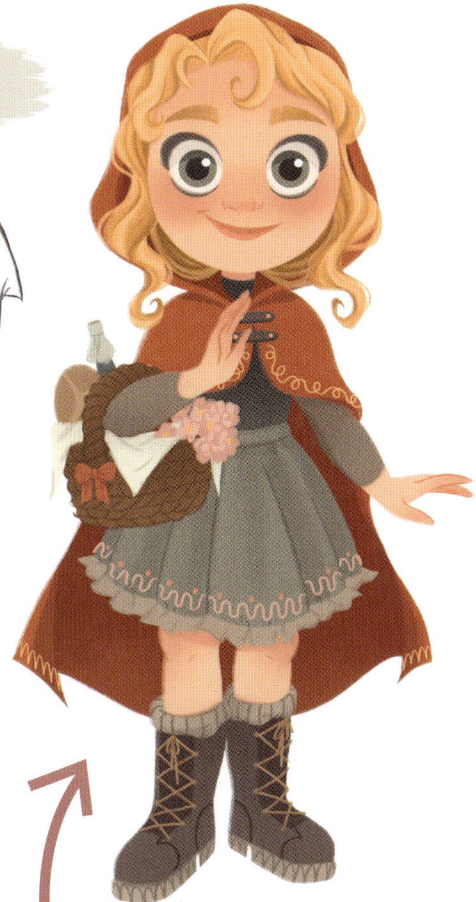

Ein klassisches Rotkäppchen wie wir es alle kennen: klein, süß, lieb und nett mit langem roten Umhang und Kapuze.

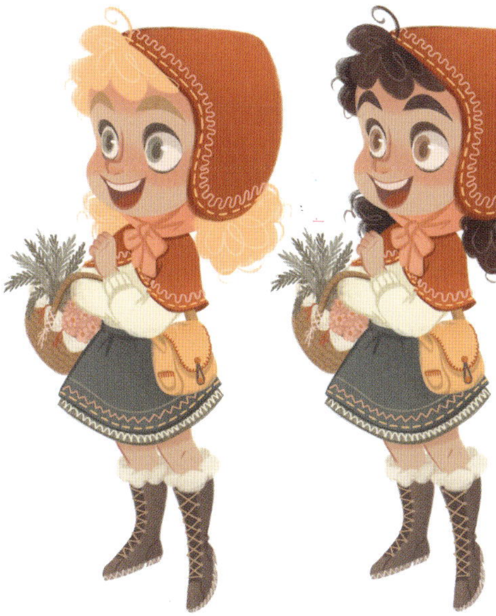

Wilde, lockige Zöpfe gingen in die richtige Richtung. Mein Rotkäppchen sollte aber noch einen dunkleren Hautton bekommen als in diesen Beispielen.

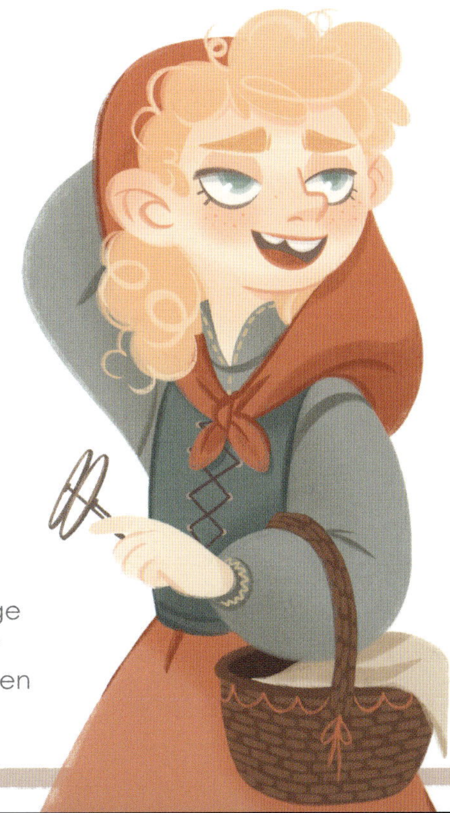

Ein eher tollpatschiges Rotkäppchen, welches ohne seine Brille schlecht sehen kann und dadurch immer sehr verlegen wird.

LUPIN

Der listige Wolf

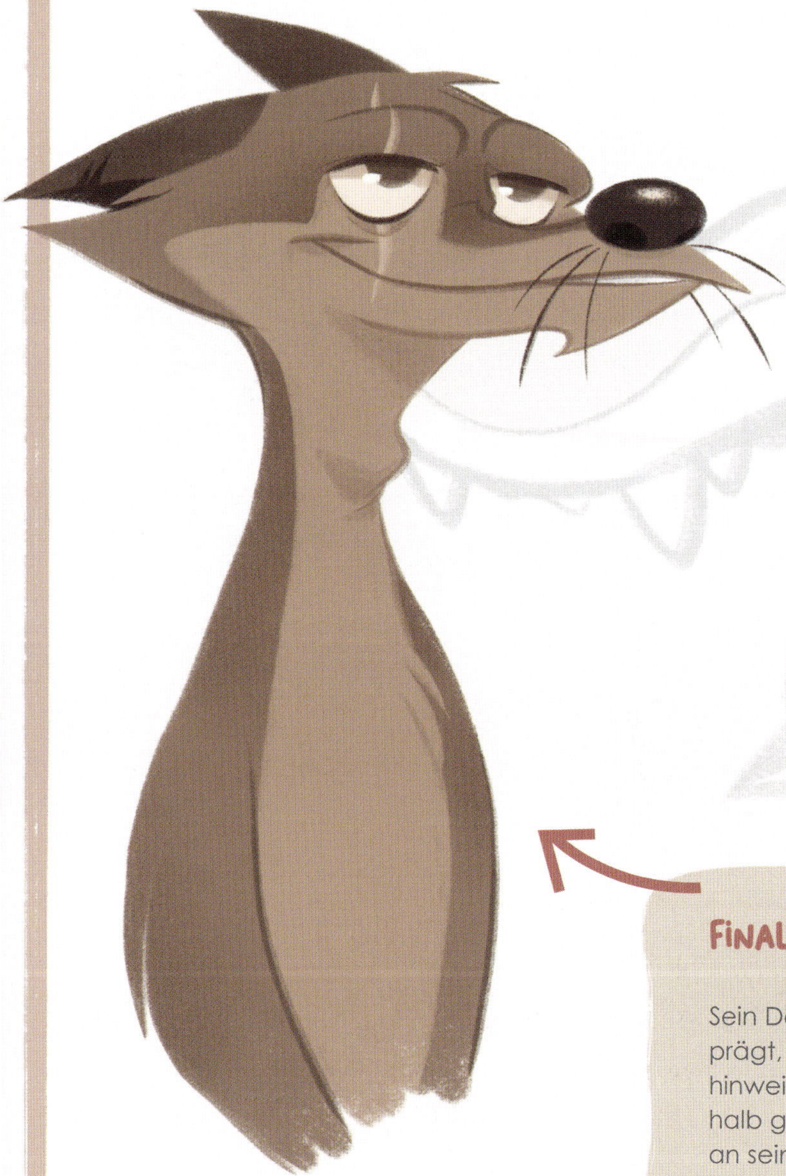

Lupin ist ein raffinierter Einzelgänger, der durch das Stehlen von wertvollen Gegenständen seinen Lebensunterhalt bestreitet.

Seine außergewöhnliche Eloquenz und Wortgewandtheit machen es ihm einfach, andere Menschen zu manipulieren und seine Interessen durchzusetzen. Mit seinen schauspielerischen Fähigkeiten kann er sich glaubhaft in verschiedene Rollen hineinversetzen.

Stets auf der Suche nach neuen Einnahmequellen, hat Lupin ständig einen aktuellen Plan in petto, um auf betrügerische Art und Weise an Geld zu kommen und seine Überlebenschancen zu sichern.

Obwohl er lässig und rechthaberisch auftritt und seine Sätze gerne mit Ironie und Sarkasmus würzt, gehen viele seiner Pläne aufgrund von zu oberflächlichem Nachdenken und vorschnellem Handeln nach hinten los.

Trotz seiner Fehlschläge hat Lupin immer einen guten Spruch auf den Lippen, um sich aus der Patsche zu helfen.

Finales Character Design

Sein Design ist von dreieckigen und spitzen Basisformen geprägt, die auf seine hinterlistige und gefährliche Persönlichkeit hinweisen. Mit einem lässigen und verschmitzten Lächeln und halb geschlossenen Augen wirkt er sehr selbstbewusst. Doch an seiner Ohr- und Augennarbe erkennt man, dass der ein oder andere Plan bereits schiefgelaufen ist.

Die Entwicklung des Wolfes

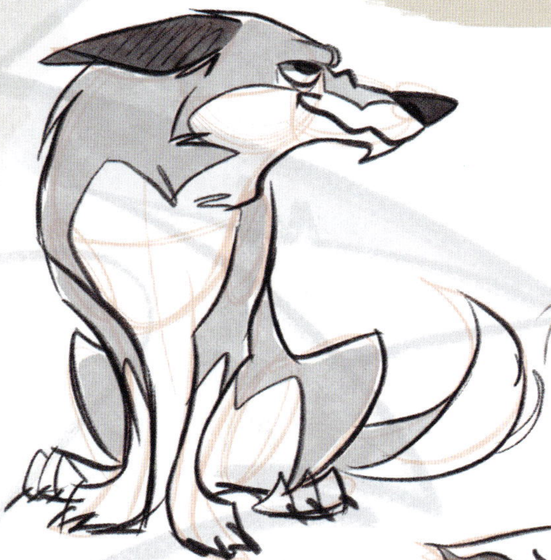

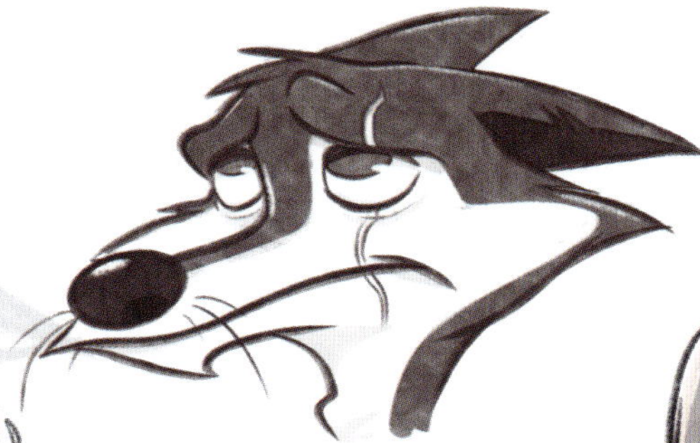

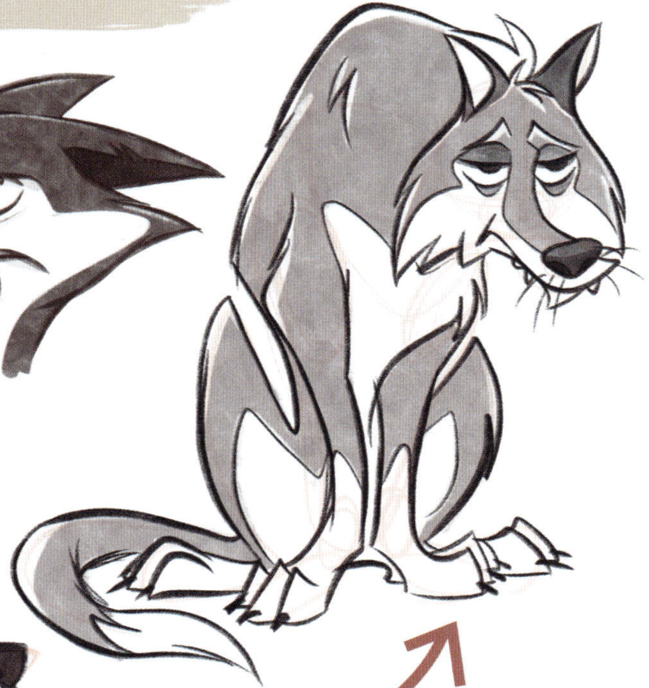

Dreieckige Formen sowie scharfe und spitze Kanten lassen den Wolf gefährlich und böse aussehen.

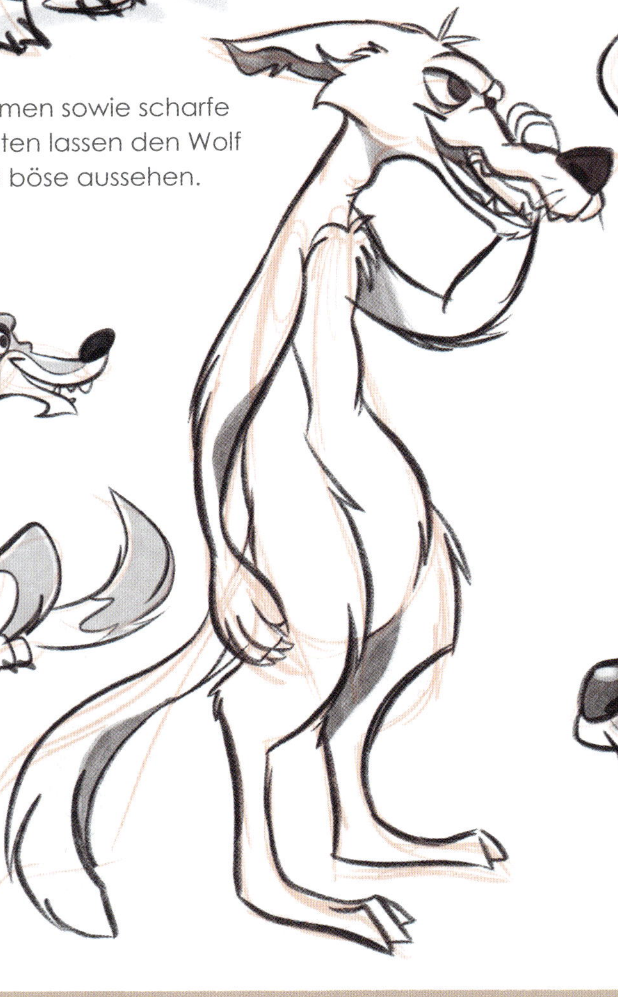

Eine frühe Version von Lupin war eher müde, erschöpft und ausgehungert. Dieser Charakter wäre für Rotkäppchen viel zu leicht zu durchschauen gewesen.

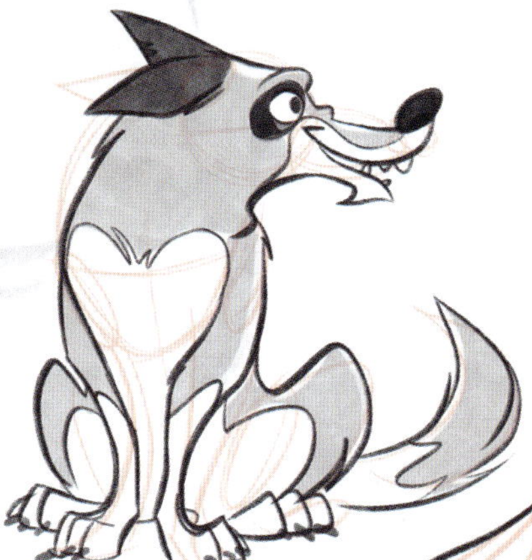

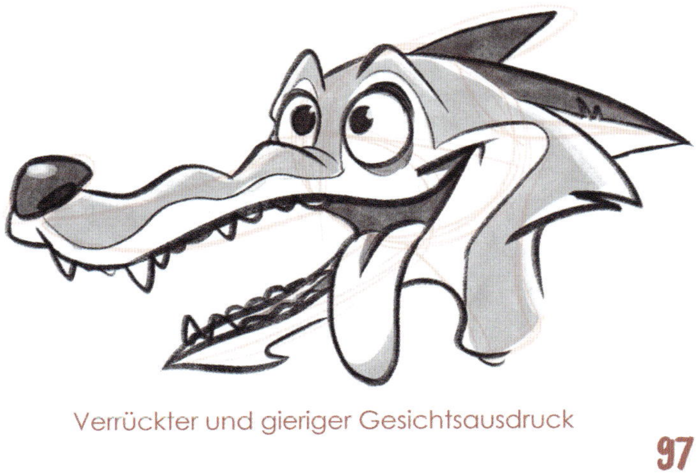

Verrückter und gieriger Gesichtsausdruck

EMOTIONEN

VORBEREITUNG

Gesichtsausdrücke und Mimik spielen eine zentrale Rolle im Bereich des Character Designs. Sie verleihen einem Charakter Persönlichkeit und machen ihn greifbarer. Emotionen, die durch das Gesicht des Charakters ausgedrückt werden, können das Publikum dazu bringen, sich mit der Figur zu identifizieren oder eine Verbindung zu ihr aufzubauen.

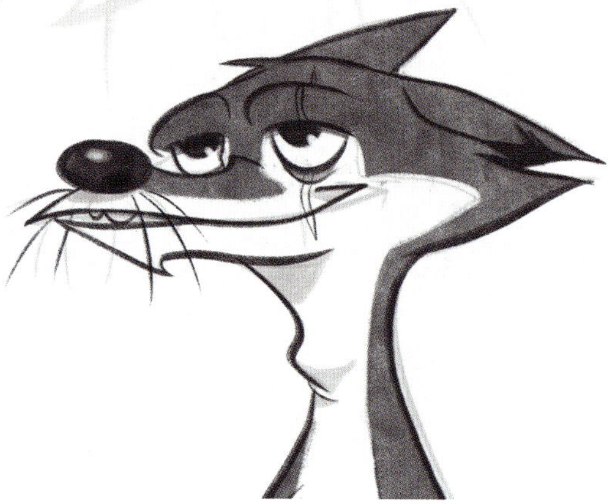

FINALE UMRISSE

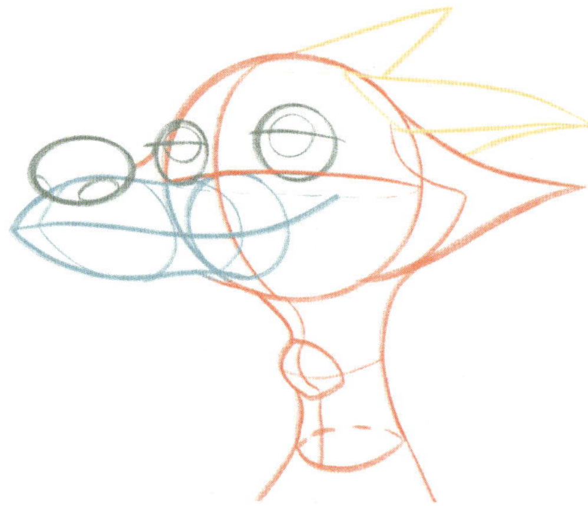

KONSTRUKTIONSLINIEN

KONSTRUKTION VON EMOTIONEN

Bevor du dich in die Vielfalt der Gesichtsausdrücke stürzt, ist es von grundlegender Bedeutung, dass du deine Charaktere genau kennst und sie aus jeder Perspektive zeichnen kannst. Achte darauf, dass die Mimik und Muskulatur realistisch funktionieren, da dies ansonsten schnell zu einer Herausforderung werden kann. Um überzeugende Gesichtsausdrücke zu zeichnen, benötigst du ein solides Verständnis der Gesichtsmuskulatur. Ein guter Startpunkt ist hierbei immer die Arbeit mit groben Grundformen und Konstruktionslinien.

Im letzten Kapitel (siehe Seite 122 ff.) findest du noch weitere Tipps, mit denen du es schaffst, deine Charaktere aus jedem Winkel gleich aussehen zu lassen und die Proportionen immer beizubehalten.

EMOTIONEN

FORMEN & EIGENSCHAFTEN

PRIMÄRE EMOTIONEN – DIE BASIS ALLER GESICHTSAUSDRÜCKE

Primäre Emotionen sind universell und treten in allen Kulturen auf. Sie sind sozusagen die Grundlage, um weitere, spezielle, auf den Charakter zugeschnittene Gesichtsausdrücke zu erschaffen. Es gibt sechs primäre Emotionen, die von Psychologen identifiziert wurden:

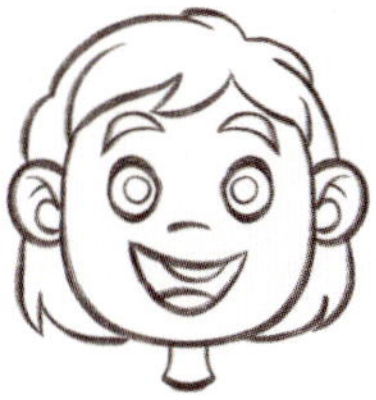

Freude:
- Lachen und Lächeln
- Körperliche Bewegung und Energie
- Freudentränen

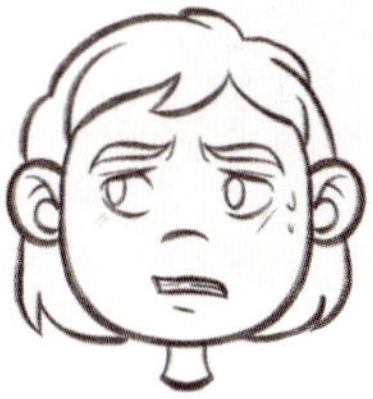

Angst:
- geweitete Augen und zusammengekniffene Lippen
- Zittern oder Zucken
- Flucht oder Vermeidung von Gefahren

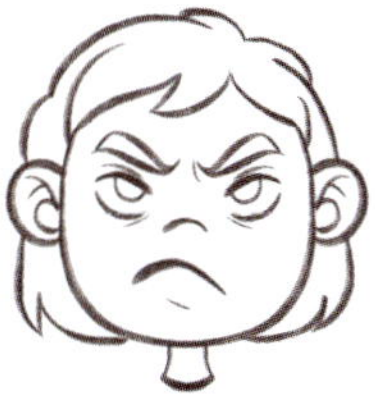

Wut:
- Verengte Augen und erhobene Augenbrauen
- Scharfe, laute oder aggressive Sprache
- Körperliche Aggression oder Spannung

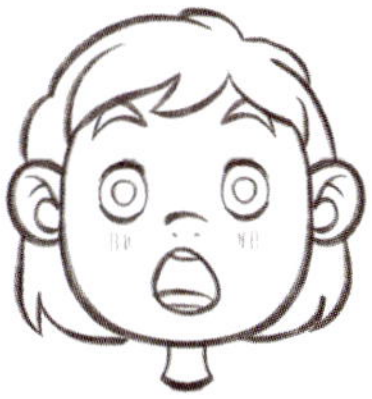

Überraschung:
- Weit geöffnete Augen und Mund
- Schneller Herzschlag und schnelle Atmung
- Körperliche Erstarrung oder Sprünge

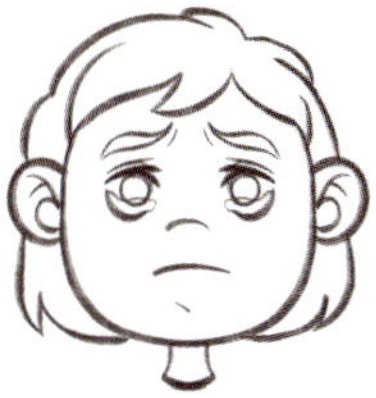

Traurigkeit:
- Gesenkter Kopf und hängende Schultern
- Weinen oder Schluchzen
- Rückzug oder Isolation

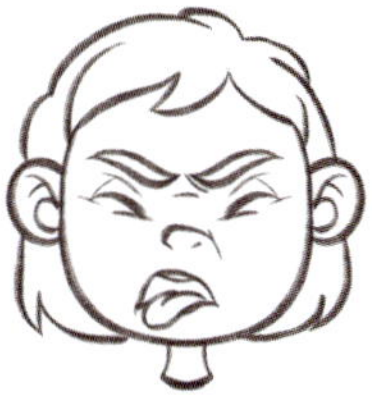

Ekel:
- Gesenkter Kopf und zusammengezogene Nase
- Zurückweichen oder Ablehnung
- Übelkeit oder Erbrechen

ZUSAMMENHÄNGENDE EMOTIONEN

Verändere ein Merkmal im Gesicht, um aus einer primären Emotion eine sekundäre Emotion zu erschaffen. In diesem Beispiel siehst du, dass zum Beispiel nur der Mund und die Augenbrauen verändert wurden, um eine neue Emotion hervorzurufen. Du kannst auch aus einer sekundären eine tertiäre Emotion machen.

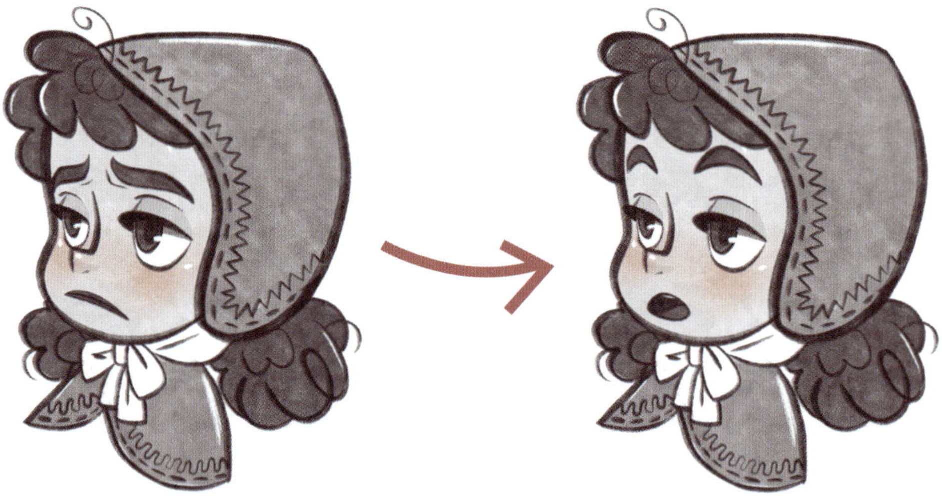

TRAURIG

ERSCHÖPFT

KÖRPERLICHER ZUSTAND & PHYSISCHE REAKTION

Auf Körperreaktionen basierende Emotionen enstehen ebenfalls aus primären Emotionen. Beispielsweise entsteht Müdigkeit aus der Emotion Traurigkeit. Außerdem kann man weitere Körperreaktionen wie Tränen, Schweißtropfen oder Gänsehaut hinzufügen, um die Emotion zu verstärken.

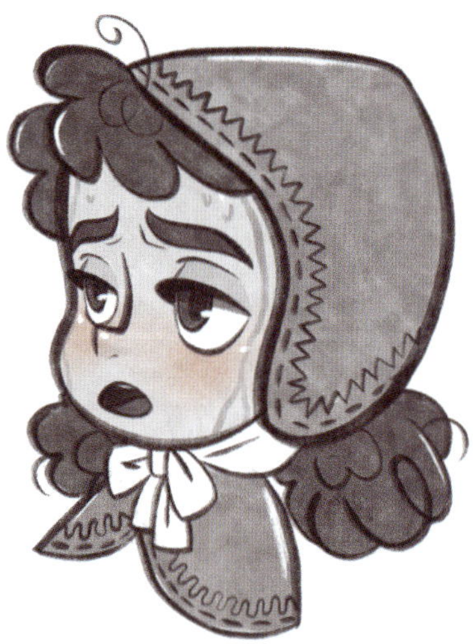

SCHWITZEN

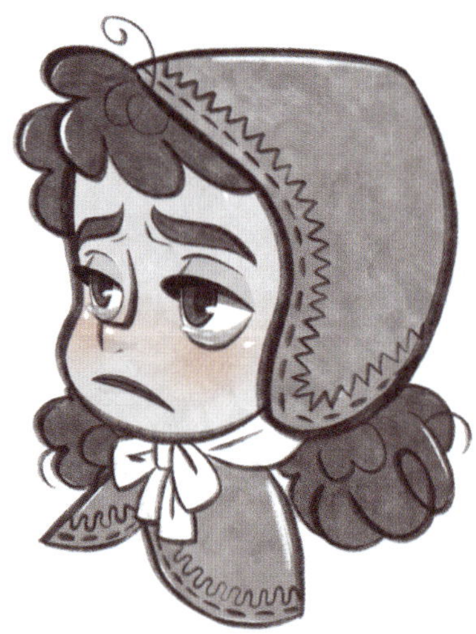

TRÄNEN

INTENSITÄT

Ein Ausdruck zarter Freude in einem leichten Lächeln oder ein Charakter, der sich vor Lachen kugelt – es gibt eine breite Skala von Intensitäten für jede Emotion. In den Beispielen wird deutlich, wie die Emotion „Freude“ mit jeder Steigerung an Intensität zunimmt.

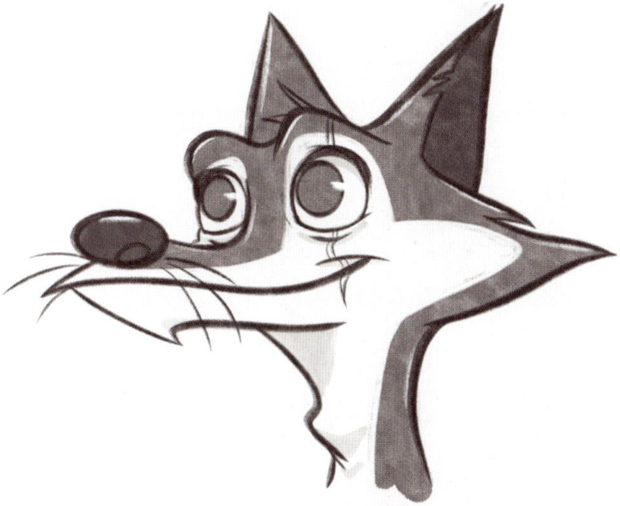

LEICHTES LÄCHELN

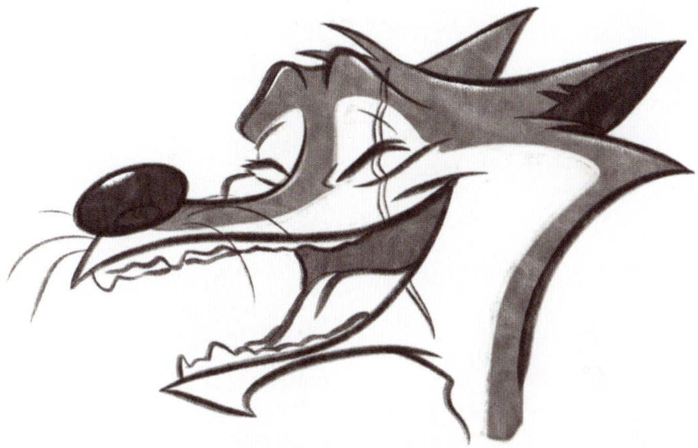

HERZHAFTES LACHEN

BLICKWINKEL

Auch der Winkel, aus dem der Charakter betrachtet wird, hat einen entscheidenden Einfluss auf die Wirkung seiner Gesichtsausdrücke. Durch die Wahl eines dramatischen Kamerawinkels von unten kann beispielsweise ein Charakter furchterregend wirken, während ein Blickwinkel von oben nach unten die Schwäche eines kleineren Charakters verdeutlicht.

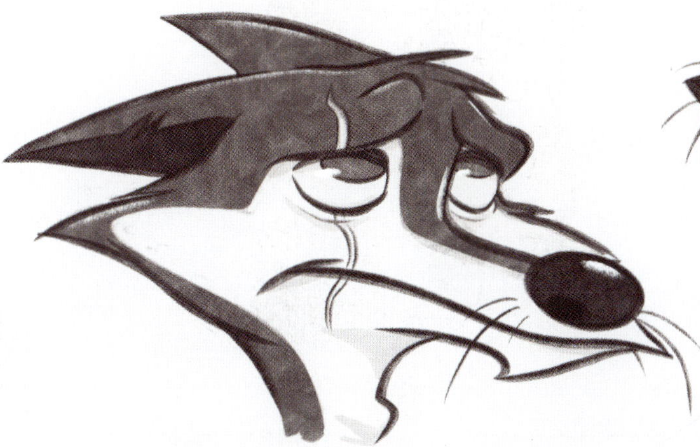

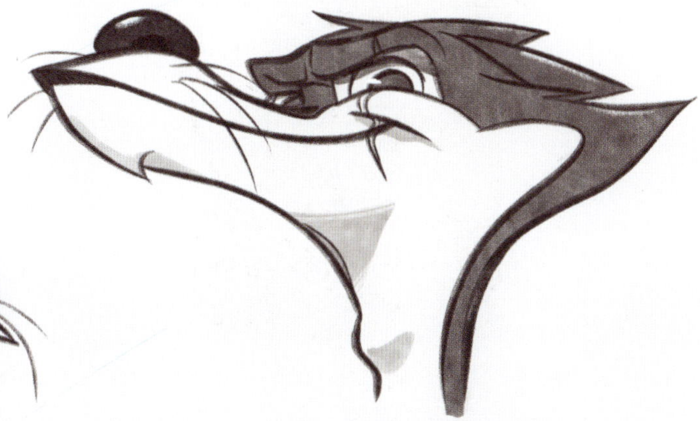

GESICHTSAUSDRÜCKE

MARIA, DAS ROTKÄPPCHEN

Um Gesichtsausdrücke miteinander vergleichen zu können, kannst du immer den gleichen Blickwinkel als Ausgangspunkt nehmen. Das kann gerade zu Beginn hilfreich sein, wenn du noch nicht so viel Übung im Zeichnen hast. Die primären Emotionen und der Squash & Stretch (auf das Maximum gestreckt und gestauchte) Gesichtsausdruck sollten von jedem Charakter exisiteren. Versuche, dich bei jedem der Gesichtsausdrücke auf die Persönlichkeit deiner Charaktere zu fokussieren: Wie würden sie in dem Moment reagieren?

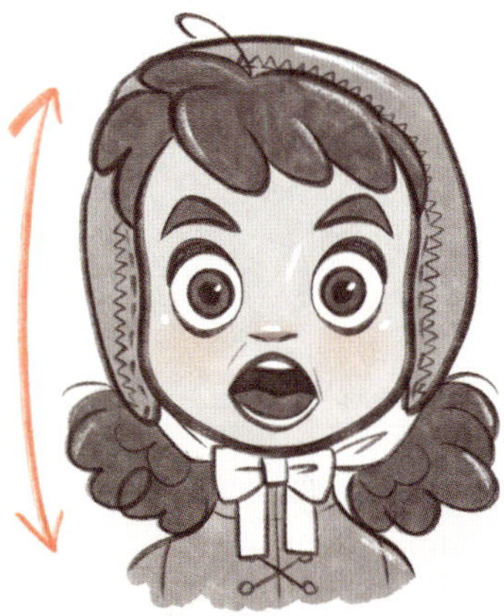

GESTRECKT

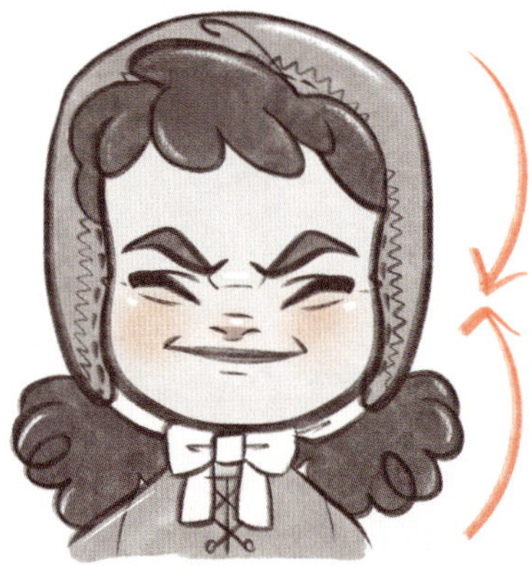

GESTAUCHT

Tipp:

Benutze für Gesichtsausdrücke immer Referenzen! Die meisten Character Designer:innen nehmen einfach einen Spiegel und schauen sich selbst an, während sie verschiedene Geischtsausdrücke machen und diese von ihrem eigenen Gesicht abzeichnen.

Du solltest jede Emotion klar mit einem Wort definieren und benennen!

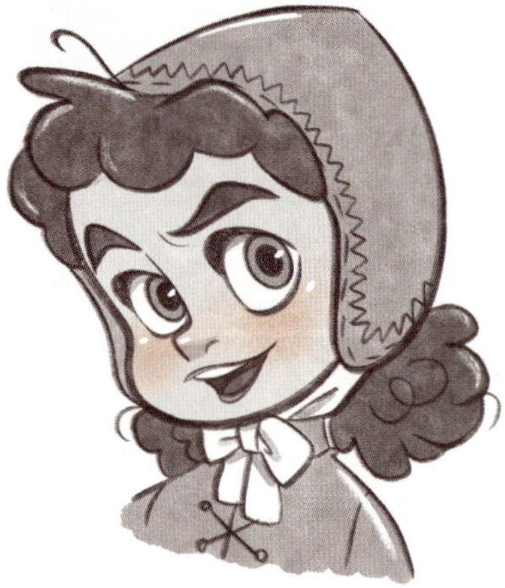

SKEPTISCH

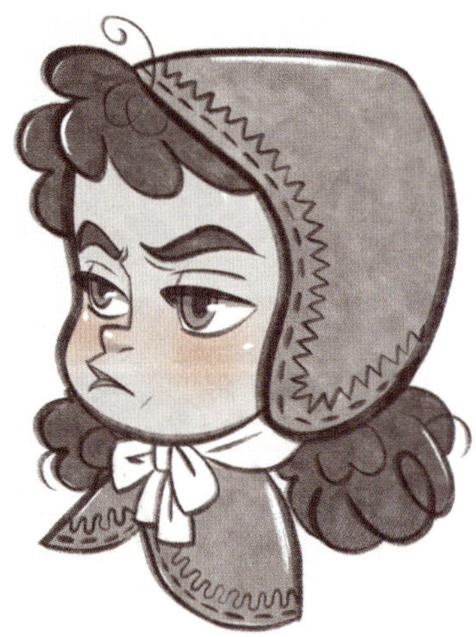

GENERVT

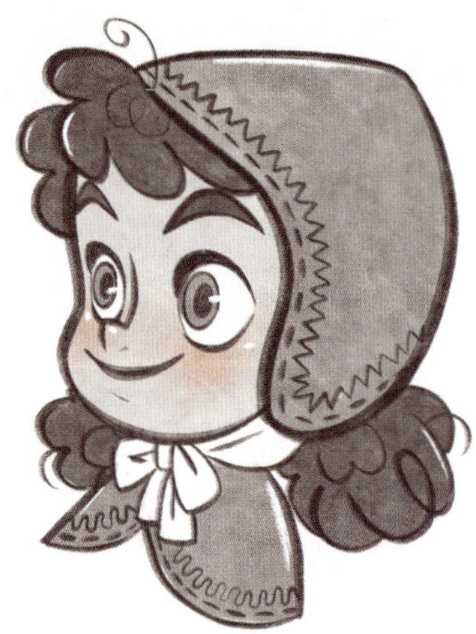

LÄCHELND

GESICHTSAUSDRÜCKE

LUPIN, DER WOLF

Wenn du dich schon sicher im Zeichnen fühlst, kannst du die Gesichtsausdrücke auch aus unterschiedlichen Blickwinkeln zeichnen, um noch mehr Dynamik in die Mimik zu bekommen. Insbesondere bei tierischen Charakteren kann man Ohren oder Schnurrhaare zur Steigerung des Ausdrucks einsetzen.

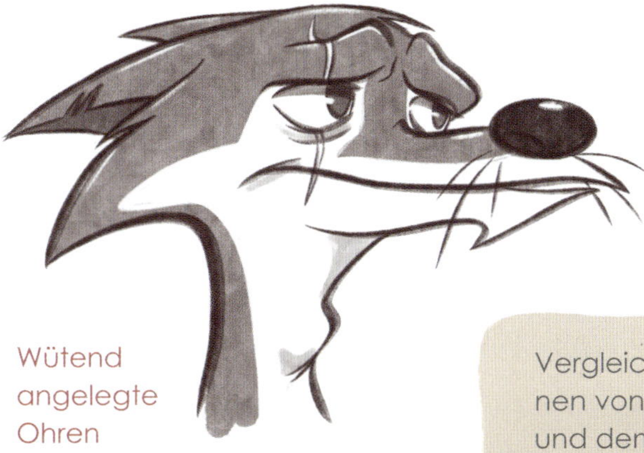

MITLEID

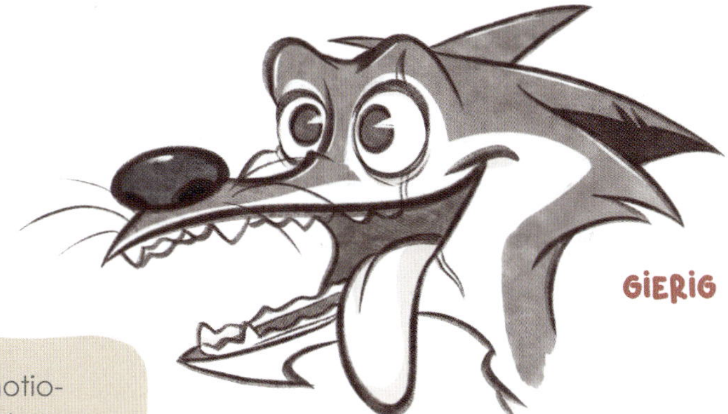

GIERIG

Vergleiche die Emotionen von Rotkäppchen und dem Wolf.

Jeder hat seine eigene Interpreation von Freude, Angst oder Wut!

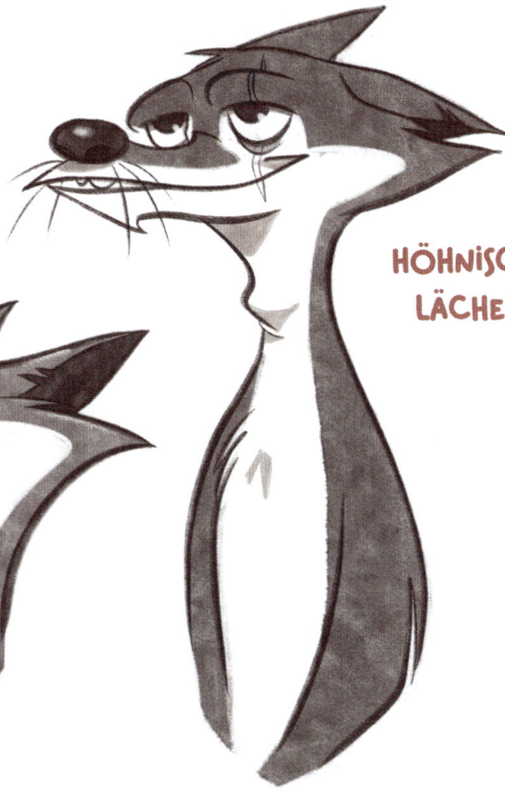

HÖHNISCHES LÄCHELN

Wütend angelegte Ohren

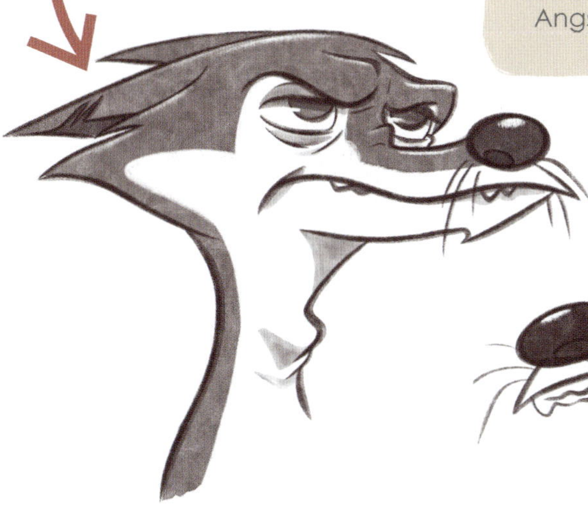

WÜTEND

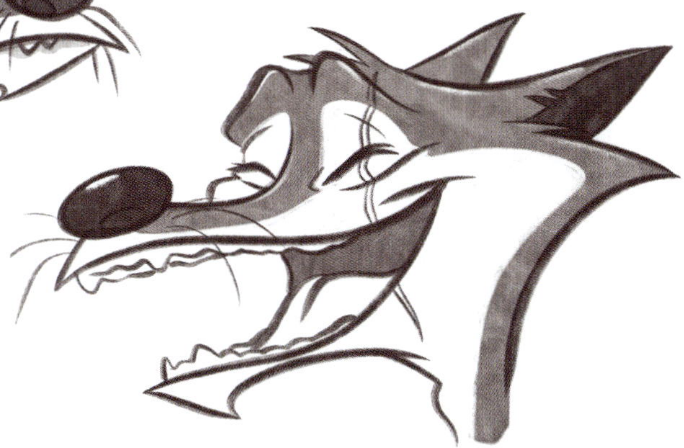

WITZIG

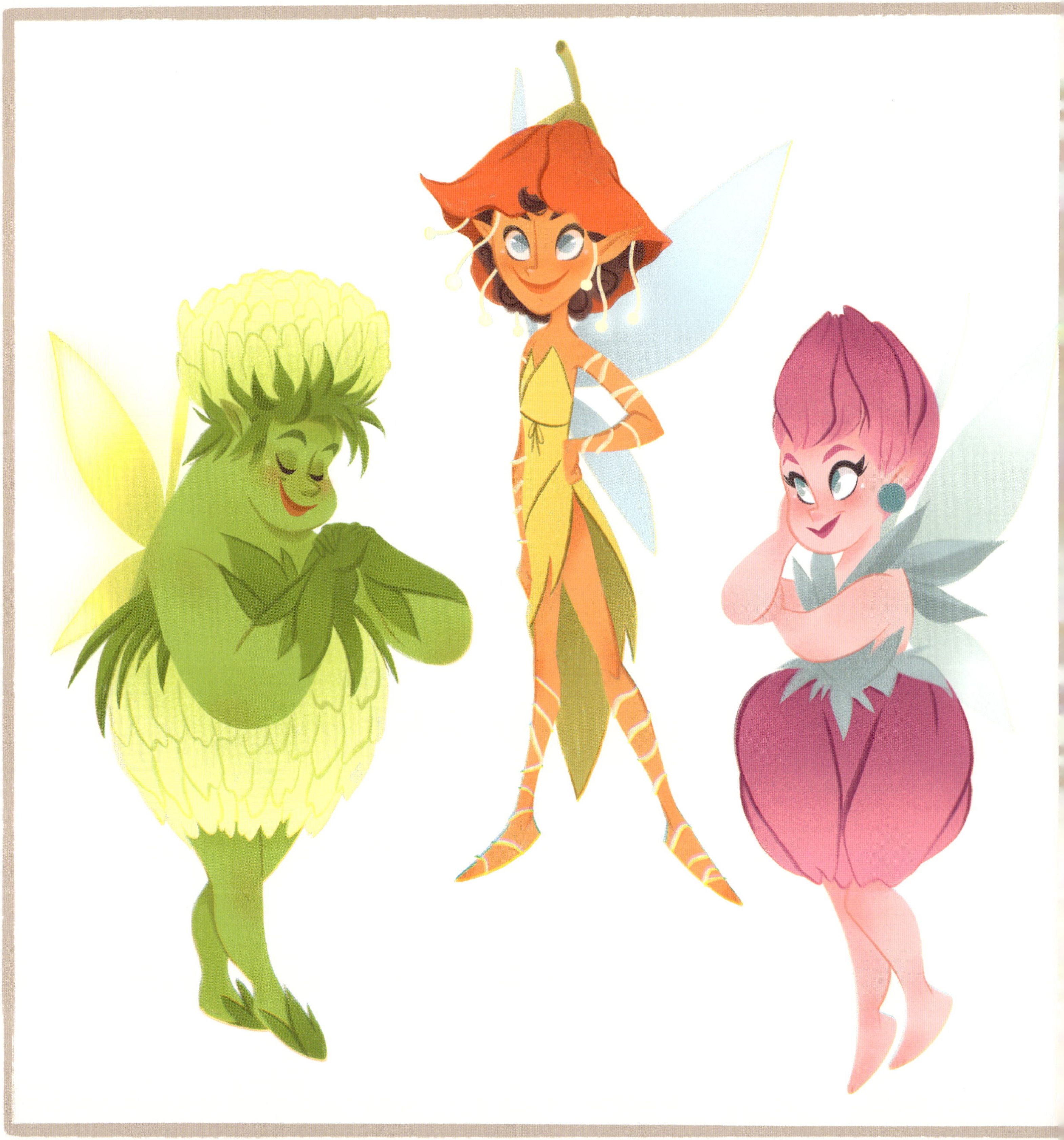

KAPITEL 07

FARBENLEHRE

MÄRCHEN:
DORNRÖSCHEN

DORNRÖSCHEN

DIE DREI GUTEN FEEN

In diesem Kapitel fokussieren wir uns auf Farben und ihre Wirkung in Bezug auf Character Design. Als Beispiel dient uns das Märchen „Dornröschen". Auch von diesem Märchen gibt es verschiedene Fassungen mit unterschiedlich vielen Feen.

Wir werden uns mit den drei guten Feen beschäftigen, die dem neugeborenen Dornröschen Geschenke bringen, und sie auf neue Art und Weise erfinden. Jede Fee soll ihre eigene Persönlichkeit bekommen, die von ihrer Farbwahl unterstrichen wird.

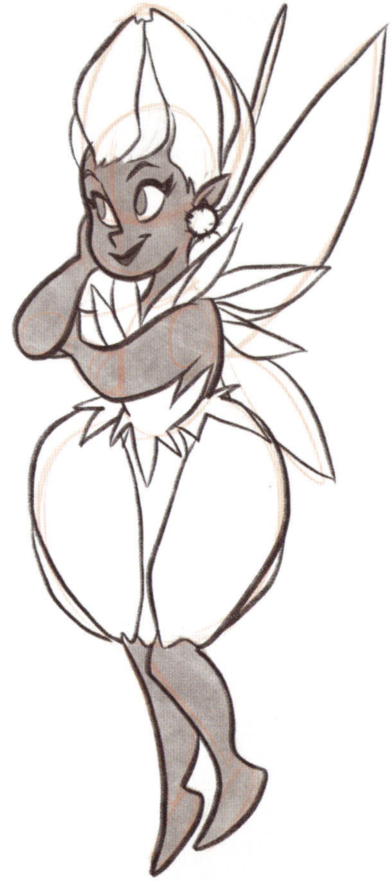

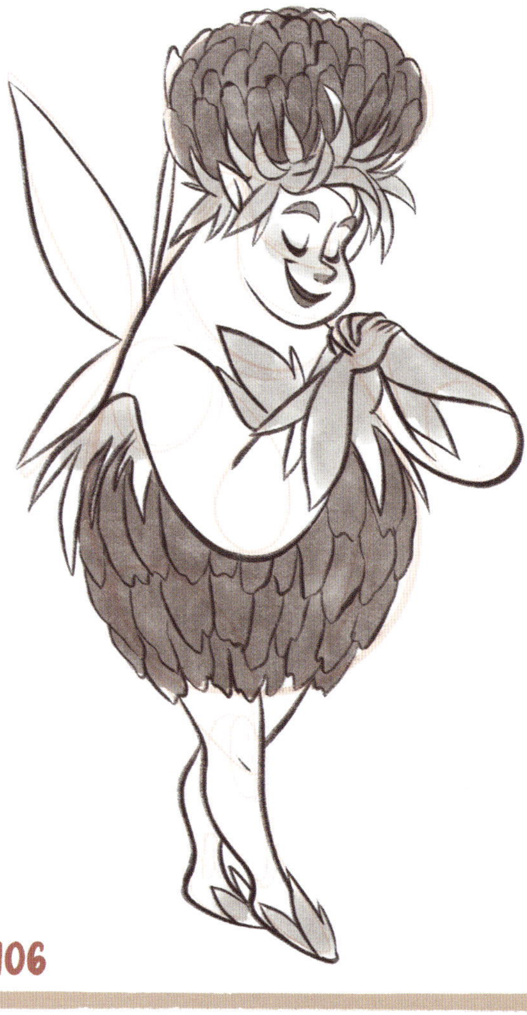

Aber bevor wir mit der Entwurfsfindung der Feen-Charaktere starten, erst noch ein paar Grundlagen zur Farbenlehre!

DAS ORIGINAL:

In dem Märchen „Dornröschen" wird ein Mädchen von einer bösen Fee verflucht: Sie soll sich an einer Spindel stechen und daran sterben. Eine gute Fee mildert den Fluch ab, sodass Dornröschen in einen tiefen Schlaf fällt, aus dem sie erst durch den Kuss eines Prinzen wieder erwachen kann. Nach 100 Jahren findet der Prinz das Dornröschen im Schloss, küsst sie wach und sie leben glücklich bis ans Ende ihrer Tage.

FARBENLEHRE

EINFÜHRUNG

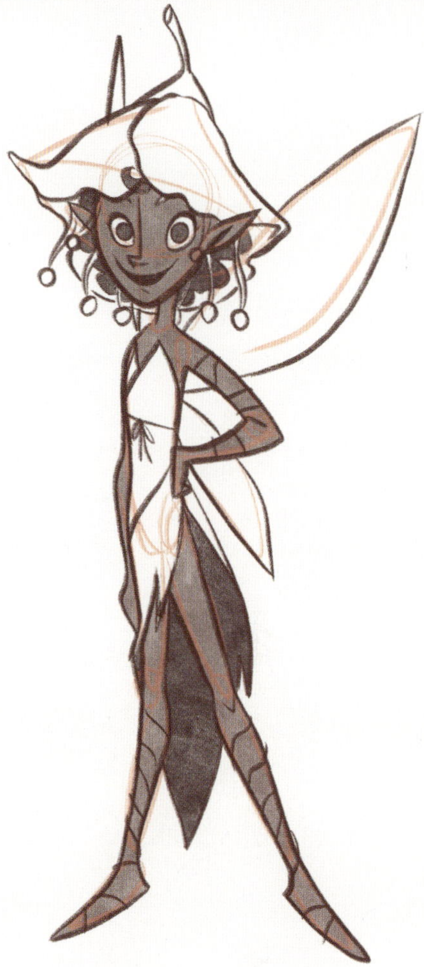

Farben können eine starke emotionale Wirkung auf die Betrachtenden haben und somit dazu beitragen, den Charakter und seine Persönlichkeit zu definieren. Durch den geschickten Einsatz von Farben kannst du bestimmte Eigenschaften und Emotionen vermitteln und die Geschichte des Charakters unterstützen.

WARME FARBEN

Warme Farben wie Rot, Orange und Gelb haben eine belebende und erregende Wirkung. Sie werden oft mit Wärme, Energie und Leidenschaft in Verbindung gebracht.

In der Charaktergestaltung können warme Farben genutzt werden, um Eigenschaften wie Stärke, Leidenschaft oder Aggressivität auszudrücken. Charaktere mit warmer Farbgestaltung können als energisch, lebhaft und dominant wahrgenommen werden.

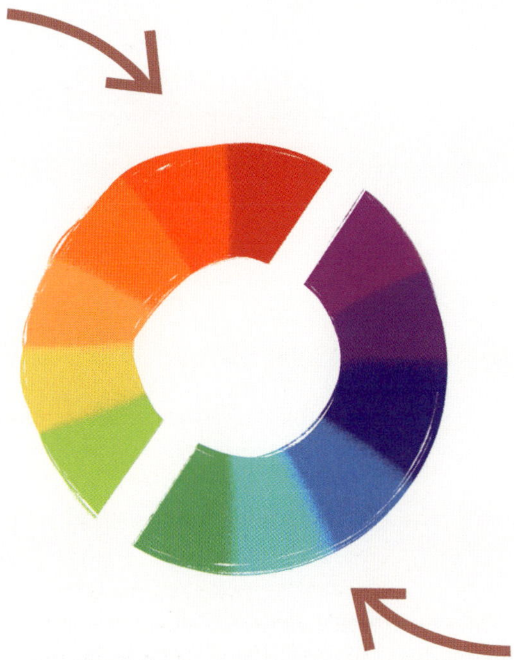

KALTE FARBEN

Kalte Farben wie Blau, Grün und Violett haben oft eine beruhigende und entspannende Wirkung auf die Betrachtenden. Sie werden oft mit Kälte, Ruhe und Natur in Verbindung gebracht.

Kalte Farben können genutzt werden, um Eigenschaften wie Rationalität, Intelligenz oder Zurückhaltung auszudrücken. Charaktere mit kalter Farbgestaltung können auch als ruhig und kontrolliert wahrgenommen werden.

FARBEN

UND IHRE EIGENSCHAFTEN

Natürlich gibt es noch viele weitere Faktoren, die die Wirkung von Farben beeinflussen können, wie beispielsweise Helligkeit, Sättigung oder Kontrast. Durch das Aufhellen mit Weiß, das Abschattieren oder Abdunkeln mit Schwarz oder durch das Abtönen einer Farbe mit Grau entstehen viele weitere Farbvarianten.

ABDUNKELN

ABTÖNEN

AUFHELLEN

Das Abdunkeln (Shade) bezieht sich auf eine dunklere Variante einer Farbe, die durch das Hinzufügen von Schwarz erzeugt wird. Je mehr Schwarz hinzugefügt wird, desto dunkler wird die Farbe.

Das Abtönen (Tone) bezieht sich auf eine gedämpfte Variante einer Farbe, die durch das Hinzufügen von Grau erzeugt wird. Je mehr Grau hinzugefügt wird, desto weniger leuchtend wird die Farbe.

Das Aufhellen (Tint) bezieht sich auf eine hellere Variante einer Farbe, die durch das Hinzufügen von Weiß erzeugt wird. Je mehr Weiß hinzugefügt wird, desto heller wird die Farbe.

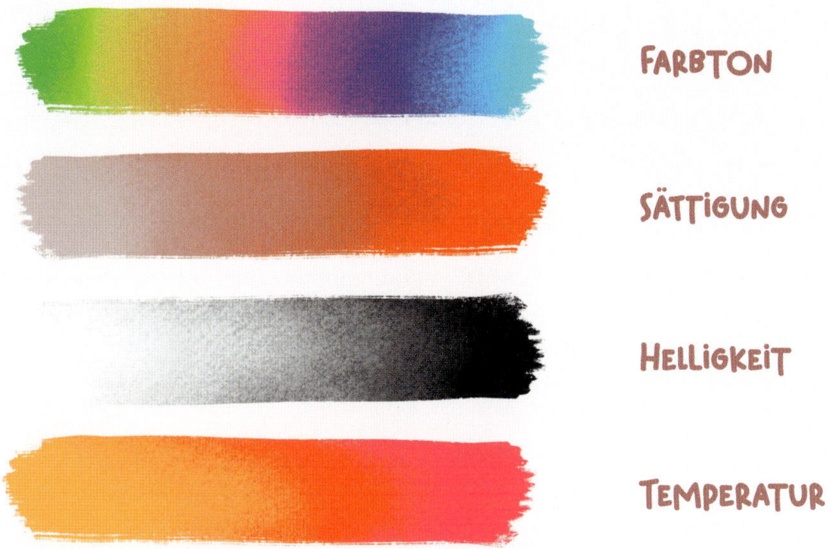

Farbton: Der Farbton bezieht sich auf die Position einer Farbe auf dem Farbkreis. Der Farbkreis ist ein Farbordnungssystem, das in verschiedene Farbfelder aufgeteilt ist. Der Farbton beschreibt, ob eine Farbe rot, orange, gelb, grün, blau oder violett ist. Farbtöne können in der Charaktergestaltung verwendet werden, um bestimmte Eigenschaften des Charakters zu betonen.

Sättigung: Unter Sättigung versteht man die Intensität oder Reinheit einer Farbe. Eine Farbe mit hoher Sättigung ist lebendiger und intensiver, während eine Farbe mit geringer Sättigung gedämpfter und zurückhaltender ist. In der Charaktergestaltung können Farben mit hoher Sättigung verwendet werden, um eine dynamische und lebhafte Persönlichkeit zu unterstreichen.

Helligkeit: Es gibt helle und dunkle Farben. Eine helle Farbe reflektiert mehr Licht und wirkt deshalb heller, während eine dunkle Farbe weniger Licht reflektiert und deshalb dunkler wirkt. In der Charaktergestaltung können helle Farben verwendet werden, um eine freundliche und optimistische Persönlichkeit darzustellen, während dunkle Farben eine geheimnisvolle oder dramatische Wirkung haben können.

Temperatur: Die Farbtemperatur bezieht sich auf die Wärme oder Kühle einer Farbe. Warme Farben wie Rot, Orange und Gelb erzeugen eine warme und energetische Atmosphäre, während kühle Farben wie Blau, Grün und Violett eine ruhige und entspannte Atmosphäre vermitteln können. In der Charaktergestaltung können warme Farben verwendet werden, um eine leidenschaftliche Persönlichkeit darzustellen, während kühle Farben eher eine sachliche oder zurückhaltende Persönlichkeit betonen.

FARBPSYCHOLOGIE

EMOTIONALE WIRKUNG VON FARBEN

Farben haben eine starke Wirkung auf unsere Emotionen, Stimmungen und Verhaltensweisen. Die Farbpsychologie beschäftigt sich mit der Beziehung zwischen Farben und menschlichem Verhalten und untersucht, wie Farben unsere Wahrnehmung beeinflussen können. Verschiedene Farben können unterschiedliche Assoziationen hervorrufen und somit unterschiedliche Auswirkungen auf unsere Psyche haben.

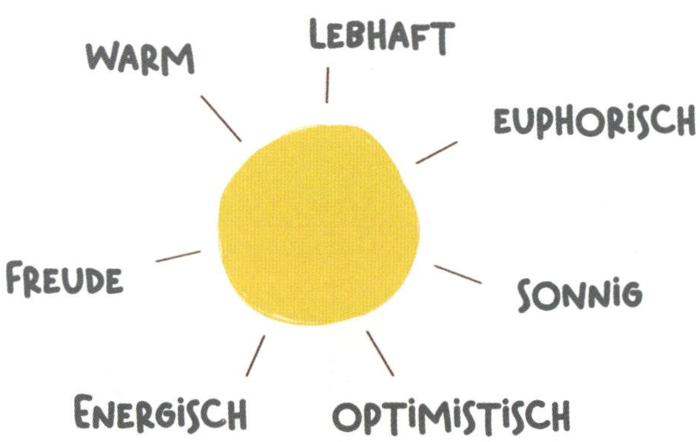

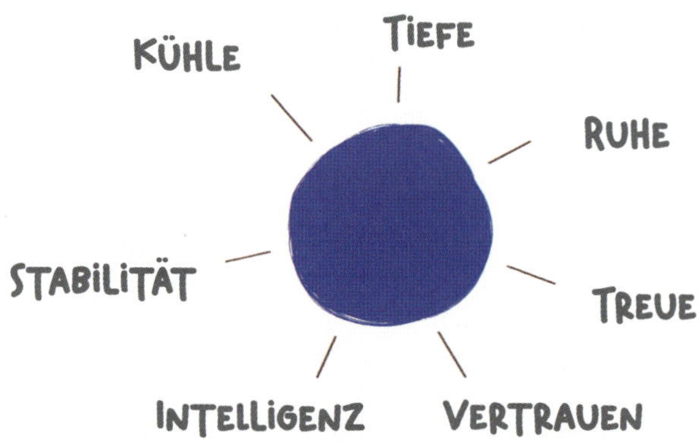

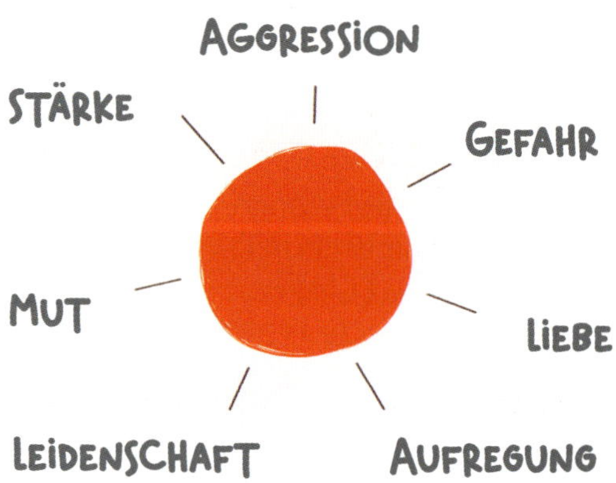

So kann beispielsweise die Farbe Rot eine starke Emotion wie Leidenschaft oder Aggression hervorrufen, während Blau eher mit Ruhe und Entspannung assoziiert wird. Die Farbpsychologie ist ein wichtiger Aspekt der Kunst, des Designs und der Werbung und kann dazu beitragen, die Wirkung von visuellen Botschaften zu verstärken.

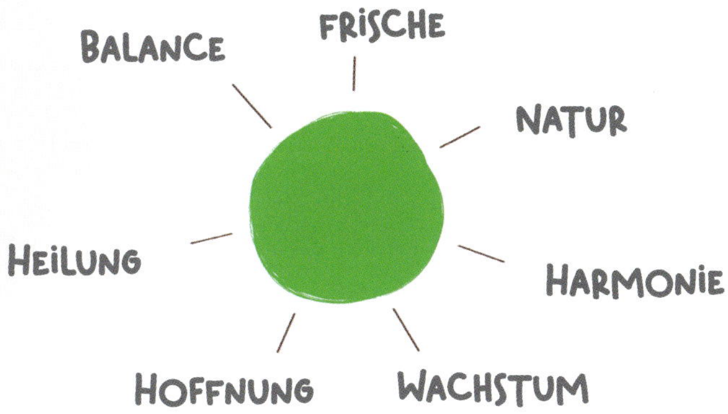

Es gibt selbstverständlich noch viele weitere Variationen dieser Farben, zum Beispiel Mischfarben wie Orange, die wieder eine andere emotionale Wirkung erzeugen.

Es ist sehr wichtig, die Wirkung der verschiedenen Farben zu verstehen und sie entsprechend dem Charakter angemessen einzusetzen.

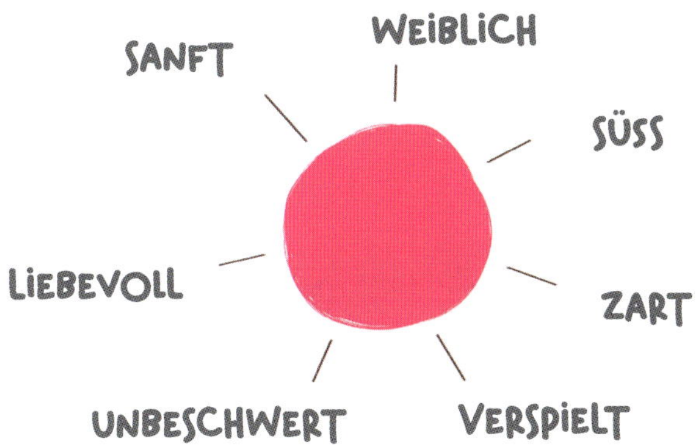

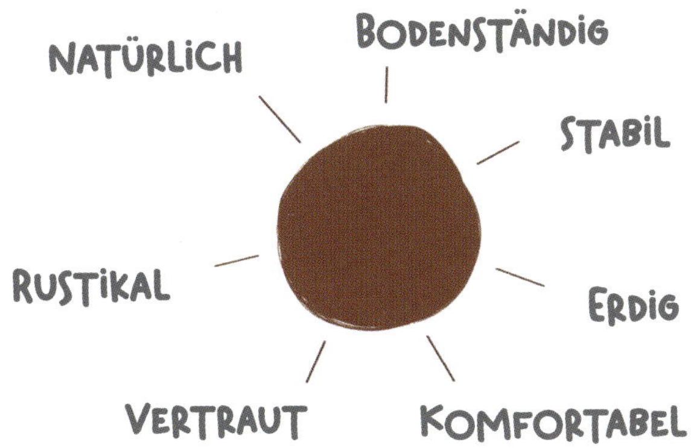

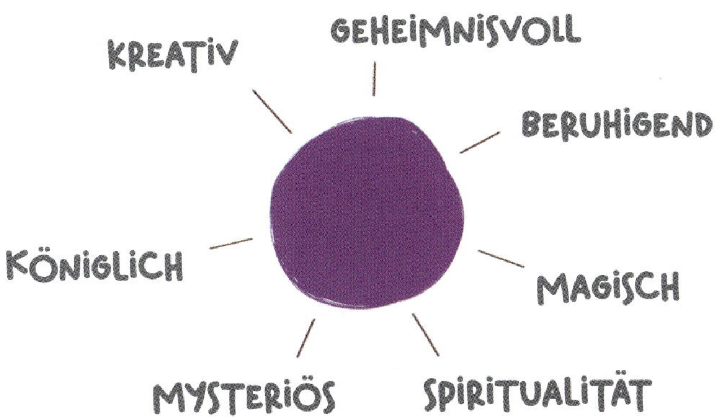

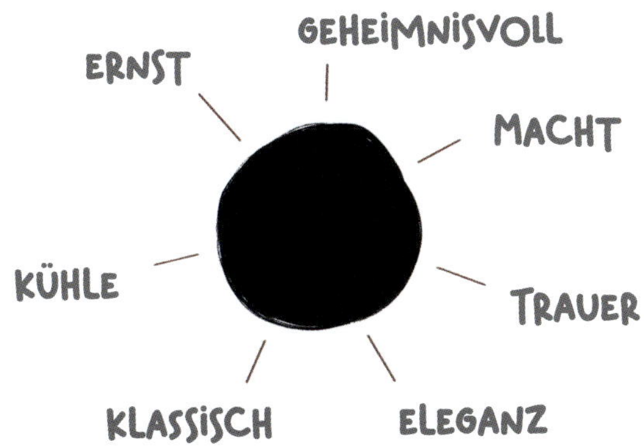

FARBHARMONIE

MITHILFE VON FARBSCHEMATA

Wenn es darum geht, Farben in einem Design oder Kunstwerk einzusetzen, ist es wichtig, dass sie harmonisch miteinander wirken und eine ansprechende Ästhetik erzeugen. Farbharmonie und Farbschemata beschäftigen sich genau mit dieser Thematik und bieten verschiedene Strategien, um Farben auf eine Weise zu kombinieren, die ästhetisch und emotional ansprechend ist.

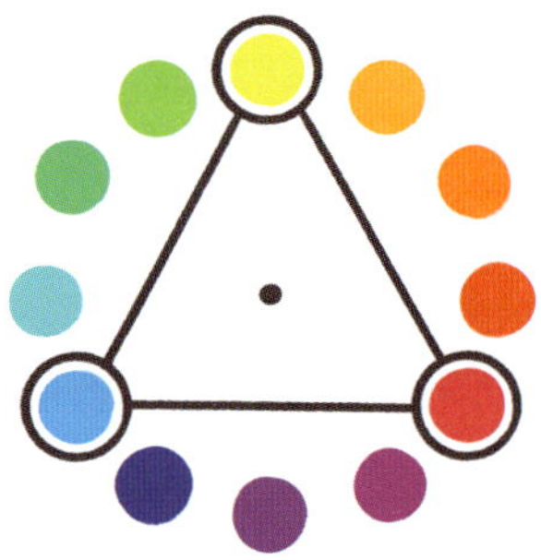

TRIADISCH

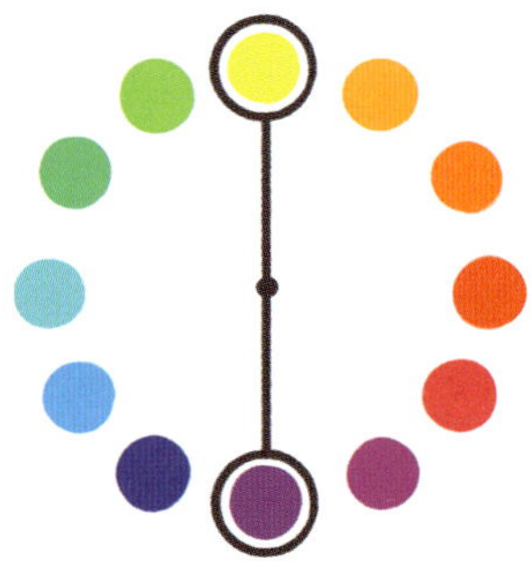

KOMPLEMENTÄR

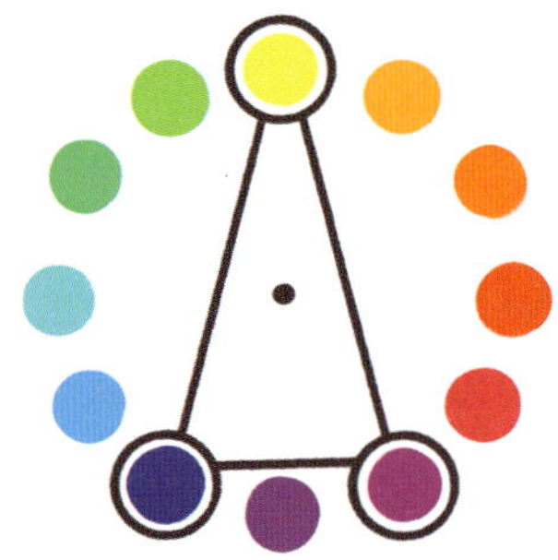

TEILKOMPLEMENTÄR

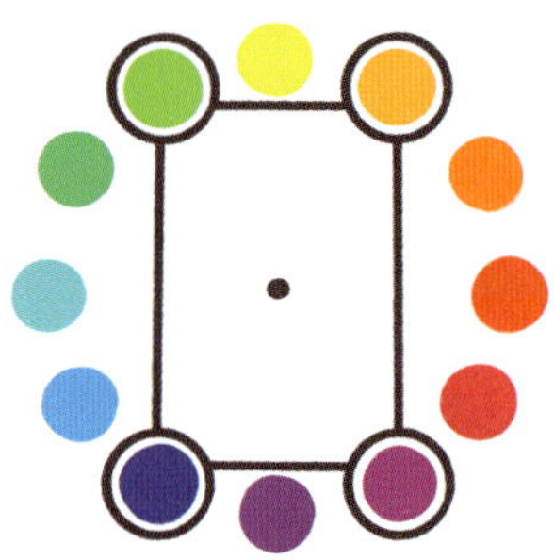

TETRADISCH

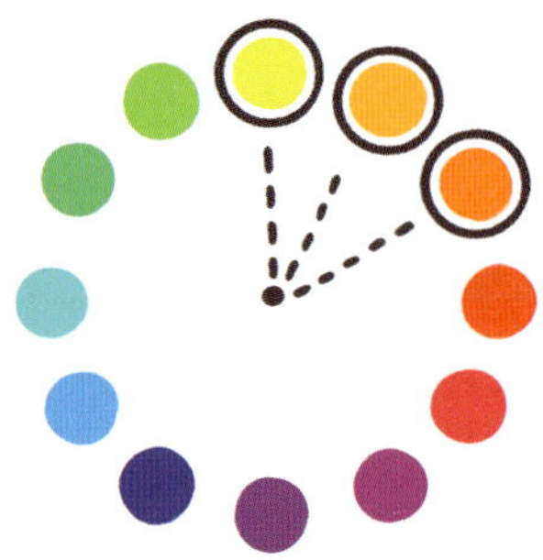

ANALOG

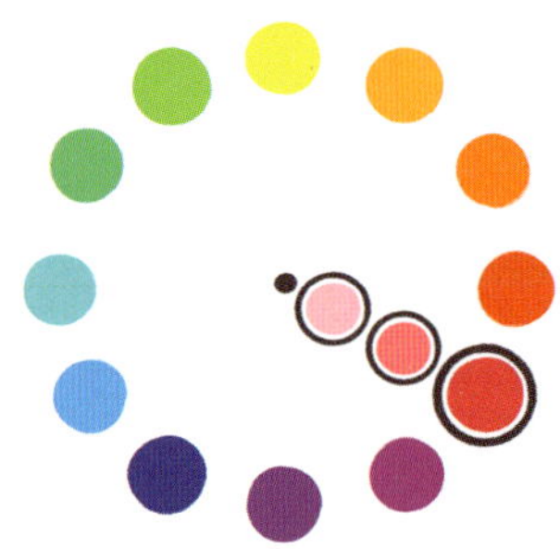

MONOCHROM

Die Farbschemata, die du hier siehst, sind nicht nur die wichtigsten, sondern auch äußerst effektiv, wenn es darum geht, Farben harmonisch miteinander zu kombinieren. Natürlich gibt es noch viele weitere Möglichkeiten, beispielsweise kannst du auch mit Helligkeitswerten und Sättigung experimentieren. Dazu wirst du auf den kommenden Seiten mehr erfahren.

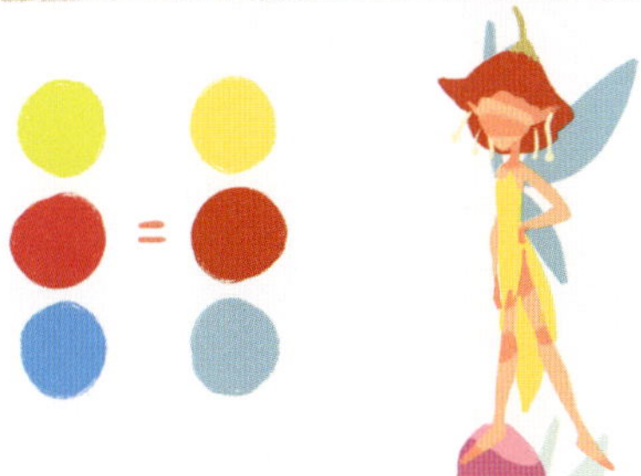

Triadisches Farbschema: Es basiert auf drei Farben, die gleichmäßig auf einem 12-teiligen Farbkreis verteilt sind. Dadurch entsteht ein ausgewogenes Verhältnis zwischen den Farben.

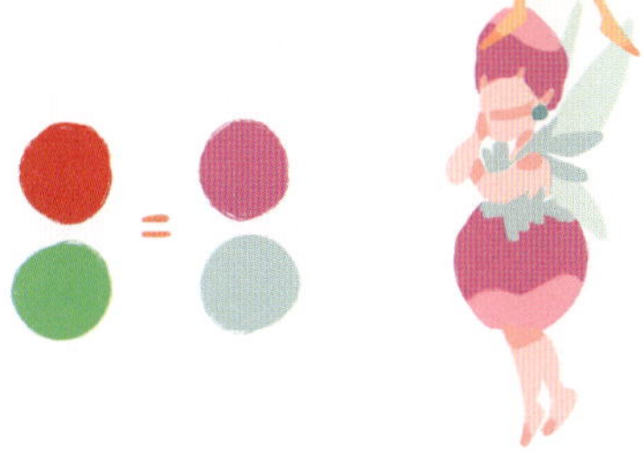

Komplementäres Farbschema: Es basiert auf zwei gegenüberliegenden Farben auf dem Farbkreis. Durch den starken Kontrast zwischen den Farben entsteht eine lebendige und energiegeladene Wirkung.

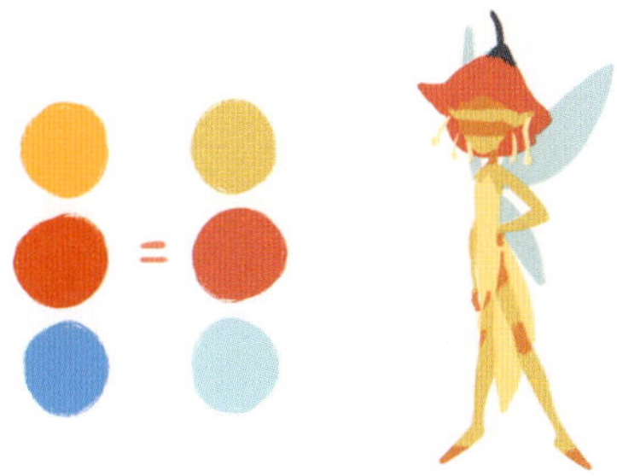

Teilkomplementäres Farbschema: Es basiert auf einer Hauptfarbe und den beiden Farben, die neben der Komplementärfarbe dieser Hauptfarbe liegen. Durch die Kombination von Farben mit ähnlichem Farbton entsteht eine harmonische Wirkung.

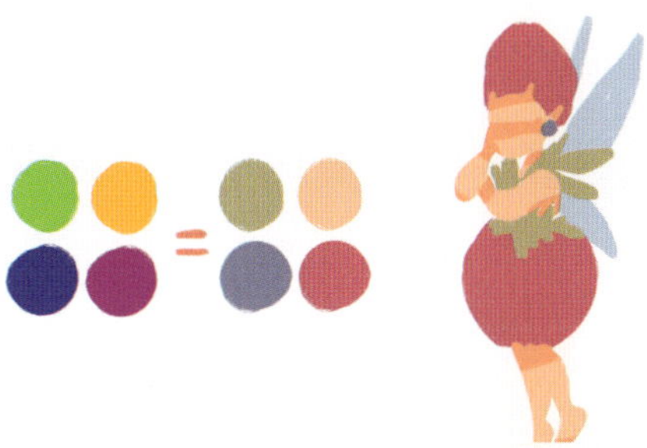

Tetradisches Farbschema: Es basiert auf vier Farben, die in zwei Paaren gegenüberliegender Farben auf dem Farbkreis angeordnet sind. Durch den Einsatz von Farben mit unterschiedlichem Farbton und Sättigung entsteht ein ausgewogenes Verhältnis zwischen den Farben.

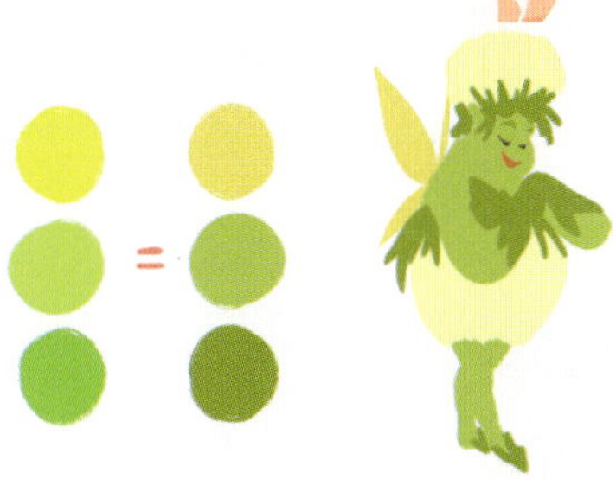

Analoges Farbschema: Es basiert auf drei bis fünf Farben, die nebeneinander auf dem Farbkreis liegen. Durch die Verwendung ähnlicher Farbtöne entsteht eine ruhige und harmonische Wirkung.

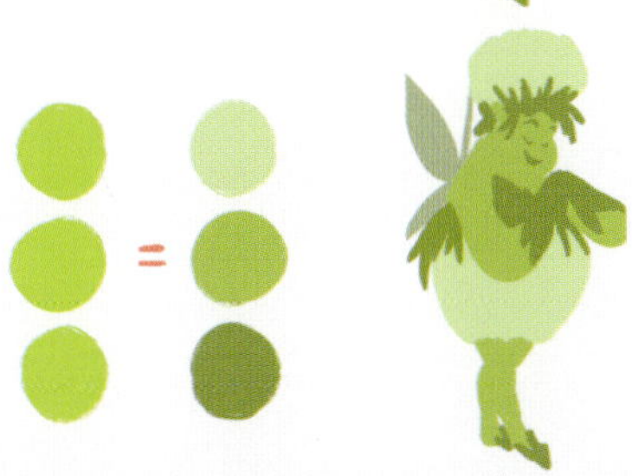

Monochromes Farbschema: Es basiert auf einer einzigen Farbe, die in verschiedenen Helligkeits- und Sättigungsstufen eingesetzt wird. Durch die Verwendung von Schattierungen und Nuancen derselben Farbe entsteht eine elegante und subtile Wirkung.

KONTRASTE

DIE SIEBEN FARBKONTRASTE NACH ITTEN

Der Farbkreis, der von Johannes Itten entwickelt wurde, dient als Grundlage für die Gestaltung mit Farben. Itten beschrieb sieben verschiedene Farbkontraste, die helfen, Farbkombinationen gezielt einzusetzen, um visuelle Effekte zu erzielen. Jeder Kontrast erzeugt eine unterschiedliche Wirkung und kann je nach gewünschtem Effekt in der Gestaltung eingesetzt werden.

Durch den gezielten Einsatz von Farbkontrasten lassen sich im Character Design ganz bestimmte Wirkungen erzeugen und so die Persönlichkeit und Emotionen des Charakters zum Ausdruck bringen.

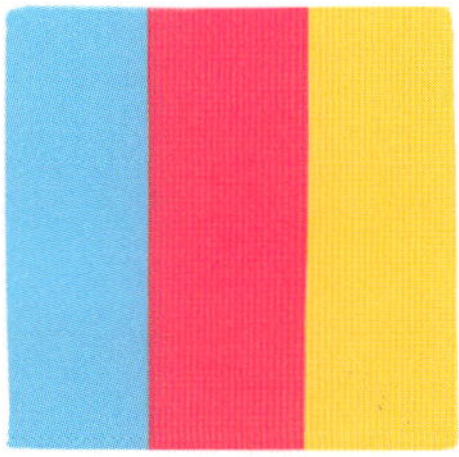

1. FARBTONKONTRAST

Beim Farbtonkontrast werden mindestens drei reine, leuchtende Farben, die im Farbkreis relativ weit auseinanderliegen, ausgewählt. Den einfachsten, stärksten und wichtigsten Kontrast bilden die drei Primärfarben (Magenta-) Rot, Gelb und (Cyan-)Blau, meist ergänzt durch Grün. Farbtonkontraste können dazu beitragen, unterschiedliche Bereiche des Charakters hervorzuheben und ihm eine bestimmte Stimmung zu verleihen.

2. HELLIGKEITSKONTRAST

Der Helligkeitskontrast entsteht durch die Kombination von hellen und dunklen Farben. Ein Beispiel wäre Schwarz und Weiß oder Gelb und Violett. Helligkeitskontraste können eingesetzt werden, um den Fokus auf bestimmte Teile des Charakters zu legen oder ihm eine gewisse Tiefe zu verleihen.

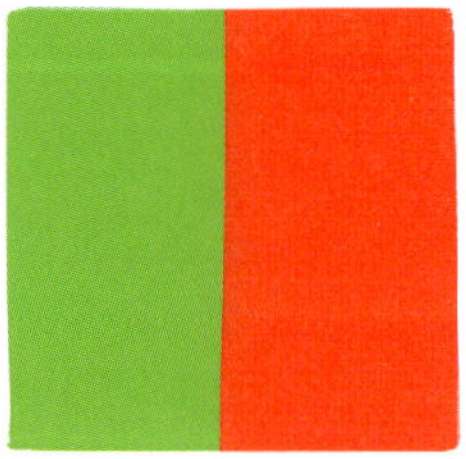

3. KOMPLEMENTÄRKONTRAST

Der Komplementärkontrast entsteht durch die Kombination von Farben, die sich auf dem Farbkreis gegenüberliegen. Dieser Kontrast ist stärker als der Farbtonkontrast und erzeugt eine lebhafte Wirkung. Er kann dazu beitragen, einen Charakter energiegeladen und dynamisch erscheinen zu lassen.

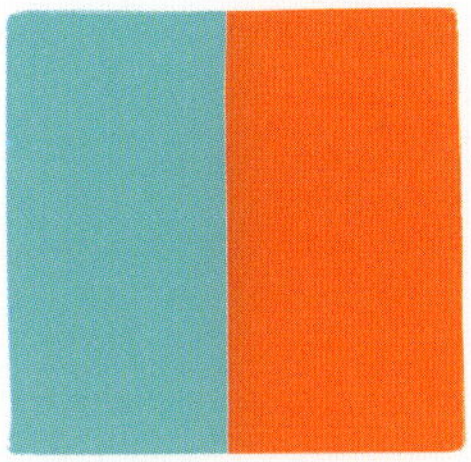

4. WARM-KALT-KONTRAST

Der Warm-Kalt-Kontrast entsteht durch die Kombination von Farben, die als warm oder kalt empfunden werden (siehe Seite 109). Die Kombination von warmen und kalten Farben kann eine emotionale Ausgewogenheit erzeugen und die Persönlichkeit des Charakters unterstreichen.

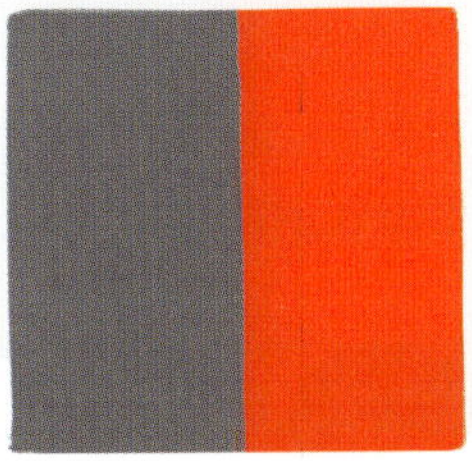

5. QUALITÄTSKONTRAST

Der Kontrast durch Farbsättigung kann dazu genutzt werden, um eine Farbpalette zu erstellen, die durch die Verwendung von verschiedenen Sättigungen eine harmonische Wirkung erzeugt. Eine Kombination aus kräftigen und blassen Farben kann zum Beispiel eine sanfte und harmonische Farbwelt schaffen.

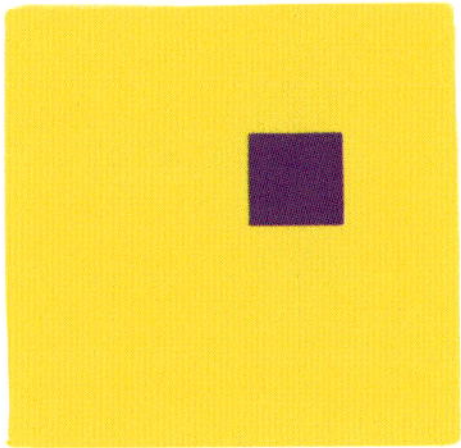

6. QUANTITÄTSKONTRAST

Der Quantitätskontrast entsteht durch die Kombination von verschiedenen Mengen und Größen von Farbflächen. Ein Beispiel wäre die Kombination von einer großen Fläche einer Farbe mit vielen kleinen Flächen einer anderen Farbe.

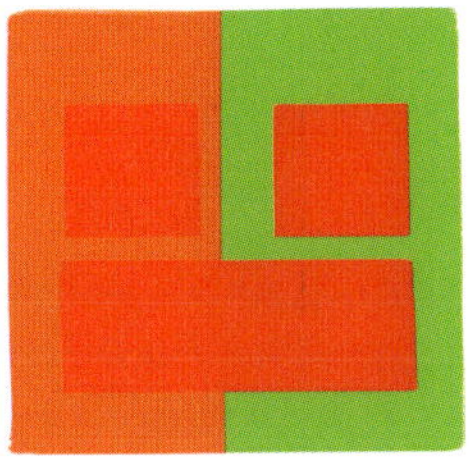

7. SIMULTANKONTRAST

Der Simultankontrast entsteht, wenn zwei Farben nebeneinander betrachtet werden und sich gegenseitig beeinflussen. Dies kann dazu führen, dass die Farben unterschiedlich wahrgenommen werden, je nachdem, welche Farbe neben ihnen steht. Das gleiche Rot erscheint in orangefarbener Umgebung bläulich getrübt und in grüner Umgebung besonders leuchtend.

KLEIA, DIE RUHIGE FEE

FARBGESTALTUNG & ENTWICKLUNG

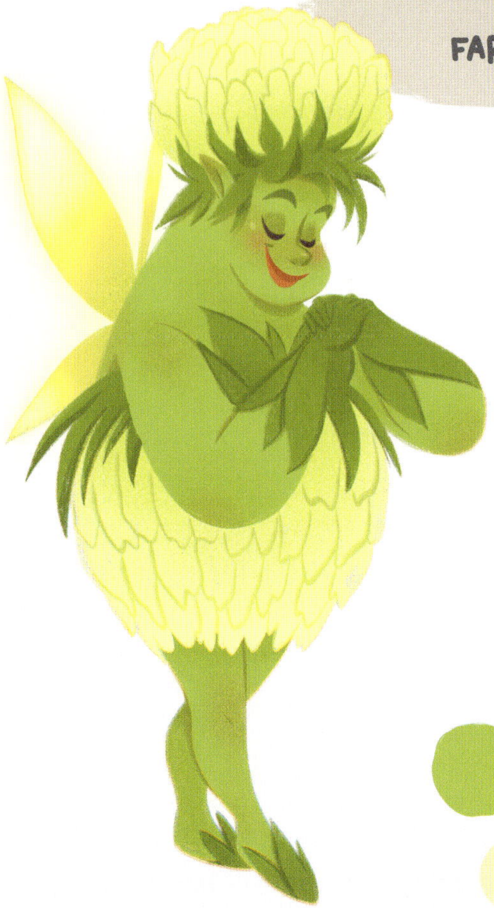

ENTWURF

ÜBER KLEIA UND IHRE GABE

Zur Geburt von Dornröschen schenkt Kleia Harmonie, Ruhe und Zufriedenheit. Ihr Design basiert auf beruhigenden runden Formen und weichen Linien, die ihre sanfte Natur betonen. Inspiriert von der Blume Weißklee, die für Heilung, Bescheidenheit und Unschuld steht, unterstreicht sie mit ihrer ruhigen und harmonischen Art die Wirkung ihrer Gaben.

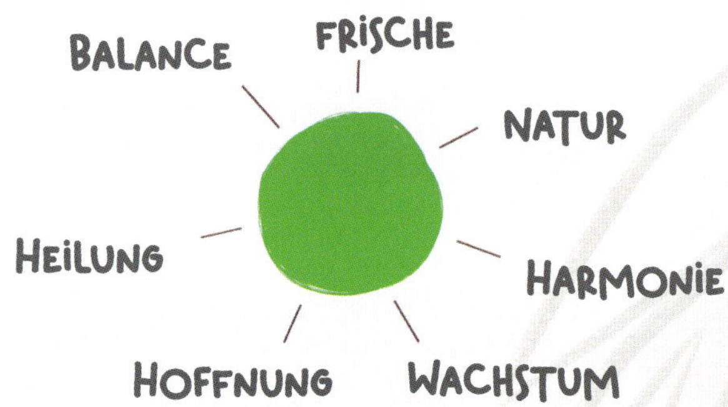

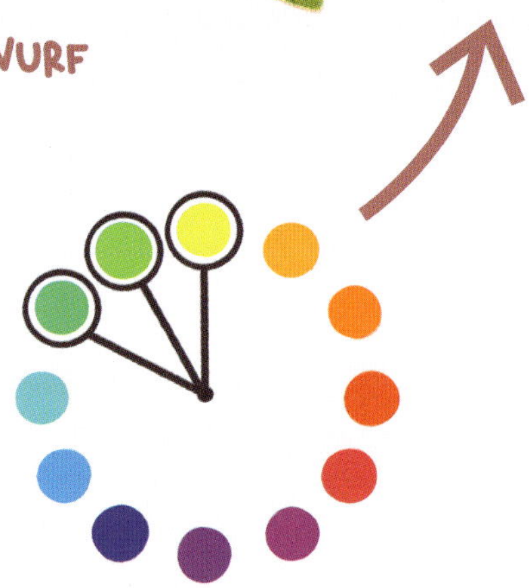

ANALOG

Um Kleias Persönlichkeit passend zu unterstreichen, habe ich mich für eine warme Gelb-Grün-Farbpalette entschieden, die ihre harmonische und beruhigende Art unterstreicht. Allerdings ist es wichtig, dass die Farben nicht zu gesättigt sind, da dies schnell zu einer ungesunden oder gar giftigen Wirkung führen kann.

Daher habe ich mich für blassere und kontrastlose Farbtöne entschieden, die dennoch eine gewisse Tiefe und Wärme ausstrahlen. Ein analoges Farbschema mit nah beieinanderliegenden Farben verstärkt nochmals den harmonischen Eindruck und schafft eine angenehme Atmosphäre. Für etwas mehr Kontrast kann man die Helligkeit und Sättigung der einzelnen Farbtöne variieren.

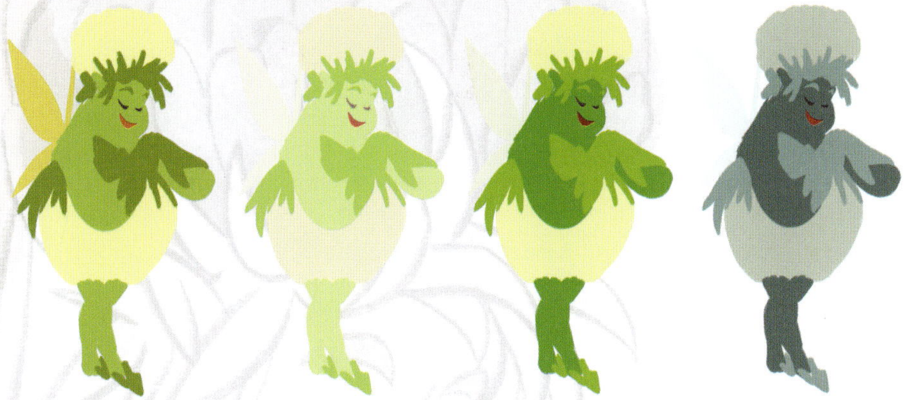

COLOR THUMBNAILS

Farbvorschauen oder Color Thumbnails sind schnelle und grobe Skizzen, die verwendet werden, um die Farbpalette und Farbverteilung in einem Design zu testen. Sie dienen als eine Art Vorab-Check, um sicherzustellen, dass das endgültige Werk gut aussehen wird.

Das Erstellen von Farbvorschauen sollte schnell und unkompliziert sein, um Zeit und Aufwand zu sparen. Sie bieten eine Möglichkeit, verschiedene Farbkombinationen zu testen und die beste Option für das endgültige Werk auszuwählen. Wenn du mit der Farbpalette zufrieden bist, kannst du mit dem richtigen Ausmalen beginnen.

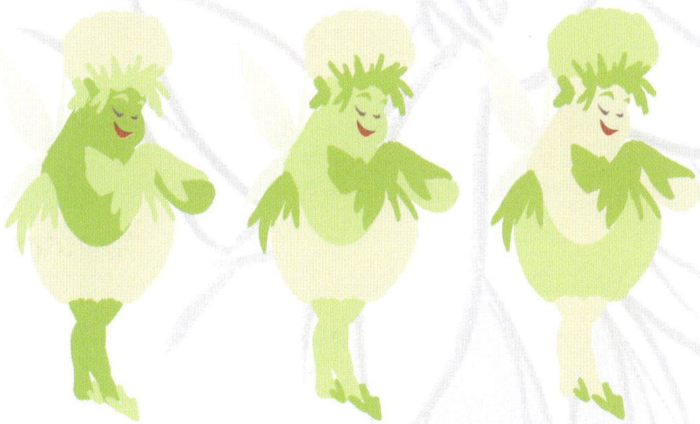

Tipp:

Du kannst von ein und derselben Farbpalette unterschiedliche Color Thumbnails erstellen. Ich experimentiere immer gerne mit der Farbverteilung, wenn mir eine Farbpalette gefällt. Manchmal muss man es wagen, zu experimentieren und zum Beispiel die Haut grün färben.

Kleias Aussehen spiegelt die Schönheit der Natur wider und ist in verschiedenen Gelb- und Grüntönen gehalten, um ihre Verbindung zur Pflanzenwelt hervorzuheben. Sie trägt ein Kleid aus zarten Blütenblättern und eine Krone aus weißem Klee, die ihre königliche Abstammung symbolisiert.

Die finale Farbpalette verbindet warme Gelb- und Grüntöne und weist einen Kontrast durch Helligkeitsunterschiede auf.

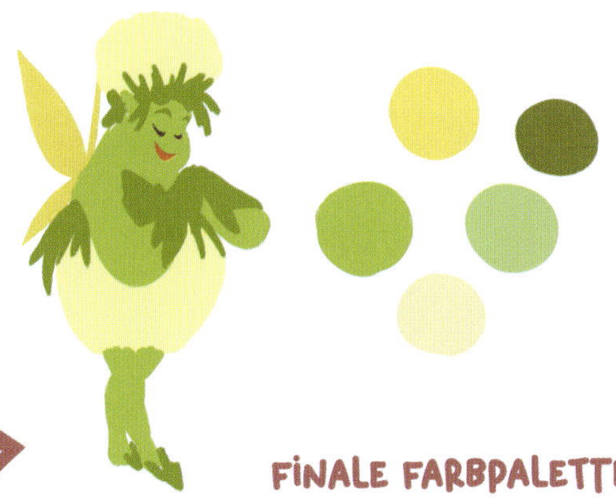

FINALE FARBPALETTE

TULIPIA, DIE HERZLICHE FEE

FARBGESTALTUNG & ENTWICKLUNG

ÜBER TULIPIA UND IHRE GABE:

Zur Geburt von Dornröschen beschenkt Tulipia sie mit Liebe und Mitgefühl. Es ist ein Geschenk, das Dornröschen in der Welt, in der sie aufwächst, begleitet und sie in schwierigen Momenten unterstützt. Tulipias Design basiert auf den abgerundeten Dreiecksformen einer Tulpe und verbindet scharfe und weiche Kanten, was ihre herzliche und fürsorgliche Persönlichkeit betont.

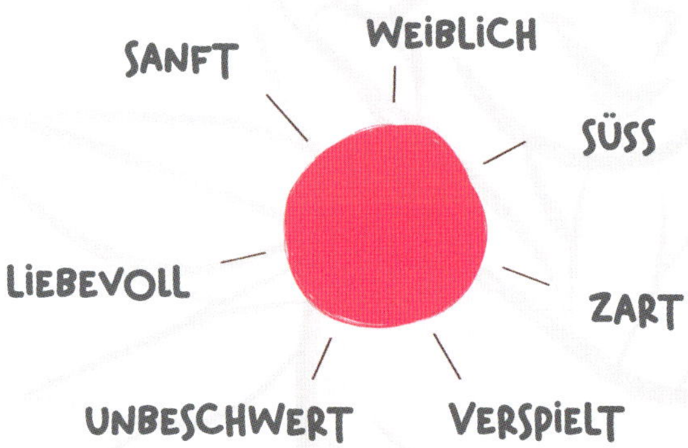

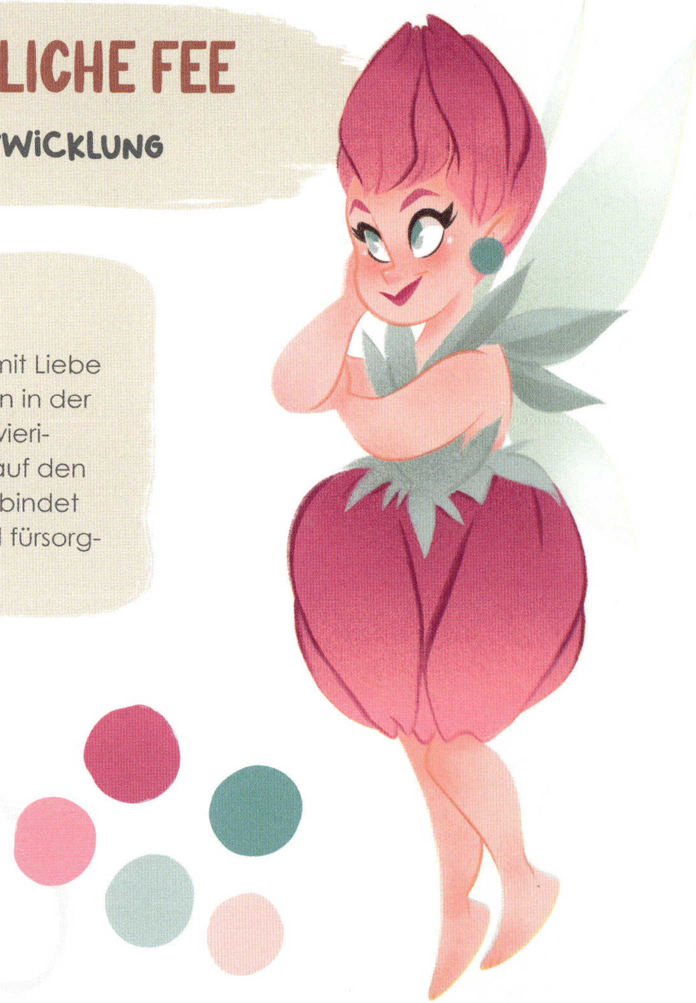

ENTWURF

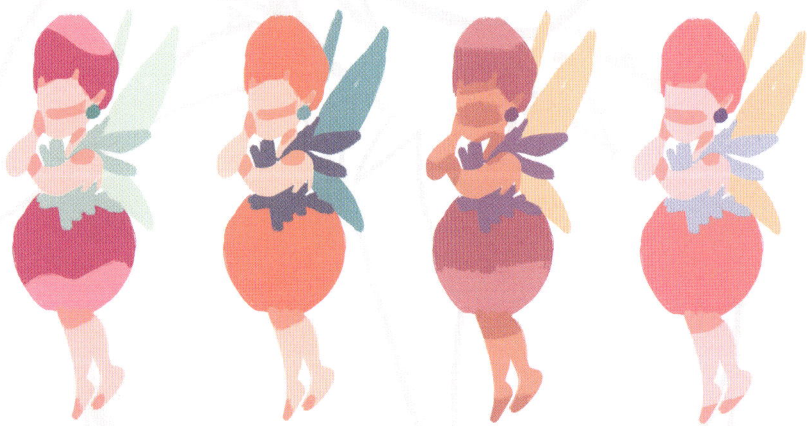

COLOR THUMBNAILS

Auch für Tulipia habe ich einige Color Thumbnails mit verschiedenen Variationen von Pink getestet. Im Vergleich gefällt mir die Variante mit dem Komplementärfarbschema am besten, da es ein liebliches Pink mit einem kontrastreichen Grün kombiniert.

Eine ästhetische Farbpalette kreieren

Die Beispielfarben der Farbschemata sind lediglich Ausgangspunkte und müssen weiter bearbeitet werden, um eine ansprechende Farbpalette zu kreieren. Eine ästhetische Palette entsteht durch das Zusammenspiel der Farben in Bezug auf Helligkeit, Sättigung und Farbton.
An diesem Beispiel siehst du, wie ich die Farbpalette für Tulipia gestaltet habe:

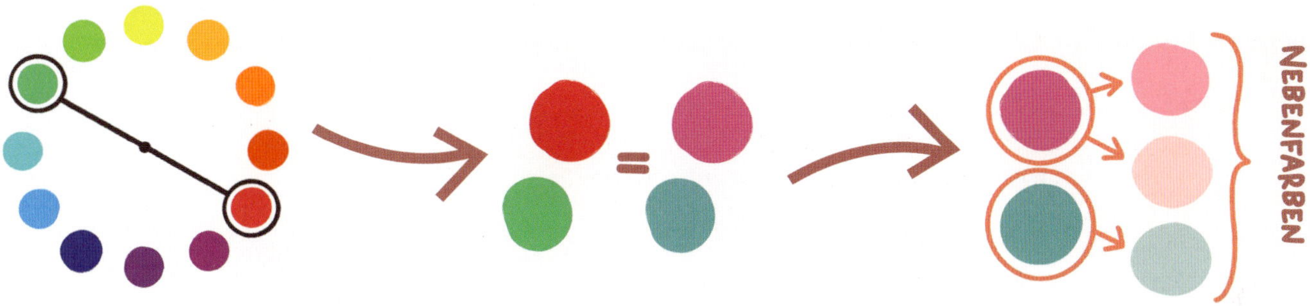

Farbschema als Ausgangspunkt wählen. Für Tulipia benutze ich ein komplementäres Farbschema.

Sättigung und Helligkeit der Hauptfarben anpassen.

Aus Hauptfarben weitere Nebenfarben erstellen. Diese sollten sich in der Helligkeit und Sättigung von den Hauptfarben unterscheiden, damit Kontrast entsteht.

Eine gute Farbpalette besteht meistens aus zwei Hauptfarben und drei Nebenfarben. Mehr Farben lassen deinen Charakter sonst häufig zu bunt wirken!

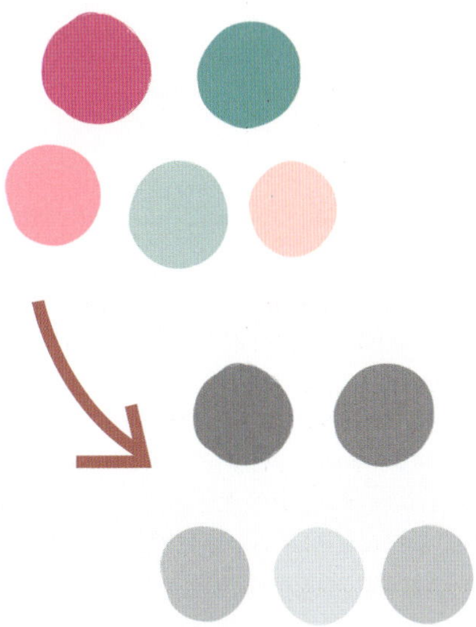

Tipp:

Wenn deine Farbpalette nicht das gewisse Etwas aufweist, solltest du versuchen, mit der Helligkeit und Sättigung der Farben zu spielen. Insbesondere die Helligkeit kann einen wunderschönen Kontrast in deine Palette bringen.

Auf der linken Abbildung siehst du, wie meine Palette in Grautönen einen Helligkeitskontrast aufweist. Dadurch werden die einzelnen Körperteile des Charakters besser erkennbar.

MOHNIA, DIE EUPHORISCHE FEE

FARBGESTALTUNG & ENTWICKLUNG

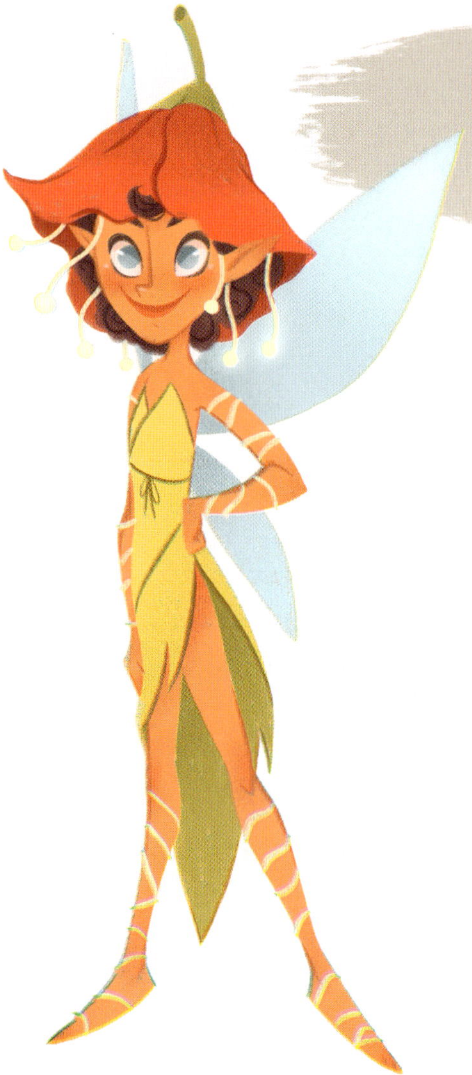

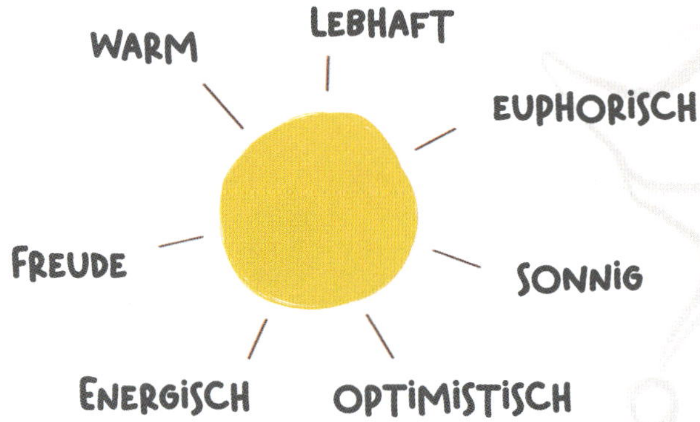

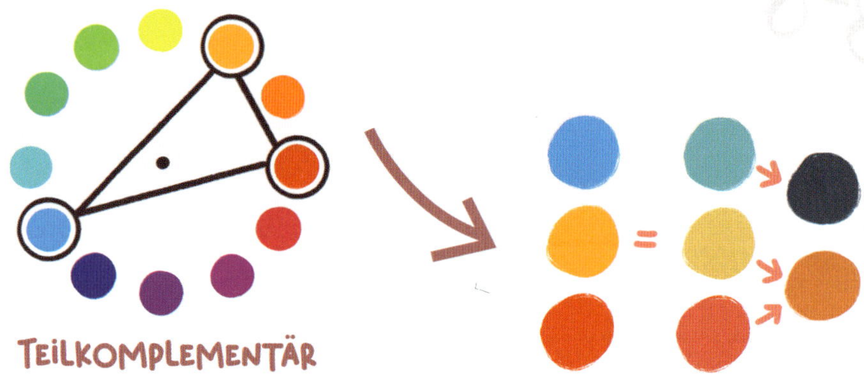

ÜBER MOHNIA UND IHRE GABE:

Zur Geburt von Dornröschen überreicht Mohnia ihr als Geschenk Entschlossenheit, Freiheit und Abenteuerlust, um ihr Mut zu machen, neue Herausforderungen anzunehmen und die Welt um sich herum mit Freude und positiver Energie zu entdecken. Das Design von Mohnia unterstreicht ihre wendige und energiegeladene Persönlichkeit mit spitzen und dünnen Formen.

Mohnias Farbpalette besteht aus einem teilkomplementären Farbschema.

Ich habe die Farben Rot, Orange und Blau noch weiter bearbeitet, damit sie unterschiedlich stark leuchten.

COLOR THUMBNAILS

Mohnias Color Thumbnails sollen den Fokus besonders auf die Farben Gelb und Orange legen, um ihre euphorische Persönlichkeit zu unterstreichen.

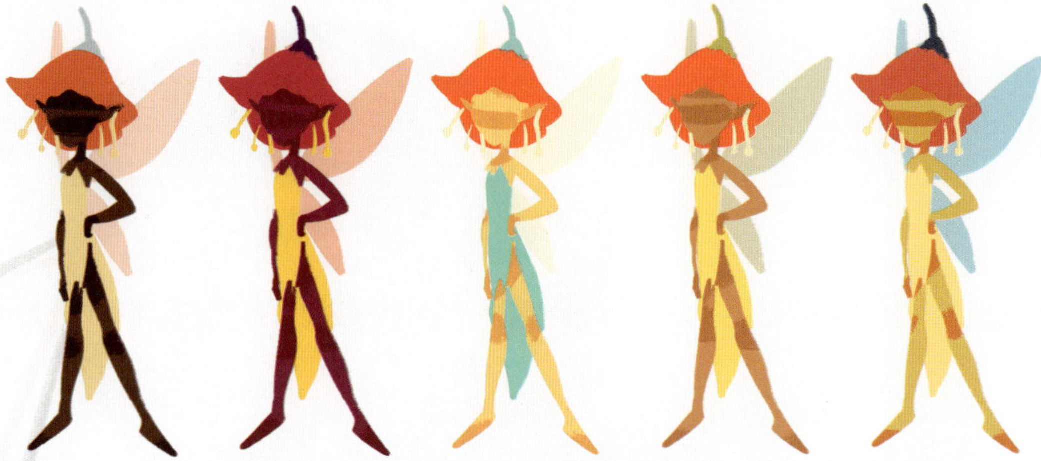

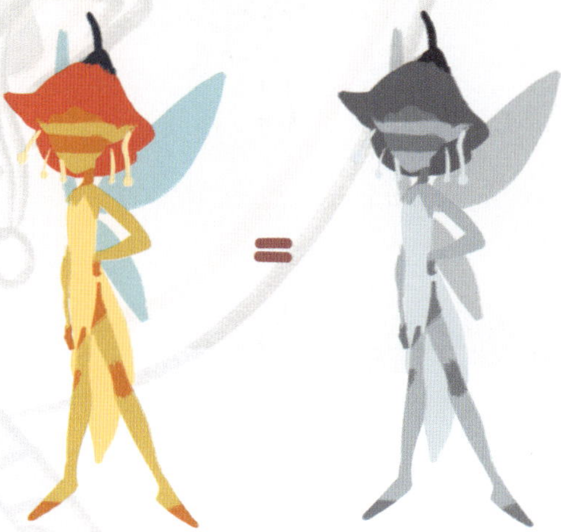

FARBE = GRAUSTUFEN

Tipp:

Es ist empfehlenswert, die Color Thumbnails deines Designs einmal in Graustufen anzusehen. Dadurch wird deutlich, ob die Helligkeitswerte der verschiedenen Elemente ausreichend voneinander abgegrenzt sind.

In meinem Beispiel würde ein größerer Kontrast zwischen hellen und dunklen Farben dazu beitragen, dass die einzelnen Formen stärker in den Fokus rücken und der Charakter somit klarer erkennbar wird.

Hier habe ich mit Helligkeitsstufen versucht, die einzelnen Kleidungsstücke klarer voneinander zu trennen, indem sie dunkler sind als der Rest des Körpers.

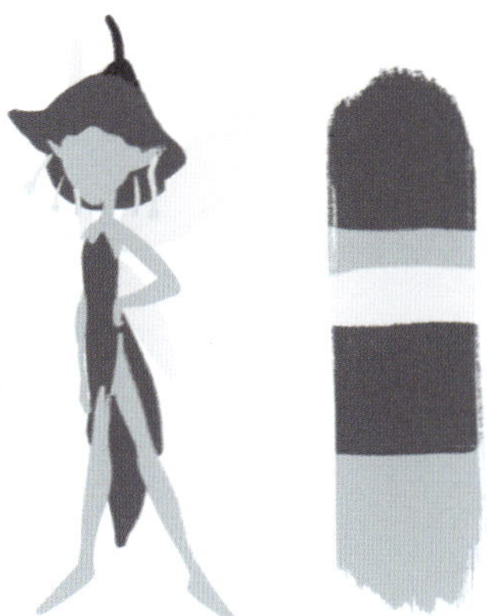

Hier wiederum haben wir einen Helligkeitsverlauf von unten (hell) nach oben (dunkel). Somit wird das Auge zum Gesicht, dem wichtigsten Punkt, geführt.

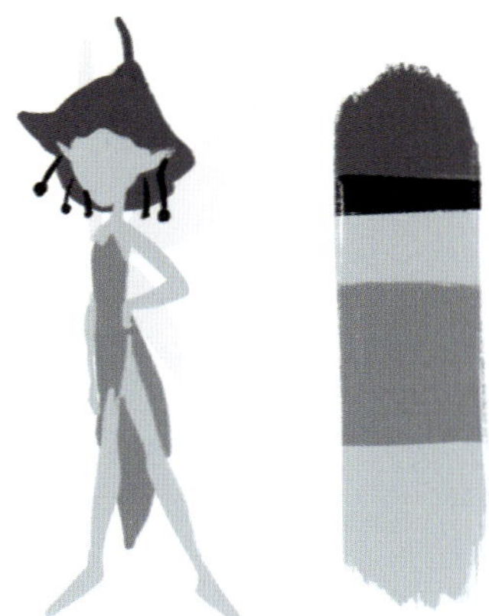

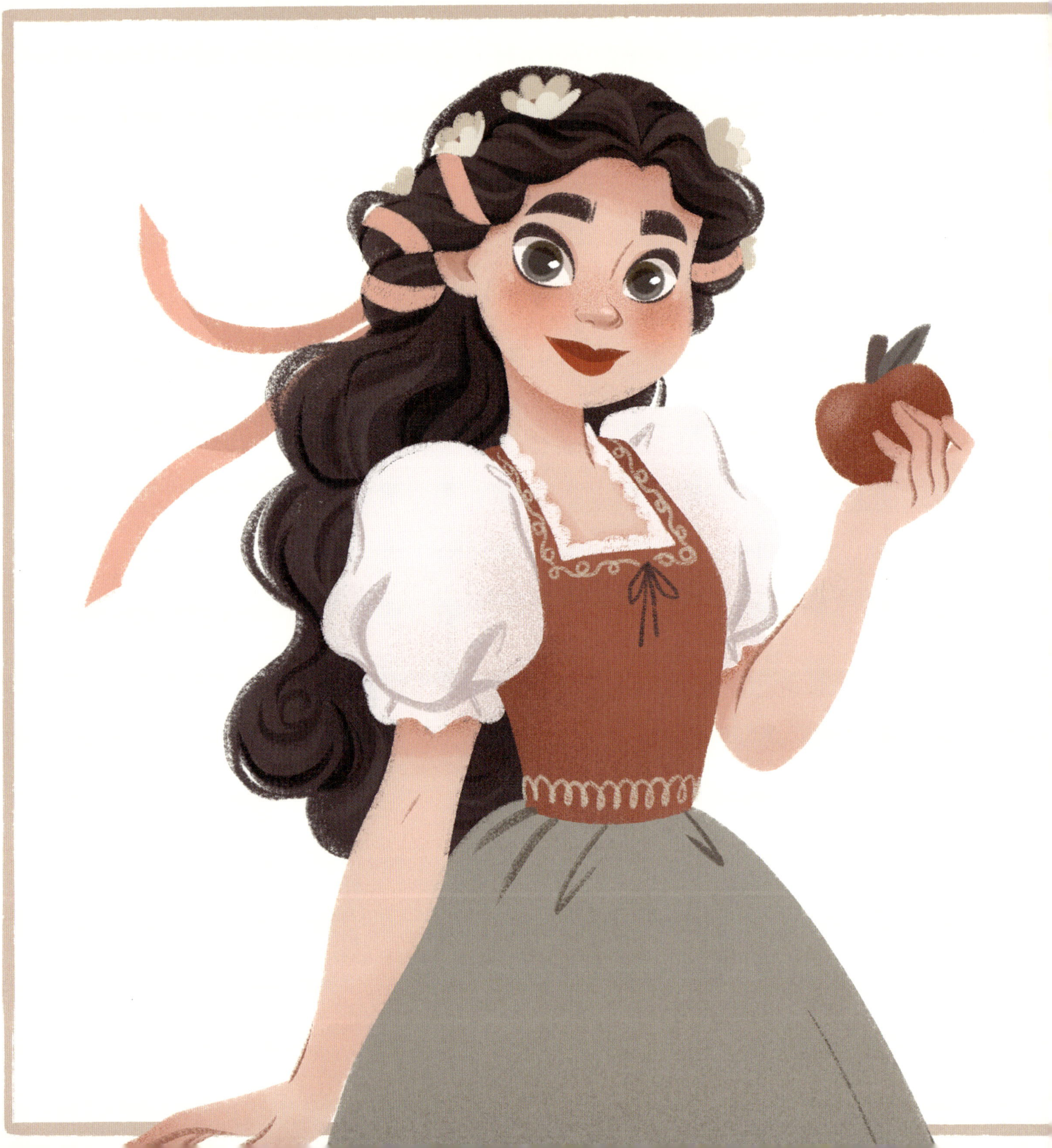

KAPITEL 08

MODEL SHEETS & CHARACTER LINEUPS

MÄRCHEN:
SCHNEEWITTCHEN

MODEL SHEETS

Beispiel: Schneewittchen

Was ist ein Model Sheet?

Ein Model oder Character Sheet ist eine Sammlung von Zeichnungen, die verschiedene Ansichten des Charakters aus unterschiedlichen Blickwinkeln zeigen, einschließlich der Vorder-, Rück- und Seitenansicht. Diese Zeichnungen dienen als Referenz für all diejenigen, die an dem Projekt beteiligt sind, um sicherzustellen, dass der Charakter in allen Szenen und Einstellungen gleich aussieht. Dadurch wird verhindert, dass die visuelle Kohärenz des Projekts beeinträchtigt wird.

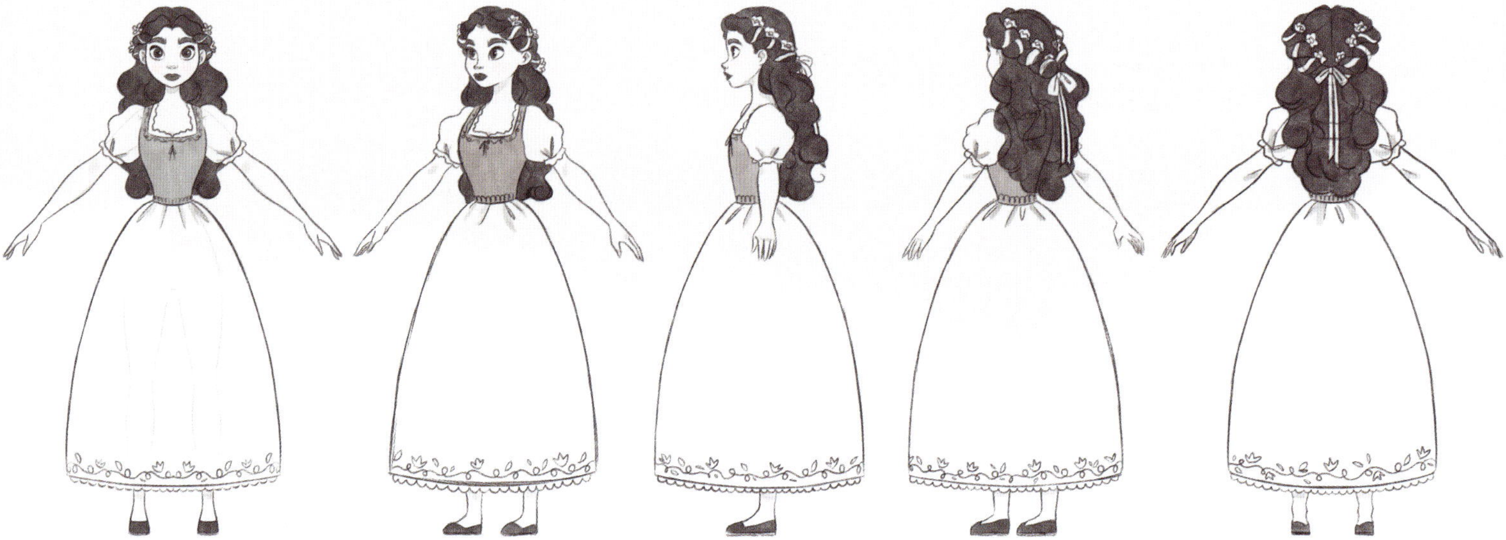

VORNE | 3/4 VORNE | LINKS | 3/4 HINTEN | HINTEN

Character Sheets werden in orthografischen Ansichten erstellt. Das bedeutet, dass alle Objekte im gleichen Maßstab gezeichnet werden, parallele Linien parallel bleiben und eine Längeneinheit überall auf der Zeichnung gleich lang ist. Diese Eigenschaften machen das Model Sheet zu einem wichtigen Instrument für 3D-Modellierer:innen. Denn durch das Importieren des Model Sheets als Referenz können sie einen Charakter in 3D konstruieren und dabei die genauen Proportionen und Abstände des Charakters beibehalten.

Character Sheets werden in der Regel von einem oder mehreren Lead Designern oder Concept Artists erstellt. Sie sind dafür verantwortlich, das Aussehen des Charakters zu konzipieren und sicherzustellen, dass es den Anforderungen des Projekts entspricht.

Nachdem das Design des Charakters abgeschlossen ist, werden die Model Sheets an weitere Beteiligte im Projektteam, beispielsweise Animator:innen, weitergegeben, um sicherzustellen, dass der Charakter in allen Szenen und Einstellungen konsistent aussieht.

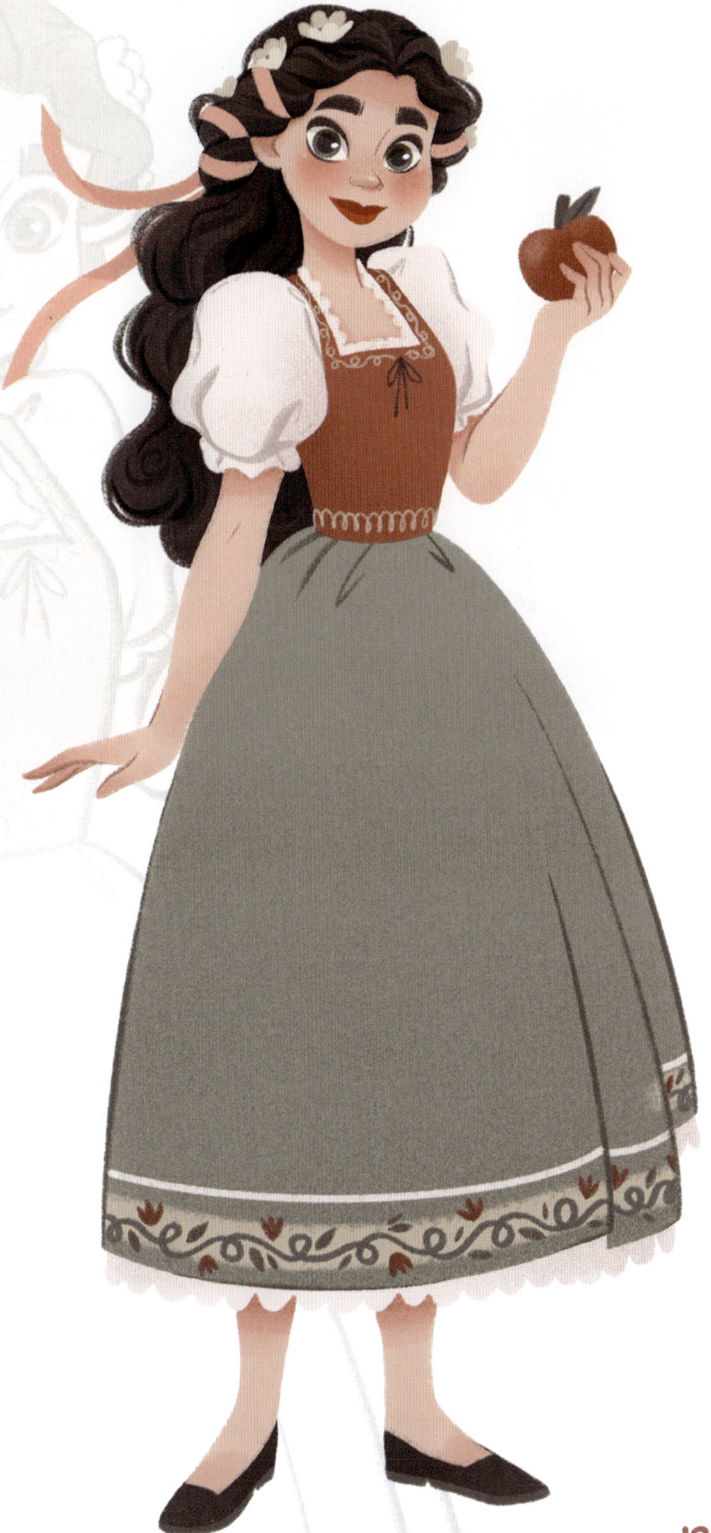

Egal, ob man an einem Kinderbuch, einem Film- oder Fernsehprojekt oder einem Videospiel arbeitet, es ist wichtig, dass der Charakter immer gleich aussieht. Mit einem Character Sheet kann man dies jederzeit überprüfen und sicherstellen, dass alle Zeichnungen des Charakters die gleichen Proportionen, Details und Merkmale aufweisen.

Tipp:

Wenn du noch nie ein Character Sheet erstellt hast, empfiehlt es sich, mit einem leichten Charakter, der nicht menschlich ist, anzufangen. Du kannst den Schwierigkeitsgrad dann immer weiter steigern. Auch hier gilt: Übung macht den Meister!

SCHRITT FÜR SCHRITT EIN CHARACTER SHEET ZEICHNEN

In diesem Beispiel werde ich dir zeigen, wie ich ein Character- oder Model Sheet für Schneewittchen erstelle. Natürlich gibt es verschiedene Methoden, um ein Model Sheet zu erstellen und jede:r hat eigene Vorlieben.

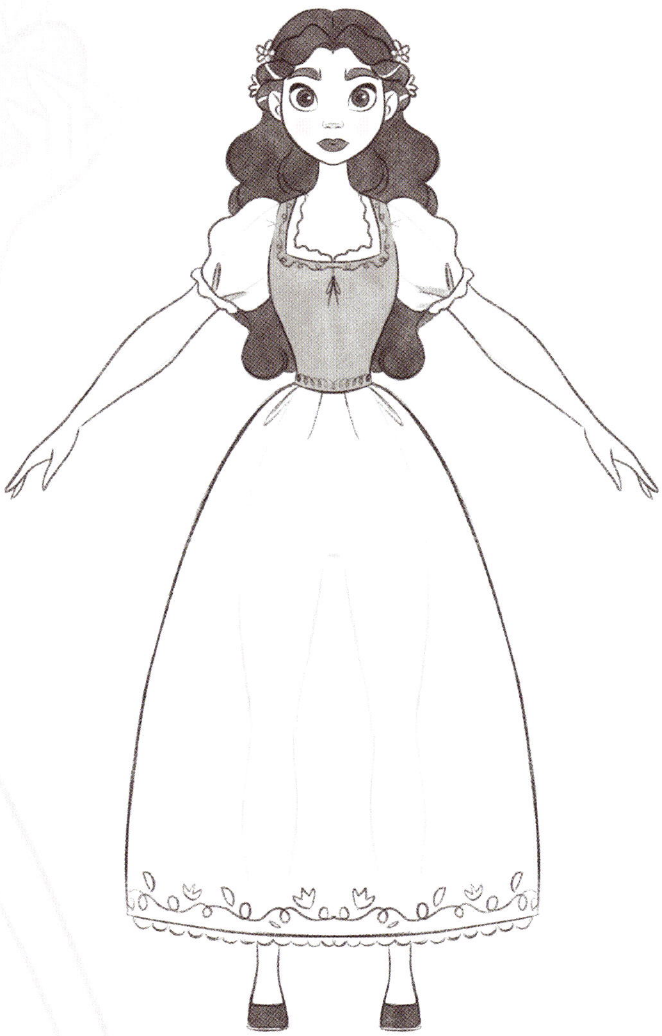

SCHNEEWITTCHEN IN DER A- POSE

1. SCHRITT: DIE VORDERANSICHT

Symmetrie

Ich beginne damit, den Charakter in der Vorderansicht zu zeichnen. Dabei achte ich darauf, dass der Charakter in einer A- oder T-Pose steht und symmetrisch ist. Es gibt verschiedene Möglichkeiten, um sicherzustellen, dass der Charakter symmetrisch ist: Man kann Symmetriefunktionen in Zeichenprogrammen verwenden oder einfach die Hälfte des Charakters zeichnen und dann auf die andere Seite spiegeln.

T- und A-Pose

Die T-Pose ist eine Pose, in der der Charakter aufrecht steht und die Arme seitlich ausgestreckt sind, um eine T-Form zu bilden. Bei der A-Pose hingegen sind die Arme nach unten geneigt und bilden ein A. Diese Posen werden oft verwendet, um eine saubere Basisposition für eine Animation zu schaffen, da sie es ermöglichen, den Charakter von Kopf bis Fuß zu modellieren und die Position und Ausrichtung der Gliedmaßen genau zu bestimmen.

A. Grundformen

Zunächst definiere ich die Proportionen meines Charakters. Dabei verwende ich einfache geometrische Formen, um seine Proportionen grob zu skizzieren. Auf dieser soliden Basis kann ich im nächsten Schritt aufbauen.

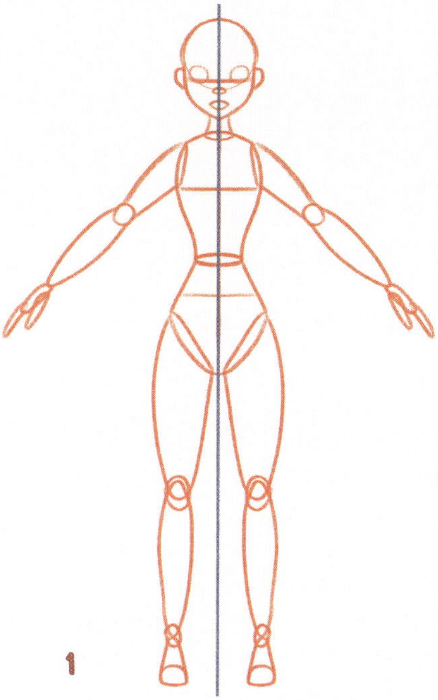

1

B. Körperlinien

Nachdem die Grundformen des Charakters festgelegt wurden, beginne ich mit dem Zeichnen der Umrisse des Körpers. Auch wenn der Charakter Kleidung trägt, ist es wichtig, die Proportionen des Körpers aus verschiedenen Blickwinkeln festzulegen. Schließlich könnte der Charakter im Verlauf der Geschichte auch Kleidung tragen, die Arme und Beine nicht so stark bedeckt.

In diesem Schritt ist es besonders wichtig, auf anatomische Korrektheit zu achten. Es empfiehlt sich, gegebenenfalls Referenzmaterial zur Hand zu nehmen, um sicherzustellen, dass die Proportionen des Charakters stimmig sind.

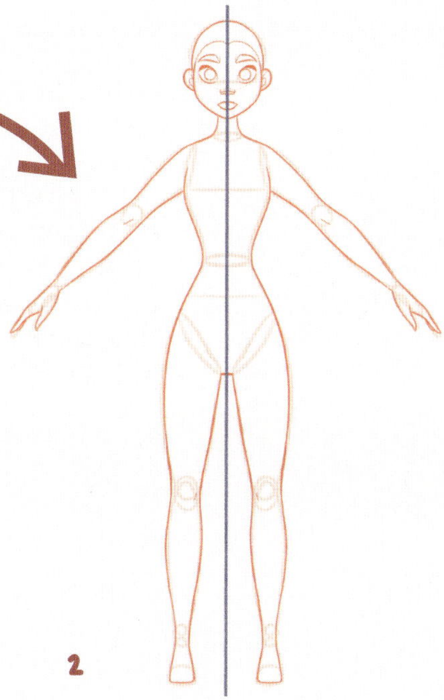

2

C. Zubehör

Sobald die Körperlinien gezeichnet sind, können Details wie Haare, Kleidung und Accessoires hinzugefügt werden. Es kann hilfreich sein, dabei andere Farben zu verwenden, um die verschiedenen Teile visuell voneinander abzugrenzen. Beispielsweise könnte man Rot für die Körperlinien und eine andere Farbe für die Details verwenden.

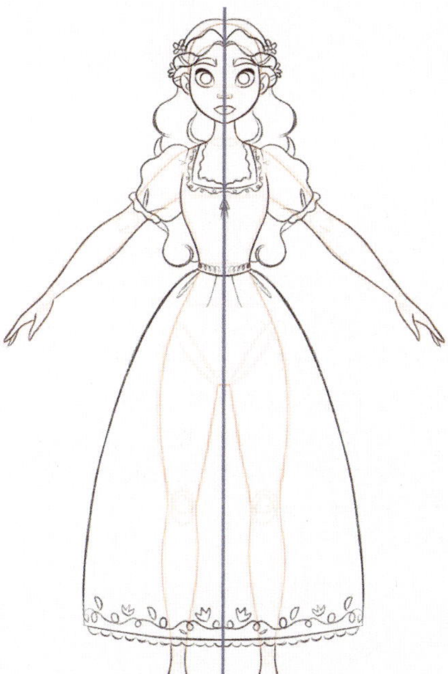

3

2. SCHRITT: HILFSLINIEN FESTLEGEN

Ein weiterer wichtiger Faktor bei der Erstellung von Character- oder Model Sheets ist die Einhaltung von Proportionen und Größenverhältnissen. Dies ist besonders wichtig, wenn der Charakter in verschiedenen Ansichten gezeichnet wird, um sicherzustellen, dass eine visuelle Kontinuität im Projekt gewährleistet ist.

Eine Möglichkeit, dies zu erreichen, ist das Festlegen von Abständen zwischen einzelnen Körperteilen wie Augen, Nase und Mund durch das Hinzufügen von transparenten Linien im Hintergrund. Diese Linien helfen dabei, die Position der Merkmale in allen Ansichten beizubehalten und dadurch eine einheitliche Gestaltung zu ermöglichen. Außerdem erleichtert es das Zeichnen der anderen Ansichten in den kommenden Schritten.

In der Abbildung rechts siehst du einige typische Linien, die du verwenden kannst, um präzise Abstände zwischen den verschiedenen Körperteilen festzulegen.

Tipp:

Arbeite auch in diesem Schritt wieder mit Farben, wie etwa Blau oder Rot. Diese haben im Vergleich zu den schwarzen Outlines einen geringeren Kontrast zum weißen Hintergrund.

Dies kann helfen, die anderen Perspektiven einfacher zu zeichnen und dabei nicht zu stark von den Hilfslinien abgelenkt zu werden. Mit Farben lassen sich die einzelnen Teile des Character Sheets besser visuell voneinander trennen und es erleichtert zudem die Orientierung auf der Zeichenfläche.

Zusätzlich können Farben dabei helfen, den Fortschritt des Character Sheets zu verfolgen und schnell zu erkennen, welche Bereiche bereits fertiggestellt sind.

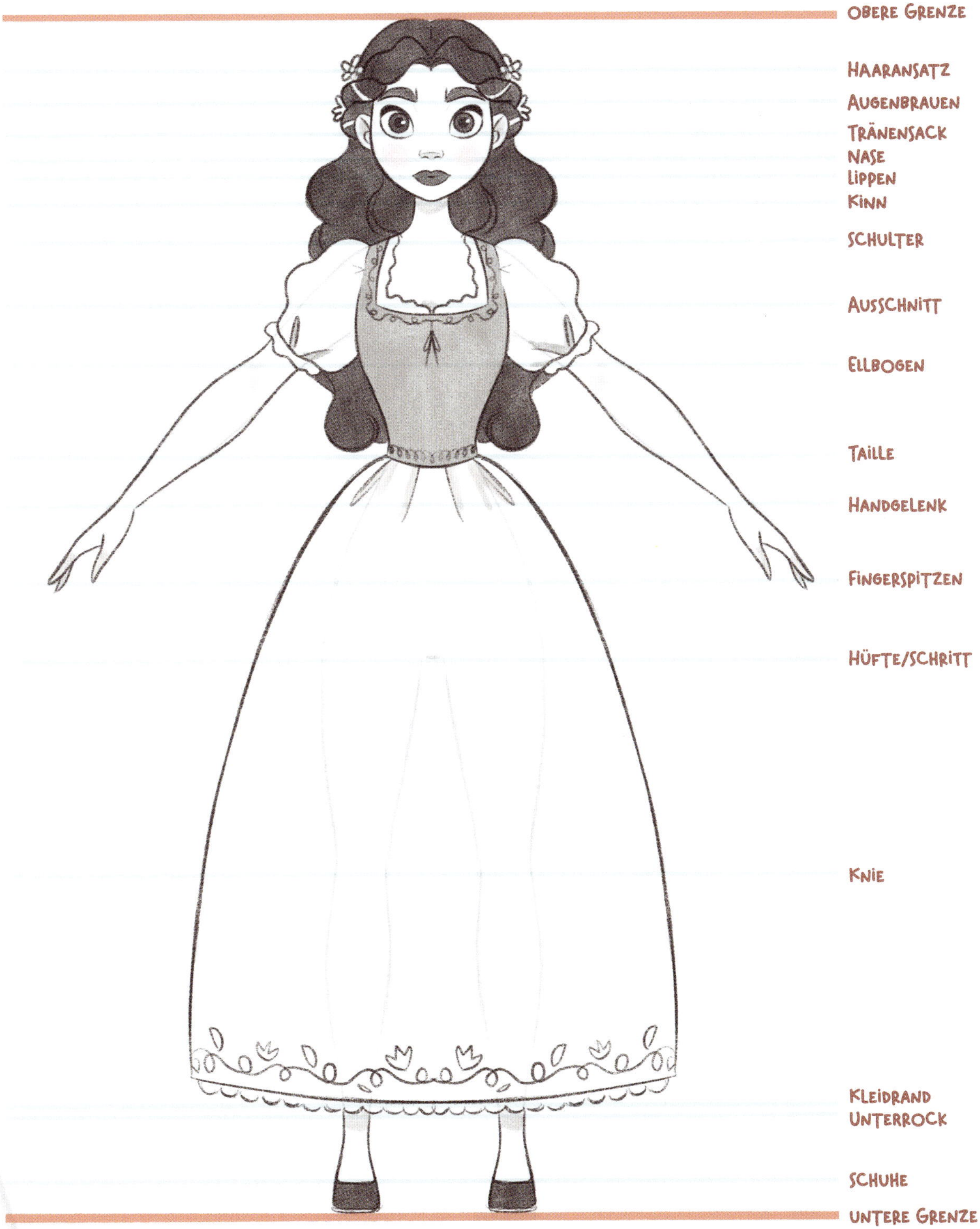
OBERE GRENZE
HAARANSATZ
AUGENBRAUEN
TRÄNENSACK
NASE
LIPPEN
KINN
SCHULTER
AUSSCHNITT
ELLBOGEN
TAILLE
HANDGELENK
FINGERSPITZEN
HÜFTE/SCHRITT
KNIE
KLEIDRAND
UNTERROCK
SCHUHE
UNTERE GRENZE

3. Schritt: Die Seitenansicht

Wenn die Vorderansicht fertig ist, kannst du sie leicht transparent machen, und als Grundlage für die Seitenansicht verwenden. Orientiere dich an den Hilfslinien, damit die Position für Augen, Nase, Mund … eingehalten wird.

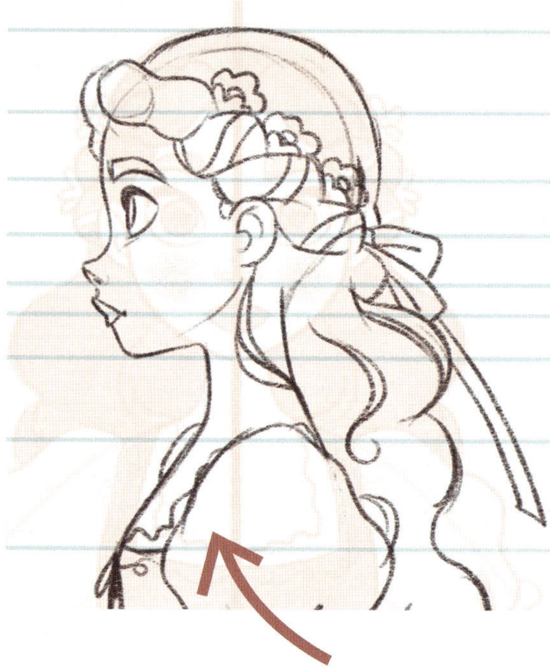

Tipp:

Mache mehrere Durchgänge auf verschiedenen Ebenen. Starte erst einmal mit Basisformen und gehe dann immer weiter ins Detail.

Nutze die Hilfslinien und die Vorderansicht zur Orientierung, um weitere Ansichten zu zeichnen.

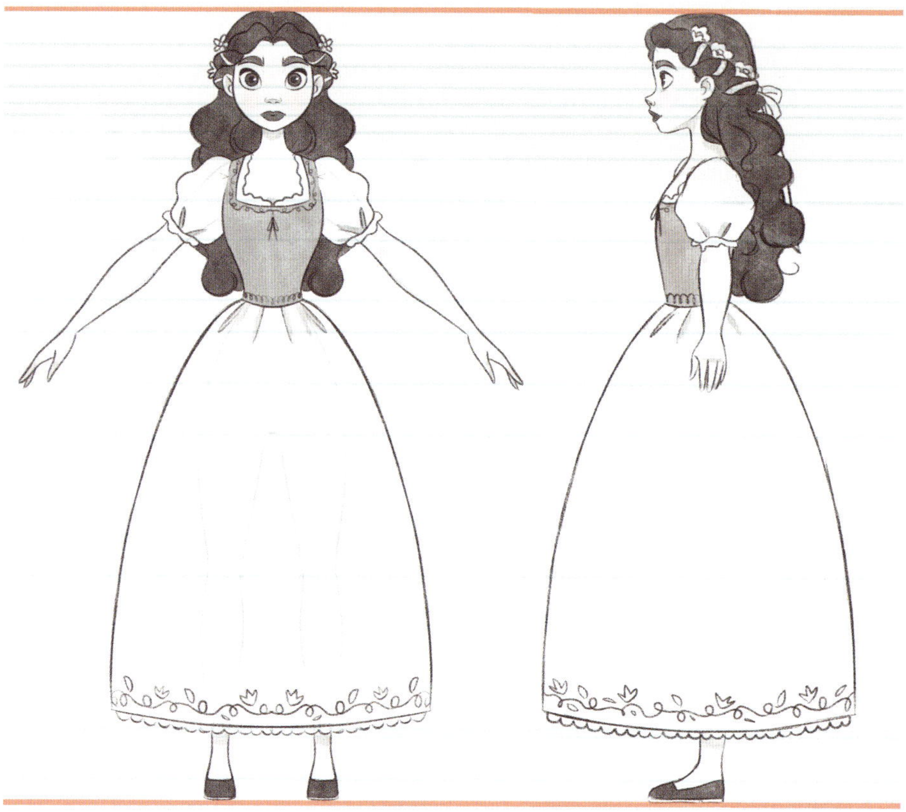

Kontrolliere zum Schluss noch einmal alle Details, indem du die Seitenansicht neben die Vorderansicht stellst und beide miteinander vergleichst.

Sind wirklich alle Merkmale auf den Hilfslinien an der gleichen Stelle?

4. SCHRITT: DIE 3/4-ANSICHT

Bei der ¾-Ansicht gibt es insgesamt vier Variationen: von vorne, hinten, links und rechts. Wenn dein Charakter symmetrisch ist, wird die Arbeit erleichtert, da du die linke und rechte Seite einfach spiegeln kannst, um die Vorder- und Rückseite zu erhalten.

Auch bei der orthografischen ¾-Ansicht solltest du dich an den Hilfslinien orientieren. Um ein besseres Gefühl für die Perspektive zu bekommen, empfiehlt es sich, wieder mit Grundformen zu beginnen und diese mit einem Mittelpunkt aus Kreuzen zu markieren. Dadurch behältst du einen besseren Überblick und kannst die Perspektive einfacher umsetzen.

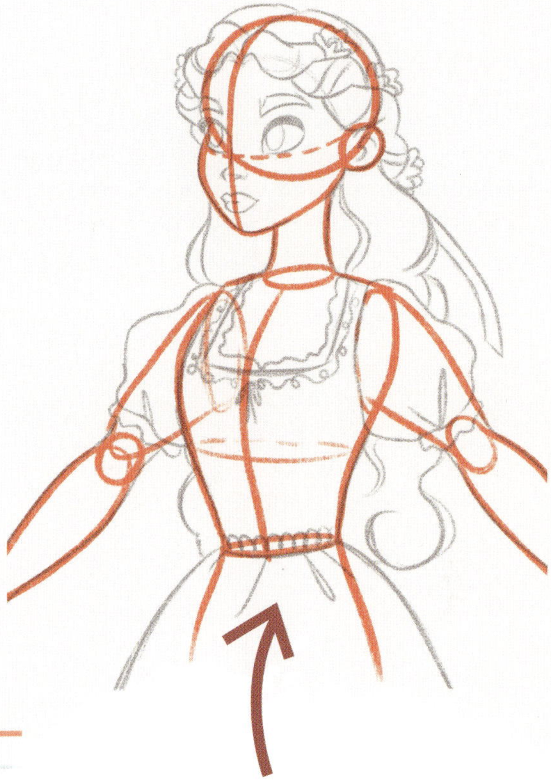

Grundformen helfen, in der Perspektive die Richtung festzulegen.

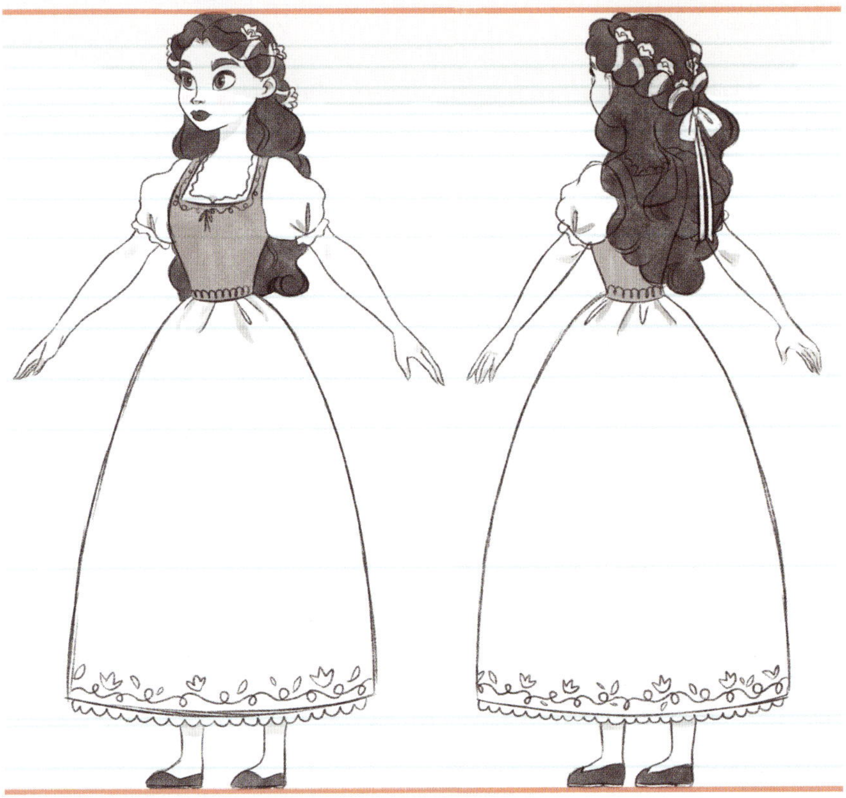

Eine ¾-Ansicht erfordert eine grundlegende Kenntnis der Perspektive. Übe, indem du einfache Formen in dieser Ansicht zeichnest, um ein besseres Verständnis dafür zu bekommen, wie die Perspektive funktioniert. Verwende Referenzbilder von anderen Charakteren oder Menschen, um zu sehen, wie die Proportionen in der ¾-Ansicht aussehen sollten.

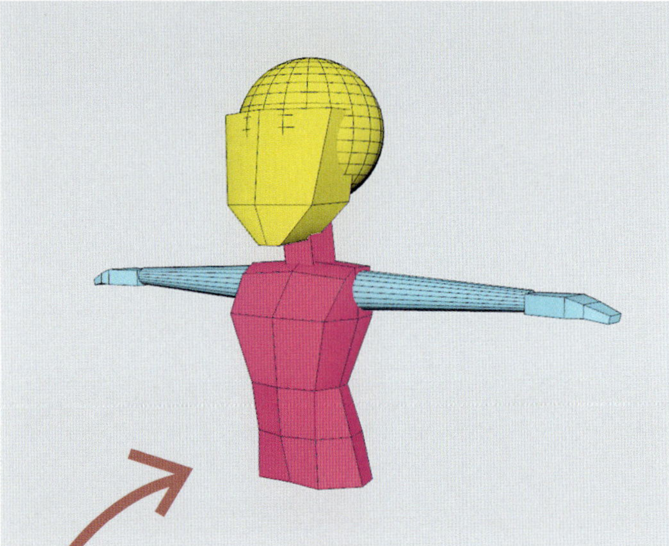

Mit ein paar Grundlagen kannst du auch ohne große Vorkenntnisse in 3D ein grobes Basismodell bauen, welches bei der perspektivischen Darstellung als Referenz helfen kann.

Weitere Methoden

Eine sehr nützliche Methode zur Erstellung von Charakteren ist das Arbeiten mit simplen 3D-Formen. Dadurch erhältst du ein besseres Gefühl für Formen und kannst sicher sein, dass die Perspektive stimmt. Es ist nicht notwendig, ein professioneller 3D-Modellierer zu sein, um diese Methode anzuwenden. Ein simples Basiswissen genügt, um beispielsweise einen einfachen Charakter aus Formen wie Kugeln, Zylindern und Würfeln zu bauen. Im 3D-Bereich spricht man von einem „Blocking" aus Grundformen, welche helfen, ein Verständnis für die Perspektive zu entwickeln.

Tipp:

Wenn du noch keine Erfahrung mit 3D-Animation hast, kannst du zum Beispiel die kostenlose Software Blender verwenden und dir Grundkenntnisse über YouTube aneignen. Für ein einfaches Blocking sollte dies ausreichen.

Das Einzeichnen von Gitternetzen auf den Grundformen ist übrigens auch eine Methode, um ein besseres Gefühl für die Formen von Körper und Gesicht deiner Charaktere zu bekommen!

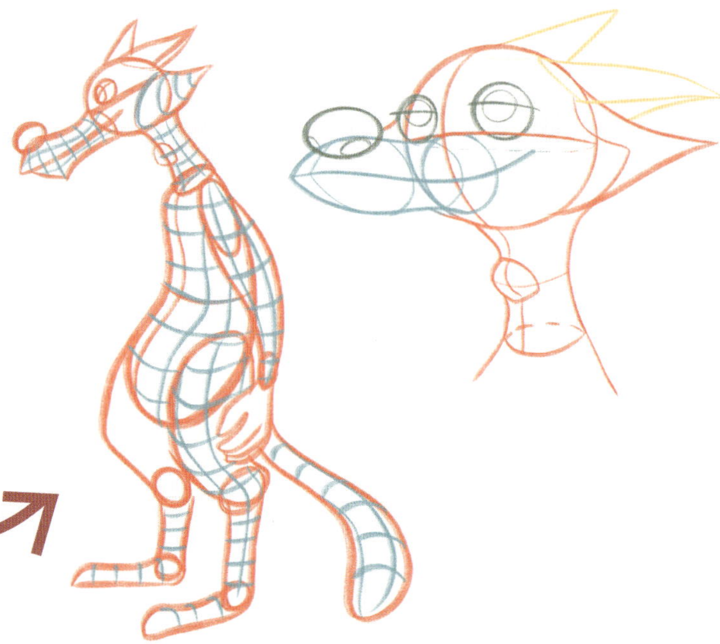

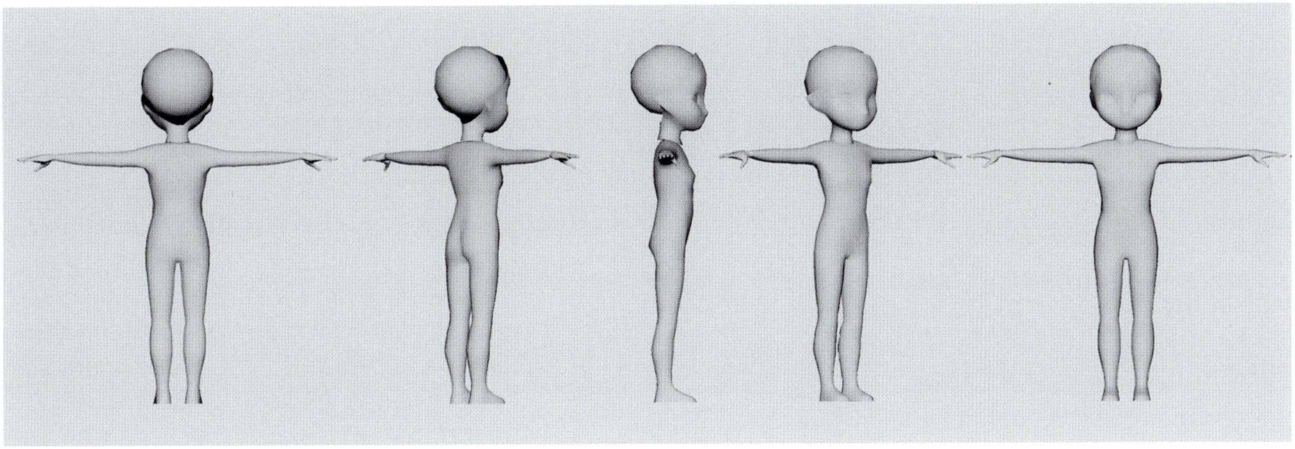

3D-Charakter-Basismodell

Renderings oder Screenshots aus verschiedenen Ansichten können als Grundlage für ein Character Sheet dienen. Es hilft, die Perspektive richtig zu zeichnen.

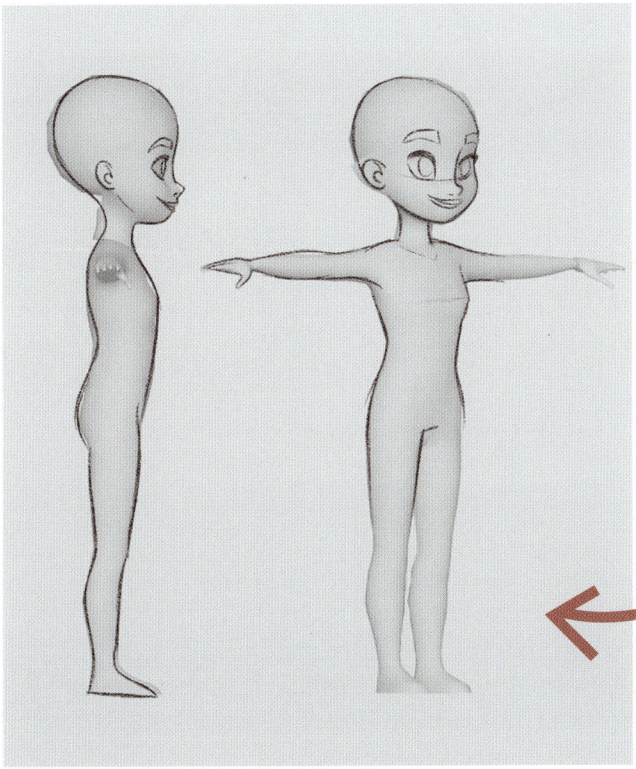

Das Überzeichnen

Eine hilfreiche Methode ist das Arbeiten mit Screenshots eines 3D-Basismodells. Hierbei kannst du das Bild einfach transparent machen und einer neuen Ebene die Konturen und feinen Details einzeichnen. Wenn das Basismodell sehr einfach ist, müssen gegebenenfalls noch Proportionen angepasst werden.

Auf der linken Abbildung siehst du, wie ich über das 3D-Rendering zeichne und es als Hilfestellung für Proportionen und Perspektive nutze.

CHARACTER LINEUPS

DIE SIEBEN ZWERGE

Ein Character Lineup ist eine Gruppierung von Charakteren, die in einem Projekt vorkommen. Diese Zeichnung zeigt eine typische Seite-an-Seite-Ansicht der Charaktere, damit die Betrachtenden ihre Unterschiede und Gemeinsamkeiten leicht erkennen können. Ein Character Lineup hilft dabei, sicherzustellen, dass die Charaktere sich visuell voneinander unterscheiden und trotzdem alle in den Kontext des Projekts passen.

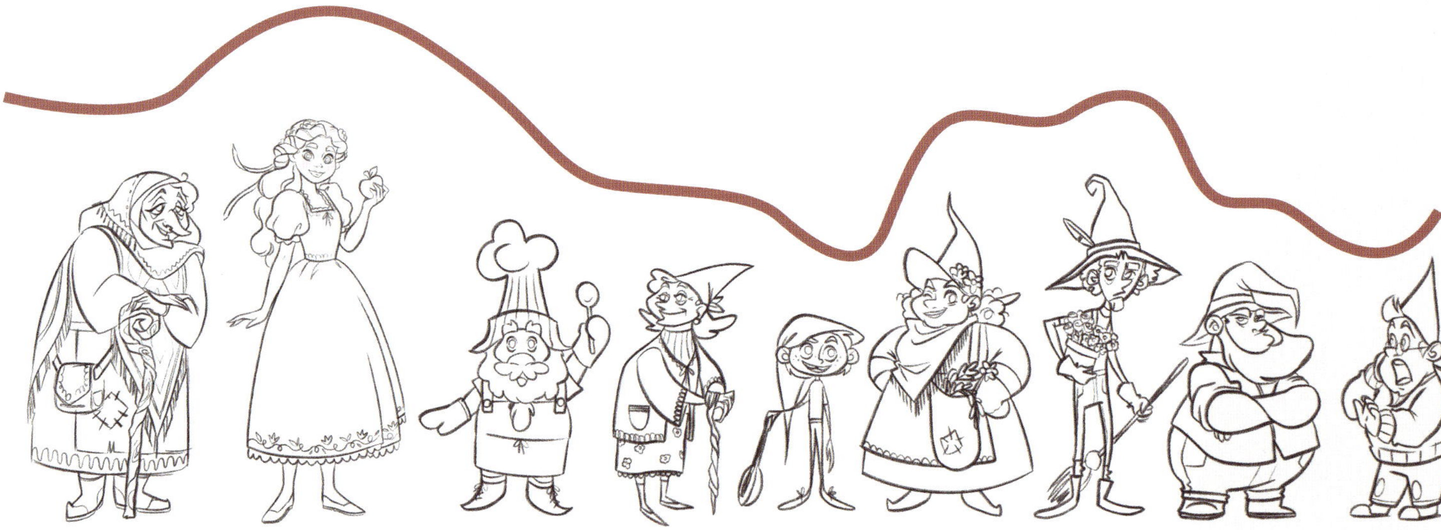

ALTE DAME SCHNEEWITTCHEN DIE SIEBEN ZWERGE

Die Festlegung von Größenverhältnissen ist ein wichtiger Aspekt bei der Erstellung eines Character Lineups. Eine dynamische Linienführung, die verschiedene Charaktere in unterschiedlichen Größen und Positionen präsentiert, schafft eine Spannung und Dynamik im Lineup. Im Gegensatz dazu wirken Character Lineups mit nur geraden Linien und einheitlichen Größenverhältnissen oft eintönig und langweilig. Eine geschickte Kombination von Farben und Formen kann dazu beitragen, dass jeder Charakter im Lineup einzigartig und leicht zu unterscheiden ist.

Die Verwendung von verschiedenen Farben in einem Character Lineup ist eine großartige Möglichkeit, um die einzelnen Charaktere deutlicher voneinander abzugrenzen und ihre Persönlichkeiten zu betonen. Es ist jedoch wichtig, Farben auszuwählen, die gut miteinander harmonieren und dem Stil des Lineups entsprechen. Im Falle von Schneewittchen könnten sanfte und erdige Farben passend sein. Um diesen Farben mehr Kontrast zu verleihen, kann man beispielsweise mit verschiedenen Helligkeitsstufen arbeiten.

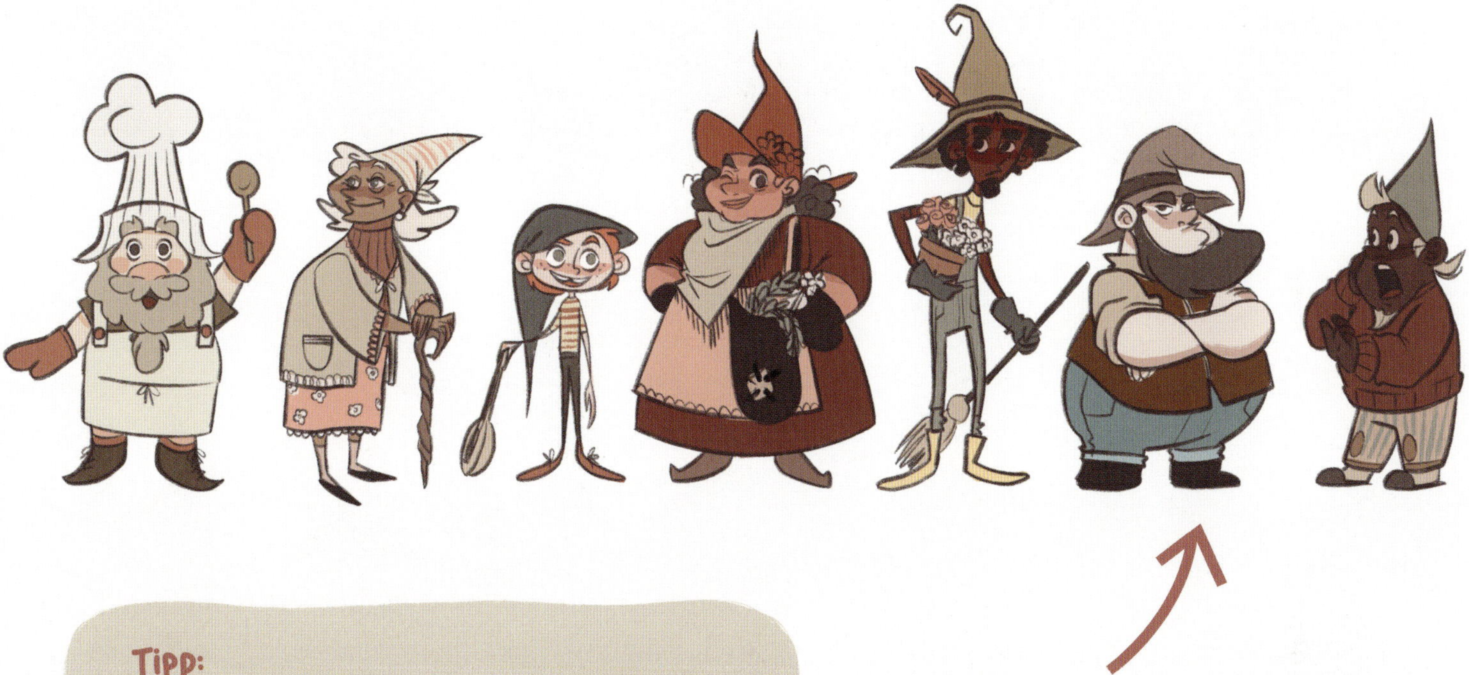

Tipp:

Um sicherzustellen, dass ein Charakter farblich gut in eine Gruppe von Charakteren passt, kann es hilfreich sein, Farbtöne von den anderen Charakteren zu übernehmen. Dies kann auch bedeuten, dass man nur ähnliche Farbtöne wählt, die bereits in der Gruppe vorhanden sind. Dadurch entsteht eine stärkere Harmonie und Kohärenz zwischen den Charakteren. Es ist jedoch wichtig, darauf zu achten, dass der Charakter nicht zu stark in den Hintergrund gedrängt wird und seine Persönlichkeitsmerkmale durch die Farbwahl unterstrichen werden.

Wenn du eine Farbe verwendet hast, die nicht zur ursprünglichen Planung des Farbschemas passt, kannst du sie leicht anpassen, indem du sie stark entsättigst. Dadurch wird die Farbe weniger auffällig und harmoniert besser mit den anderen Farben im Farbschema.

Achte dabei darauf, dass die angepasste Farbe immer noch gut zur allgemeinen Ästhetik des Lineups passt.

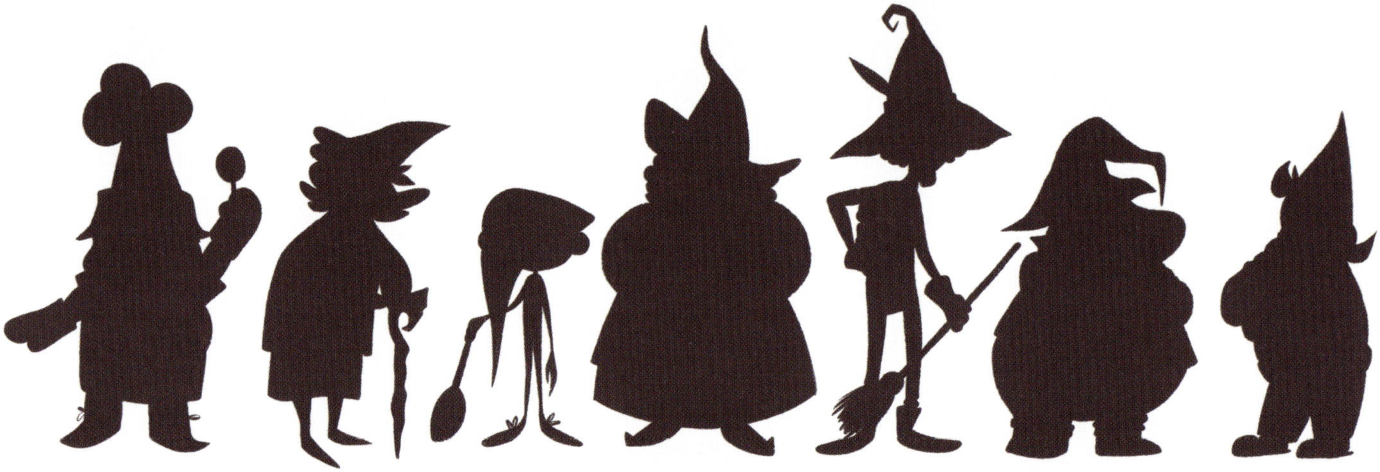

Der Silhouetten-Test

Auch bei einem Character Lineup ist es empfehlenswert, einen Silhouettentest durchzuführen (siehe Seite 59). Dieser kann bereits bei den ersten Entwürfen angewendet werden, um sich – losgelöst von Details – auf die groben Formen zu konzentrieren. Der Test bietet die Möglichkeit, die Charaktere einfach zu betrachten und sich nur auf das Wesentliche zu fokussieren. Durch die unterschiedlichen Silhouetten wird die Lesbarkeit des Lineups erhöht und jeder Charakter erhält eine klare Identität.

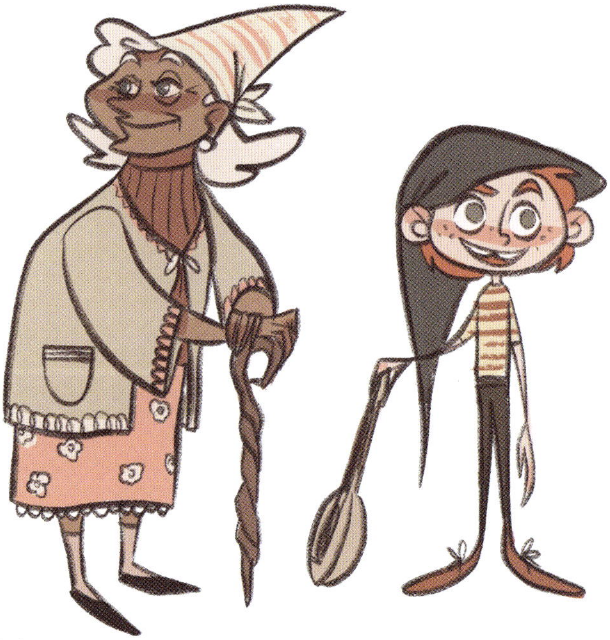

Tipp:

Lass deiner Kreativität freien Lauf und denke outside the box, wenn es um das Design von Zwergen geht. Sie müssen nicht immer männlich sein, mit weißem Bart und Zipfelmütze. Du kannst neue Elemente hinzufügen, um deinen Zwergen mehr Dynamik zu verleihen, wie beispielsweise unterschiedliche Hautfarben oder Altersgruppen.

Zwerge haben auch Persönlichkeiten und Vorlieben, also denke darüber nach, welche Hobbys und Leidenschaften deine Charaktere haben könnten. Vielleicht spielt ein Zwerg gerne Gitarre und der andere ist ein leidenschaftlicher Koch.

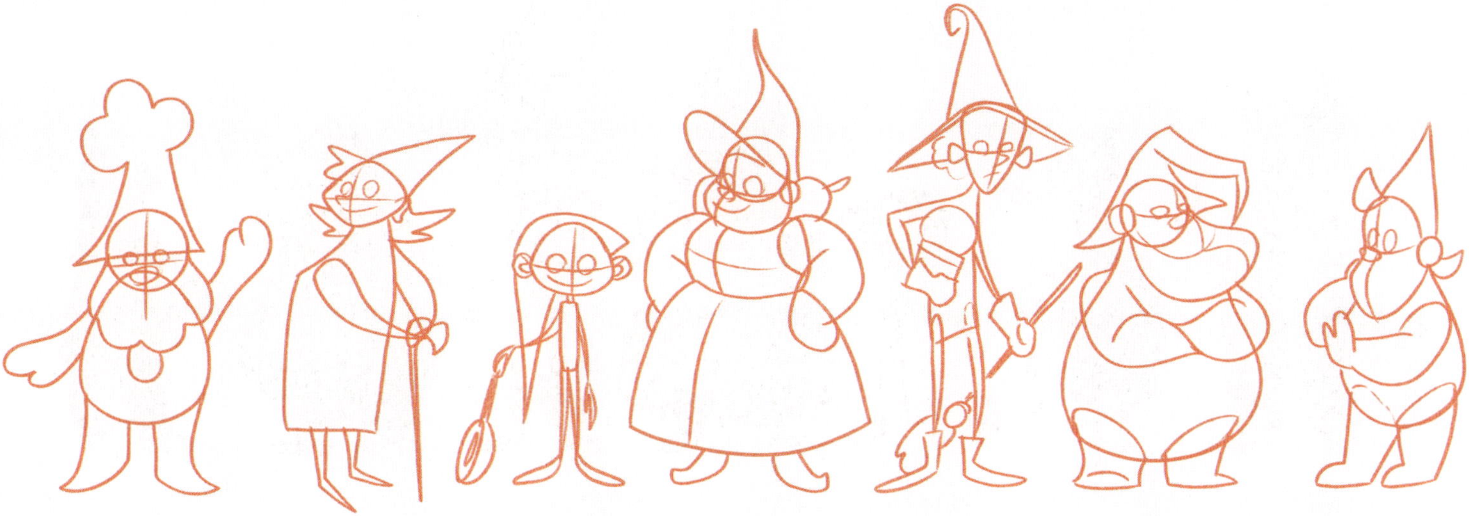

MIT FORMEN ARBEITEN

Um in einem Character Lineup Abwechslung zu schaffen, ist es wichtig, dass sich die Charaktere in ihren Formen deutlich unterscheiden. Dazu können Größenverhältnisse, Haltungen oder Körperbau genutzt werden.

Ein Beispiel hierfür sind die beiden weiblichen Zwerge, die sich stark in ihrer Körperform und Haltung unterscheiden. Während die alte Zwergendame mit gekrümmter Haltung und spitzen Formen dargestellt wird, ist die andere Zwergin kräftiger und weicher gezeichnet. Dadurch wirkt sie warmherzig und beschützend. Wichtig ist auch hier, dass die Formen zur Persönlichkeit des Charakters passen.

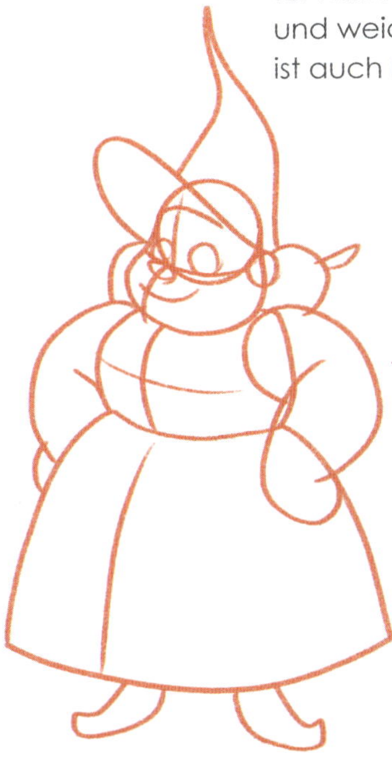

Weiche und runde Formen erwecken einen warmherzigen und beschützenden Eindruck, was durch die Pose nochmals verstärkt wird.

Eckige und spitze Formen lassen die alte Dame eher schwach und zerbrechlich erscheinen.

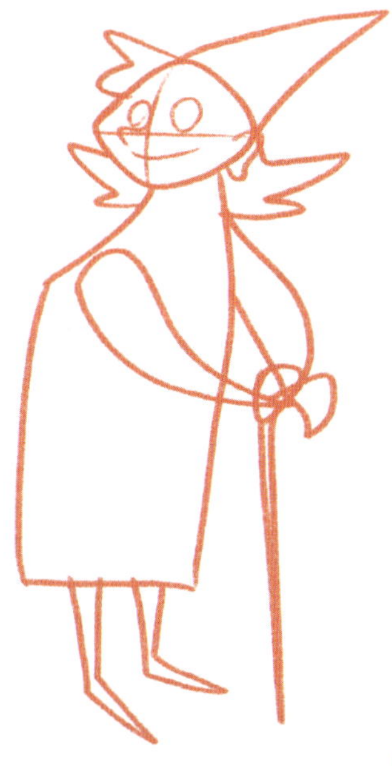

BUCHEMPFEHLUNGEN FÜR DICH

Noch mehr Kreativ-Bücher zum Thema gesucht?

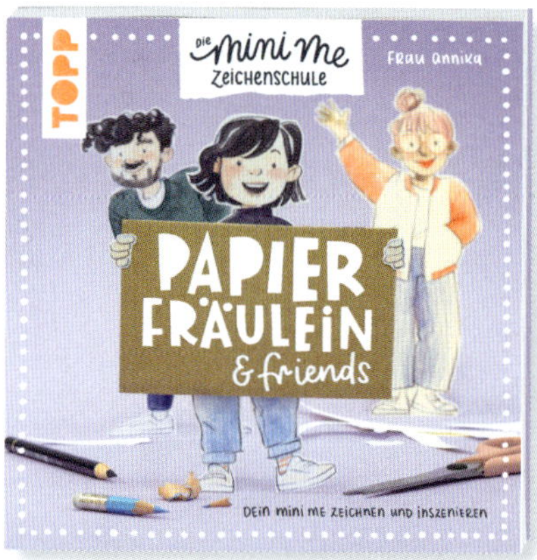

ISBN 978-3-7358-8074-1

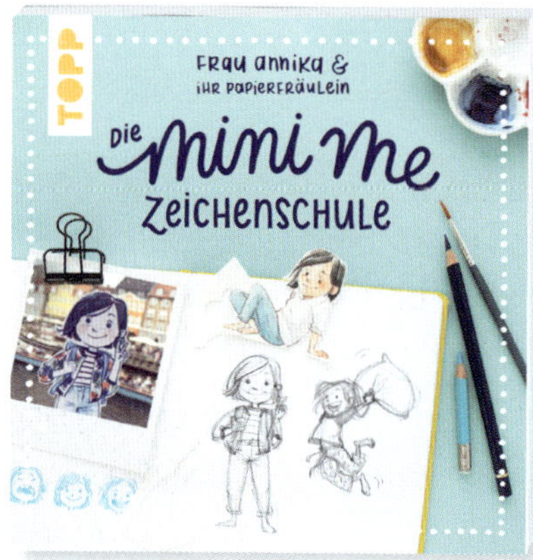

ISBN 978-3-7724-8380-6

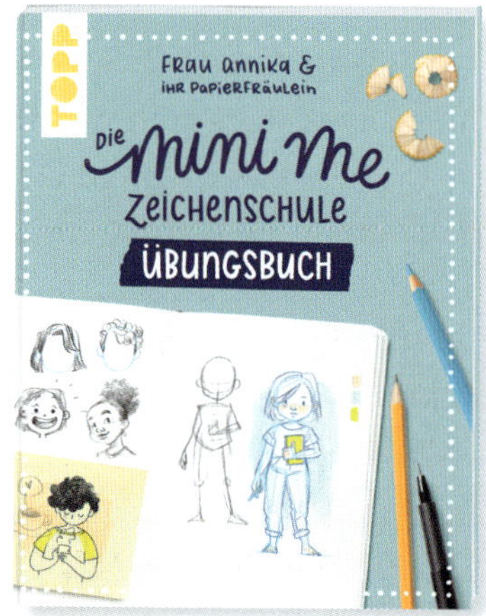

ISBN 978-3-7724-4727-3

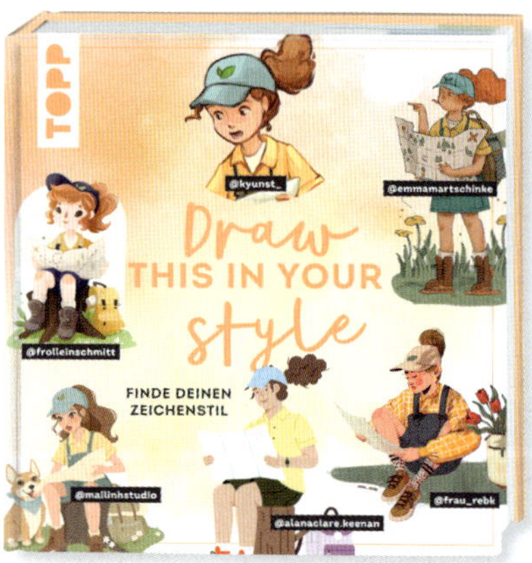

ISBN 978-3-7358-8034-5

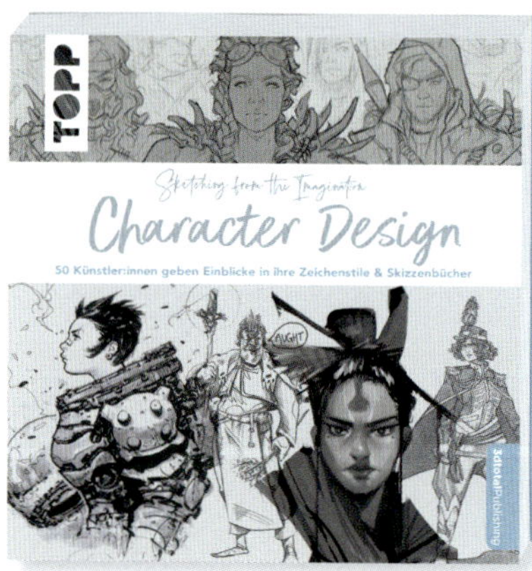

ISBN 978-3-7358-8092-5

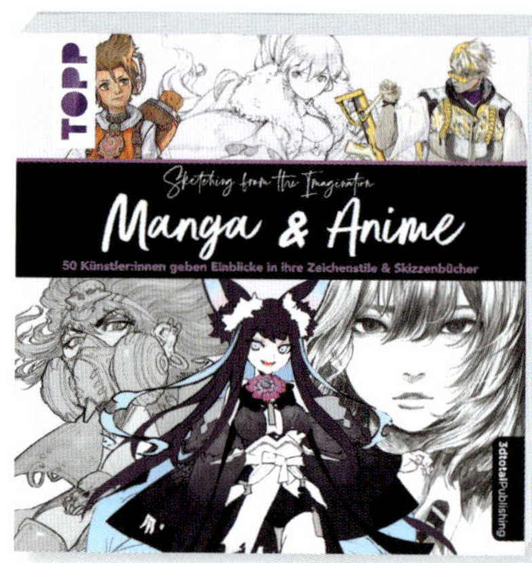

ISBN 978-3-7358-8093-2

Viele weitere Kreativ-Bücher findest du auf www.TOPP-kreativ.de

#TOPPPROJEKT

Die eigene Kreativität zeigen: TOPPprojekt mit anderen Kreativen teilen und Teil der Gemeinschaft werden.

DIY-begeistert und auf Instagram? Dann unbedingt mitmachen! Hier gibt's Tipps und Feedback zu den eigenen Projekten. Außerdem verlosen wir jeden Monat ein Überraschungspaket. Um am Gewinnspiel teilzunehmen, einfach ein Bild vom Kreativ-Projekt aus unseren Büchern mit #TOPPprojekt posten und unserem Account @frechverlag folgen. Mehr Infos auf TOPP-kreativ.de/TOPPprojekt

Mach mit beim

#TOPPPROJEKT

#TOPPprojekt
@frechverlag

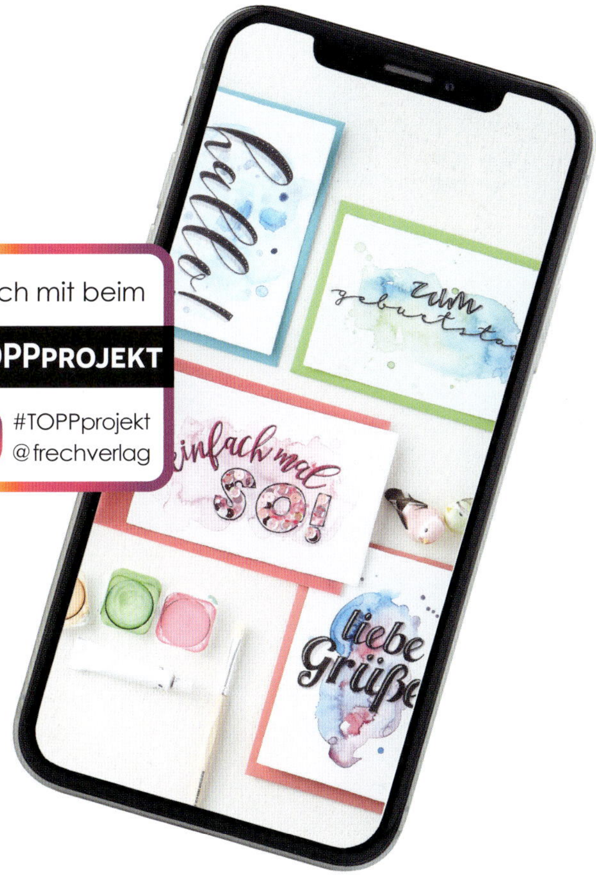

Website
Auf TOPP-kreativ.de kannst du ein riesiges Angebot von über 1.000 Kreativbüchern, Sets & mehr entdecken.

Newsletter
Gleich anmelden unter: TOPP-kreativ.de/newsletter und immer als Erstes von unseren Neuheiten und Sonderaktionen erfahren.

Instagram
@frechverlag

Pinterest
pinterest.com/frechverlag

Facebook
facebook.com/frechverlag

DigiBib
Hier findest du zusätzlich zu vielen unserer Bücher digitale Extras, wie Video-Tutorials, Plotter-Dateien, Vorlagen, Übungsblätter & vieles mehr. Einfach im Impressum deines TOPP-Buchs den Freischalte-Code nachschlagen und exklusive Inhalte freischalten. TOPP-kreativ.de/digibib

Youtube
youtube.com/frechverlag

AUTORIN

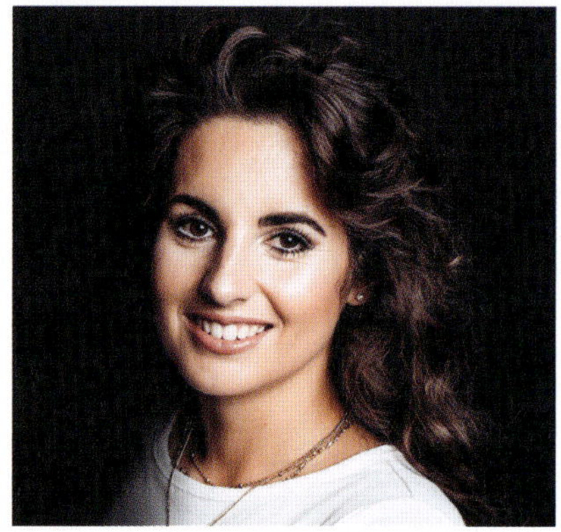

Meike Schneider ist freiberufliche Illustratorin und Character Designerin. Seit sie einen Stift in der Hand halten kann, zeichnet sie und wusste, dass sie ihr Hobby zum Beruf machen möchte. Filme, Bücher und Spiele aus ihrer Kindheit haben ihren heutigen Stil geprägt. Heute arbeitet sie mit verschiedenen Agenturen, Verlagen und Animationsstudios wie Logitech, Disney, Adobe, My Best Book, LIDL, DELL und viele mehr.
https://www.meikearts.com
@meikearts

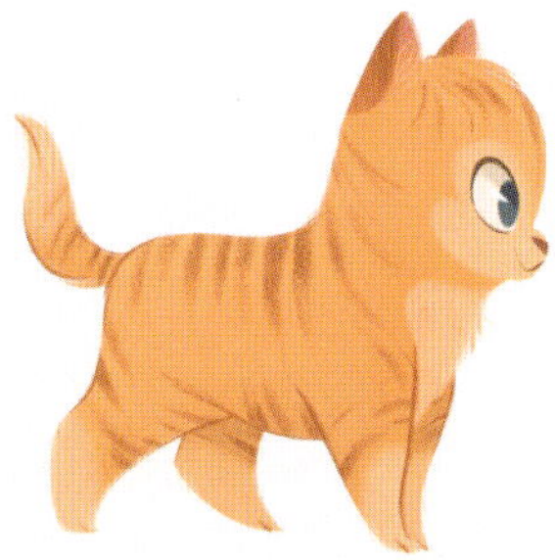

IMPRESSUM

FOTOS: Shutterstock (Seite 67, 73 oben); iStockphoto (Seite 16, 31, 68, 73 unten)
PRODUKMANAGEMENT UND KONZEPTION: Hannelore Irmer-Romeo
REDAKTION UND LEKTORAT: Betz Lektorat + Redaktion, Tübingen
COVERGESTALTUNG: Eva Hook
HERSTELLUNG: Jessica Siebert
SATZ: Arnold und Domnick, Leipzig
DRUCK UND BINDUNG: DZS Grafik, Slowenien

Materialangaben und Arbeitshinweise in diesem Buch wurden von der Autorin und den Mitarbeiter:innen des Verlags sorgfältig geprüft. Eine Garantie wird jedoch nicht übernommen. Autor und Verlag können für eventuell auftretende Fehler oder Schaden nicht haftbar gemacht werden. Das Werk und die darin gezeigten Modelle sind urheberrechtlich geschützt. Die Vervielfältigung und Verbreitung ist, außer für private, nicht kommerzielle Zwecke, untersagt und wird zivil- und strafrechtlich verfolgt. Dies gilt insbesondere für eine Verbreitung des Werkes durch Fotokopien, Film, Funk und Fernsehen, elektronische Medien und Internet sowie für eine gewerbliche Nutzung der gezeigten Modelle. Bei Verwendung im Unterricht und in Kursen ist auf dieses Buch hinzuweisen.

1. Auflage 2023

© 2023 frechverlag GmbH, Dieselstraße 5, 70839 Gerlingen
einem Unternehmen der Penguin Random House Verlagsgruppe GmbH, München

ISBN 978-3-7358-8075-8 • Best.-Nr. 28075

MIX
Papier | Fördert gute Waldnutzung
FSC www.fsc.org
FSC® C106600

Penguin Random House
Verlagsgruppe FSC® N001967

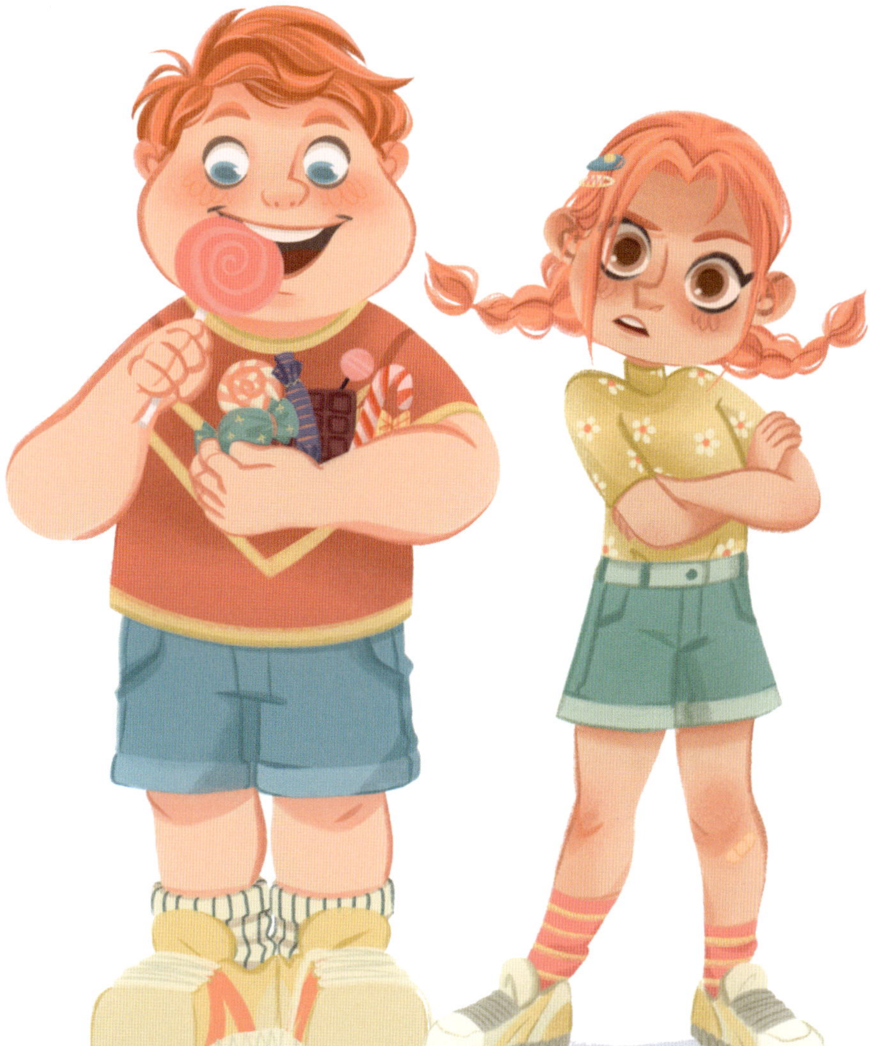